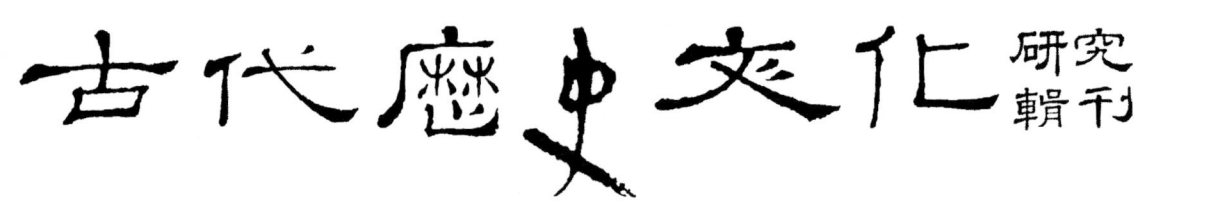

九　編

王　明　蓀　主編

第 7 冊

西漢前期儒家尊君說之研究

蔡文彥　著

國家圖書館出版品預行編目資料

西漢前期儒家尊君說之研究／蔡文彥 著 -- 初版 -- 新北市：
花木蘭文化出版社，2013〔民 102〕
目 4+260 面；19×26 公分
（古代歷史文化研究輯刊 九編；第 7 冊）
ISBN：978-986-322-189-0（精裝）
1. 儒家　2. 西漢
618　　　　　　　　　　　　　　　　　102002668

ISBN-978-986-322-189-0

9 789863 221890

古代歷史文化研究輯刊
九 編 第 七 冊　　　　　　　ISBN：978-986-322-189-0

西漢前期儒家尊君說之研究

作　　　者 蔡文彥
主　　　編 王明蓀
總 編 輯 杜潔祥
出　　　版 花木蘭文化出版社
發 行 所 花木蘭文化出版社
發 行 人 高小娟
聯 絡 地 址 235 新北市中和區中安街七二號十三樓
　　　　　　電話：02-2923-1455／傳眞：02-2923-1452
網　　　址 http://www.huamulan.tw 信箱 sut81518@gmail.com
印　　　刷 普羅文化出版廣告事業
初　　　版 2013 年 3 月
定　　　價 九編 27 冊（精裝）新台幣 45,000 元　　　　版權所有·請勿翻印

西漢前期儒家尊君說之研究

蔡文彥　著

作者簡介

蔡文彥，世居臺灣省高雄市，於民國九十九年七月畢業於國立高雄師範大學國文所，博士論文名為《西漢前期儒家尊君說之研究》。

提　　要

　　在西漢武帝之後，董仲舒改造的儒學成為顯學，但若論其演變，實源自先秦與漢初諸子之學。本文著力之處在儒學於西漢前期近七十年間的轉折與變化，而以尊君說為題者其因有二：第一，論諸子思想之源，皆以維繫創造一長治久安的國家社會為目標，而君主者，實為當時政體之代表，故尊君即為諸子共同的課題；其二，儒家在先秦之後，逐漸浸潤法家、道家、陰陽家等思想，其中，法家獨尊君權之說成為後世專制政體所不能忽略，故儒家與法家的交流在漢代早有「陽儒陰法」之說。儒學在孔子、孟子之時本為從道不從君的人文之學，在荀子之說已逐漸加重對君權的描述，而法家自申、商、慎、韓以來，所致力的無非是君權的絕對性，兩者本如涇渭，卻在漢武帝後成為承載專制帝權馬車的雙輪。其中，戰國中晚期逐漸成形的黃老思想在漢初成為儒、法思想交流的催化劑，其以天道與陰陽五行的觀念融匯了諸家之說，也改變了儒學的面貌。儒學與法家、黃老道家思想間的衝突與調和，將成為本文論述的重心。本文在第一章，就研究的動機、目的、方法、範圍、進路與所謂的「尊君」義涵作一解釋，為內容的開展先完成基礎。第二章就先秦諸子之學中之儒家與法家，針對尊君的義涵作一溯源，對兩者學說之根本處加以剖析。第三章乃著力在漢初黃老思想的探究上，無論是戰國中晚期成形的《黃老帛書》，或是淮南王劉安的《淮南子》，黃老思想對漢初儒學的催化，有顯著且深遠的影響。第四章則是將漢初儒學大家有留下著作，且地位著實重要的陸賈跟賈誼作一研究，除了分析其學說中的綱要外，更是對漢初儒學的思潮進行清楚的描述。第五章論述董仲舒的儒學，探討在陰陽五行思潮影響下，所呈現出的儒學面貌，除了有法家、黃老思想之外，董仲舒之學開啟了漢代新式儒術之門，與先秦之儒學有著面貌相同而發展根源已混雜不同的成就。第六章結論。

目次

第一章　敘　論

　　在申論本文主題之前，以「敘論」說明本文相關的思想概念與基本立場。分別述說以下四點：一、本文研究的動機與目的，二、本文研究方法與文獻資料的探討，三、研究進路與範圍，四、「尊君」思想的義涵。試分述如下。

一、研究動機與目的

　　在中國政治的發展上，西漢時期的政治形態，影響及延續將近兩千年餘年，此種政治形態，以建立中央集權的制度為內容，以奠定君主絕對的威勢為核心。在西漢以前，秦朝轉變周代封建諸侯制而為郡縣制；在西漢時，政治制度一度逆流而回封建郡縣並行制，但最終還是以中央集權奠定統治的基礎；從西漢以降，此制度歷經各代思潮與社會環境的演變，至民國廢除君主制度前皆無重大改變，〔註1〕故可知西漢之政治制度，實為中國文化中值得深

〔註 1〕 如蕭公權將中國政治思想史，按歷史背景分作：封建天下、專制天下及近代國家思想三時期。（見《中國思想史》上冊敘論，臺北：聯經出版社，1982 年，頁 8。）而對於專制社會中政治思想的演變，趙克堯認為，秦漢一統天下，是我國君權觀念的強化時期；魏晉玄學興起，思想解放，君權趨向衰弱；隋唐係君權由弱趨強的過度時期；宋元明初理學崛起，君權提至至高無上的地位；明中葉以後，政治學中則出現賦有民主色彩之君臣論。（見《漢唐史論》，上海：復旦大學出版社，1993 年，頁 106～108。）然上述之演變皆不脫君主專制制度。更重要的是，對於西漢學術之發展，學者大多針對經學與儒學來研究，如余英時說：「儒家教義的實踐性格及其對人生的全面涵蓋使它很自然地形成中國大傳統中的主流。這大傳統不但事實上在漢代沒有中斷，而且儒教之所以能成為中國文化的支配力量，其基礎正是在漢代奠定的。」（見《中國思想傳統的現代詮釋》，臺北：聯經出版公司，1987 年 3 月，頁 182。）；嚴正也說：「漢代經學作為漢代社會的官方哲學，同時也標誌著儒學成為中國傳統社會的統治

入探索之處。

　　而形成西漢政治制度面貌的成因，與當時政治、社會、經濟、學術與歷史背景等因素皆有關聯，在當時各項條件配合與影響下，形成中國近兩千年的政治基本模式。對西漢之政治制度，吾人當如何以今日研究者之角度，重新檢視過往歷史之成績，並期使研究出新穎之成果？如葛兆光說：「古代中國的知識、思想與信仰是在什麼樣的思路中延續的，在那個知識、思想與信仰的延續性思路中，還有什麼資源可以被今天的思想重新闡釋？」〔註2〕對於西漢政治制度與思想成因，如何在今時今日有所新學說的設立與檢驗，亦是本文念茲在茲的重心。〔註3〕

　　欲就西漢政治制度作一系統的闡述，就必須對中國政治制度的演進進行了解。就政治制度而言，王權的增強由殷商時期開始，歷經周代的封土列國之制，到春秋戰國時代以來，君權的發展越形重要；君主成為政治制度的核心，探討西漢政治制度，實際上就是在研究當時君權各方面的樣貌與演進的方向。

　　此外，站在思想史研究者的角度而言，西漢政治制度之思想有其不可忽視的地位；這不但是因為其政治體式為後來封建各時期政治所延續，更重要的是，西漢政治制度之思想，是由黃老道家清靜無為之治，一變而為以天人合一思想為主軸的儒學來領導的政治思想，此後儒學與政治的結合之深刻，直至民主思想興起才有所轉變。如馬勇說：「事實上，不僅持續兩千年的中國傳統社會由秦漢時期而萌生，而定型，而且在秦漢之前數千年的文明中國的發展與成就也只是到了秦漢時期而得以整合與總結。正是從這個意義上說，

思想，儒學從先秦子學一變而為佔統治地位的官方意識形態。從此，儒學成為中國傳統文化的主流。漢代經學所總結和發展的一整套世界觀和價值系統也成為傳統文化的基本觀念。」（見〈漢代經學的確立與演變〉《經學今詮初編》，姜廣輝編，瀋陽：遼寧教育出版社，2000年6月，頁236。）

〔註2〕見葛兆光：《七世紀前中國的知識、思想與信仰世界》第一卷（上海：復旦大學出版社，1998年），頁66。

〔註3〕如葛兆光認為，對於研究古人思想，有三個條件：一、古人意識活動有某種非實用性，即超越實際生活與生產的具體意味時，方可成為思想；二、思想應該是人們某些共識，即被共同認可的觀念，因此，思想活動具有一定的普遍性與抽象性；三、思想必須有符號記載或圖像顯示，如此思想才能藉以交流與傳達。因此，要觀察古人思想必須從文獻資料、文化人類學知識和考古三方面進行全面的追尋。見葛兆光：《七世紀前中國的知識、思想與信仰世界》第一卷，頁71～72。

秦漢學術從一開始就不是一種『為學術而學術』的形而上研究，而是注入了
中國知識份子對現實政治的深切關懷，具有濃厚的『經世致用』的思想傾向。」
〔註4〕因此，對於本文而言，研究西漢之政治制度，莫若將焦點放置於西漢儒
家君權思想的研究上，而此一研究，又勢必要立基於西漢政治思想的演進。
故本文結合西漢君權的描述與政治思想的研究，以「論西漢前期儒家尊君說
之研究」為題，應確實有其探討意義之存在。

　　至於本文論作的目地，在於探討主導西漢政治之思想，如何與當代現實
政治緊密結合下，直接對漢王朝各方面產生主導的政治實踐。其目標有三，
概述如下：

（一）探討西漢前期儒家尊君學說與各家思想的關係

　　封建政治以君權為核心，西漢政治思想以儒、道兩家為主，皆對君權作
一深入的探討，並欲以之為政治指導之原則。其中，黃老思想籠罩漢初近七
十年，論其本質乃是除了道家思想外，又吸收了以法家為主的其它思想，成
為司馬談所稱的「道家」〔註5〕；而儒學亦非先秦本來面目，歷經漢初黃老思
想的洗禮與儒士的努力，儒學亦在武帝朝時由董仲舒完成改造，成為陰陽家
化的儒學新貌。故欲對此一尊君學說的演變與發展作一研究，勢必要釐清其
與各家思想的關係。

（二）強調此期儒家尊君學說之思想與實際政治運作的關聯

　　若研究思想之專題，無法與當代之史事作一結合，則是自絕於實際政治
與社會的變遷，永遠無法得到思想的全貌。思想觀念的建構，固然可由上往
下影響政治措施、社會制度與經濟，反過來而言，整體時代的背景與社會的
面貌，也將對思想產生決定基調的因素，故本文對西漢政治、學術、經濟、
軍事與社會的狀況皆將探討，試圖與其學說作一聯結，闡述兩者間有無應用
與影響的關聯。

〔註4〕見《秦漢學術：社會轉型期的思想探索》（西安：陝西人民教育出版社，1998
　　　年9月），頁1。
〔註5〕《史記·太史公自序》載：「道家……其為術也，因陰陽之大順，採儒墨之善，
　　　撮名法之要，與時遷移，應物變化，立俗施事，無所不宜，指約而易操，事
　　　少而功多……至於大道之要，去健羨、黜聰明，釋此而任術。」見（日）瀧
　　　川龜太郎：《史記會注考證》（高雄：麗文文化事業有限公司，2000年9月二
　　　印），頁1332。

（三）論斷西漢前期尊君學說在時代背景下所呈現之價值

西漢政治的形態，在儒家尊君學說的推衍下，奠定了往後中國政治的基本模式。而此一模式的基礎，是春秋戰國以來，思想界在大統一的要求下，為了適應大一統的帝國，原本水火不融的各家學說，逐漸拋開對彼此的成見，擷取各家思維的長處，為專制的君權進行理論的闡述。此時期之儒家尊君學說的發展並非止於西漢，在往後的中國政治思想的發展上仍處處可見其影響。

本篇論文的預期成果，就是希望透過對西漢前期儒家尊君思想的層層剖析，使吾人洞悉其間的轉折與變化，並藉回顧西漢史實與思想間的關係，以啟發我們面對新思維時可採取之方法。

二、研究方法與文獻探討

本文以西漢政治型態為研究的對象，並探討形成當時政治制度的哲學思維，以之建立一套完整而立體的學術命題，即是西漢前期儒家尊君學說的演變與影響，主要所採用的研究方法，就是「專題式問題研究法」。此一方法，是以邏輯意義的理論設立為始點，並嘗試針對所要探討的內容設置一個專題範圍，而輔以史學考證工作為助力，以統攝個別哲學活動於一定設準之下為歸宿。對於此一命題的設計，本文力求符合勞思光所說研究哲學史必須滿足的三個條件：「第一是、事實紀述的真實性；第二是、理論闡述的系統性；第三是、全面判斷的統一性。」〔註6〕若能服膺此三個要件，不但本文之研究方法可以確立，亦能呼應本文所要透顯之學術價值。

針對事實紀述的真實性，對於西漢政治發展與歷史，必須緊密與學術原典結合而不失真，如同英國史學家卡爾‧愛德華‧哈萊特（Carr, Edward H.）說：「歷史是研究者與事實不斷交互作用的過程，現在和過去之間無終止的對話。」〔註7〕唯有呈現研究資料的真實性，才能信服得出之結果。故本文在資料的選取上，皆收集現今學界所公認的善本圖書，如論文主體所要陳述的黃老思想，選用北京國家文物局古文獻研究室所出版的《馬王堆漢墓帛書（壹）》（精裝本）；淮南王劉安所編定的《淮南子》，選用劉文典所集解的《淮南鴻烈集解》。在儒家學者的部分，陸賈的《新語》採用《四部叢刊》初編本，與

〔註6〕 見勞思光：《新編中國哲學史‧序言》（臺北：三民書局，1986年12月。），頁16。

〔註7〕 見卡爾‧愛德華‧哈萊特：《歷史論集》（What is history ？）（王任光譯，臺北：幼獅書局，1977年。），頁23。

王利器所注的《新語校注》互相參照；賈誼的《新書》是依據《叢書集成》初編本，並參考閻振益、鍾夏所校注的《新書校注》；董仲舒的《春秋繁露》是採用蘇輿撰編的《春秋繁露義證》，以期作為研究本文最紮實的基礎。

其次，對於理論闡述的系統性，中國古代哲學材料混亂，尤其是西漢時期的學者，對於哲學理論建立的興趣，遠低於在政治上建功立業。如錢穆說：「在中國歷史上有些時代，他們所謂的『學術思想』，大都表現在政治上了，因而反像沒有學術思想可言。秦、漢時代，便是如此。此因秦、漢時代之學者，多數是得意在上，故不待開口，只求把事業做出來。但卻不能說他們無學術、無思想。」〔註8〕故在描繪本文對於西漢前期儒家尊君學說之研究時，必須將代表學者之思想或典籍爬梳整理，以之呈現完整的理論架構，並集中於一系統性的闡述模式之下。

再次，本文所注重的研究方法是全面判斷的統一性。西漢時期，在哲學史料的堆積上龐大且又繁雜，面對本論文所要探討的專題，必須要有前後一致的判斷標準。以本文而言，黃老思想與西漢儒學的傳承有著根本價值的差異，如何在所設定的基準上作一比較與分析，並以之論證本文所持論點的價值，將是判斷最後結論的試金石。

最後本文要補充一點，面對哲學問題，研究方法當然必須有一貫的邏輯思考，但若只專注於某些解析能力與方法的闡述，恐怕有捨本逐末之病。〔註9〕因此，對於研究方法當要隨時檢視，查核是否符合本文立論之需求。對此，任繼愈提出研究時應從全局的觀點來看局部的問題，看古人思想時，應從思想發展的觀點來看待，才不會只看見思想者的個別言論，而忽略其思想所產生的作用。他說：「衡量某哲學家或學派的作用、地位，主要看它在認識發展中所起的作用，提出了什麼新範疇，解決了什麼新問題，在人類認識世界的過程中有沒有貢獻，貢獻是大是小。」〔註10〕對照此一說法，受西漢哲學思想上所影響與改變的政治形態，本文以探討西漢前期儒家尊君說的架構來融攝各家學說，當是可受檢視的研究方式。

至於在文獻探討的問題上，論述本文相關的立場與研究方向後，以下即

〔註8〕見錢穆：《學術思想遺稿》（臺北：蘭臺出版社，2000年12月），頁140。

〔註9〕張光直說：「講中國學問沒有中國訓練講不深入，但講中國學問沒有世界眼光也如坐井觀天永遠講不開敞，也就講不徹底。」見張光直：《中國青銅時代》（臺北：聯經出版事業公司，1983年），頁3。

〔註10〕見任繼愈：《天人之際》（上海：上海文藝出版社，1998年），頁72。

針對現有之研究成果進行檢視。由於本文乃嘗試以「專題式問題研究」來解構西漢前期之尊君學說，目前學界與本論文有直接相關系統之研究較為分散，試分述如下：

（一）李昱東：《西漢前期政治思想的轉變及其發展——從黃老思想向獨尊儒術的演變》〔註11〕

該書主要是站在歷史學的角度，探討西漢前期政治思想，由黃老轉變為獨尊儒學，故與本文論述的內容有重合之處。其書除《敘論》外共分五章：第一章，討論先秦的王權與名教思想的濫觴；第二章，從黃老學說的起源，說明由道法轉為儒法的歷史背景；第三章，由黃老學的角度，論述漢代君道思想的轉變與君權的開展；第四章，主要敘述董仲舒的儒學，與漢代名教思想的確立；第五章，從經濟發展的角度，討論無為的經濟向中央集權的經濟轉化。其後為結論，對漢代君主專制與中央集權的經濟面向作一評論，是極具本文參考價值之作。

李書之內容雖與本文有重合之處，然其較重於歷史層面之考究，與本文著重在思想發展的用意有顯著的不同。且其論述黃老思想時，對《黃老帛書》、《淮南子》之內容敘述較為簡略，其對黃老思想論述之成果則有待檢驗。至於在西漢儒學的內容，只有董仲舒的教化論與「三綱五常」之說，皆可見該書與本文著力重心的不同之處。

（二）徐復觀：《兩漢思想史》

在徐復觀三冊《兩漢思想史》中，《卷一》、《卷二》之冊對本論文幫助很大。徐氏對周、秦、漢之政治社會結構之研究，有獨特而深入的見解，例如論述漢代封建的三大演變，與學術發展過程中的影響，皆帶給研究者清楚的論述與觀念，而對於西漢重要思想家的探究，更令學者稱讚，舉凡陸賈、賈誼、《淮南子》與董仲舒的思想系統，皆有值得借鏡之處。

（三）陳麗桂：《戰國時期的黃老思想》、《秦漢時期的黃老思想》

陳麗桂所研究的黃老思想著作皆資料蒐羅豐富，對論述黃老思想起源於戰國中晚期的見解、《黃老帛書》內容之研究、道家與法家合流的狀況，以及漢代黃老思想的演變與流傳，皆能展現其長於綜合整理以成自己論述核心的優點。對於黃老思想在各時代各有其重心與面貌，為研究者一一揭開歷史

〔註11〕該書出版資料，詳見本文「參考書目」，以下準此。

資料的迷霧，擴清黃老思想一連串的理論癥結之處。本文在論究黃老思想之本質性時，參考其對黃老思想的認識，是在《老子》的雌柔與無爲之說爲基礎，兼採儒、墨、法、名、陰陽家等思想，主虛靜、重因循時變又循名責實的君人南面之術，至於其著中以大篇幅論述黃老思想之精氣與形神說，則非本文論述之重心。

（四）林聰舜：《西漢前期思想與法家的關係》

「尊君」說是法家申論的核心，此書對西漢思想家有鑒於秦亡之速，皆一致抨擊法家，卻不管身處何種立場，竟有吸收法家理路以充實自家學說的作法有深入的探討。舉凡黃老思想中的法家傾向、賈誼思想中的儒法結合特色、《淮南子》與先秦道、法二家的關係、董仲舒思想中的法家傾向，還是《史記》思想與先秦儒、道、法家的關係，皆頗有鑒借之處。其結論針對西漢前期思想何以擺脫不了法家的影響，從對秦、法家的批評與治國方略的討論，到得出法家思想乃透過新的形式取得發展的空間，對原典、史料的掌握與詮釋，開啓了後來研究者新的視野，可說是研究西漢思想必備之參考書。

（五）陳德和：《淮南子的哲學》

此書之架構，是在根據《黃帝四經》的線脈與發展，爲《淮南子》的哲學重新定位與詮釋。在《淮南子》思想的判斷上，肯定其爲調和折衷的集體創作，對其乃雜家還是黃老道家的糾結，下了以「淮南道家」爲標緻的判斷。論《淮南子》萬有本根的道論，以道、自然與無爲作一新的解說；在論《淮南子》陰陽顯化的氣論時，強調「道」與「氣」的超越區分，並論及陰陽氣化的變現與影響，繼而展開獨特的宇宙化生的圖式；最後，論《淮南子》自我實現的人論，說明人的存有與價值，並以體道證德的人格典型，來烘托其天人相應的人生智慧。是書不但提供本文研究之資料，對研究進程的開展與論文節構的架設，亦極具啓迪之助。

（六）黃朴民：《董仲舒與新儒學》

對於董仲舒之儒學，黃朴民在其論著中常有中肯而實用的論點。如對董氏學術所代表的新儒學，在其所以爲「新」的見解中，育涵了對其在漢代思想界的評斷。漢代儒學初步的進展，乃因漢初新道家的得勢對儒學有了更新的推動，最後，新道家因歷史局限而退出舞臺，新儒學得以確立。而董仲舒新儒學的多元結構，必須從《春秋繁露》的體例與內容來深入探討，對於其

說中的核心：天人合一論，更有了系統性的解構。至於新儒學中「經」、「權」關係的要諦，透過對事物相對平衡的理論解說，使之可用以檢視董氏之歷史觀。對於新儒學的社會政治思想，其濃厚的仁義說與禮義觀，更對往後中國有著延續性的影響。最後，對董仲舒新儒學的困境及其反思，皆讓本文在研究時得以省卻許多氣力，是談論西漢儒學時不可或缺之圖書。

（七）黃紹梅：《韓非尊君學說與兩漢政經形勢》

對於兩漢政治、經濟、文化、軍事與社會方面的歷史陳述，黃紹梅皆有深入而清楚的認識，在談論法家思維時更可見其嚴謹而富邏輯的表達方式，對於研究兩漢政治、經濟等議題的論文極具參考價值。但作者將兩漢政經形勢拿來比附先秦時韓非的尊君學說過於直觀；其認為漢朝的統治階層乃全以《韓非子》為施政立制的綱要，更於文中詳舉《韓非子》中的論點，在兩漢的施政舉措上提出種種牽合的證據，卻無視於漢雖承秦制，但在道德層面上極力批判秦朝以法為教、嚴刑峻法等舉措，僅以「陽儒陰法」為說就要連繫上時空背景與韓非時代已有相當差距的事實，頗有讓人討論的空間。

三、研究範圍與進路

面對西漢時期龐雜的歷史與哲學思想的資料，本文試圖以一專題來探究西漢前期儒家尊君說之研究，則必先將研究之範圍界定清楚，以免治絲益棻之弊。故對於本文範圍的界定，將以縱向時間之推移與橫向社會之各層面來加以述說。

就縱向時間之範圍而言，自有文化制度以來即有「尊君」的思想，這當與君權神授的天命觀與中國文化深沉的結合脫離不了關聯。本文的主體是在論述西漢前期儒家尊君思想之演化，當時政治思想的演進，主要是從西漢初年的黃老道家思想，一轉而為抹上陰陽神學色彩的儒學。故本文在西漢時期研究的範圍，將從漢初黃老之學演化的系統著手，以出土的地下史料為內容，來分析黃老思想之尊君重道之說；且有鑒於黃老思想的政治學，在淮南王劉安所編撰的《淮南鴻烈》中集大成，其後黃老學退出政治舞臺，轉向道教體系發展，故探究黃老思想的政治哲學，必包含《淮南子》尊君之說的探討。此外，黃老治術於漢武帝劉徹時退出政治領域，取而代之乃董仲舒改造後之儒學，然而，儒學自漢初即賡續不絕，現存漢初儒士在思想與政治上均

有建樹者，本文取陸賈與賈誼為代表，以之為論斷儒學尊君學說之先行者。在董仲舒之後，儒學之演化與尊君學說之發展雖也有輝煌之成績，但確無董氏確立儒學為中國政治思想骨幹之地位；而漢武帝能以儒術作為施政的思想，最具指標性的事件是竇太后過世，所以，本文所限定「西漢前期」的時間範圍，是在劉氏王朝建立之始（206b.c.），到漢武帝朝竇太后死亡（135b.c.）為止，前後約當七十年。

　　至於橫向的社會各層面而言，每一思想的發生與演變皆與環境脫離不了關係，如漢初承秦末動亂與楚漢爭霸，社會衰敝、經濟破產、人口凋零、政治紊亂、制度廢弛，與之相應的思想就是講求清靜不擾民的黃老無為之說。至於漢初政經形勢之發展，從秦末大亂到劉氏王權的建立，其政權建立的模式——封建郡縣並行制，與政治制度多承秦制而來，皆對一思想的演變有顯著的影響；此外，在中央學術面貌與地方之發展有所不同的狀況下，對雙方做全面完整的瞭解，皆成為本文描繪的重點。更重要的是，要論述西漢前期儒家尊君之說的演進時，學說與時代趨勢之配合必須緊密相連，故本文針對尊君思想與西漢政經之發展，從政治、學術、經濟、軍事與社會各層面檢視兩者間的關聯，驗證尊君之說的成效，期使在橫向空間與縱向時間的交錯下，體現西漢前期儒家尊君學說演變的立體觀察。針對本文立論的範圍，可總結出本論文之四層進路。

　　第一、從思想流變的源頭，確立本文「尊君」之說的定義。在政治型態從圖騰部落到國家的發展下，對「君權」的起源作一描述，並嘗試總結先秦諸子思想與「尊君」學說的關聯，以之成為本文論述的基礎。

　　第二、思想與現實環境有高度的相應性，在動盪崩解的時代背景下，各家學術之有志之士，紛紛提出自家學說以挽救時弊。此一哲學特色，在漢代思潮上表現更為明顯，故漢代政治形勢與社會發展演變，當為不可忽略的研究課題。

　　第三、西漢初年，黃老思想自曹參繼蕭何為相後，成為政治制度的指導思想，而其理論之基礎則在研究《黃老帛書》，故對帛書的基本問題的探討，乃至其尊君重道之說，皆有論述與研究之必要。且西漢黃老治術，雖然在武帝朝後沉寂，但其最深入且最完整的精華，也在武帝時的淮南王劉安主導下完成，故本文對黃老思想一系的尊君學說，做一前後相承之研究。

　　第四、在論述完《淮南鴻烈》之黃老思想後，當承接董仲舒之儒學，然

儒學之進展自西漢初年即有可觀之成績，故欲論述董學，則必先轉而對漢初儒家代表人物學術的演變來談論。本文選論漢初以來，在學術與政治活動的互動關係上，皆有重要地位的兩位儒士——陸賈與賈誼，來論說漢初儒學的發展。至於董氏所建立的儒家尊君學說，在其天人相應的模式下，完成天道、人道與學術之一統，十足代表儒家尊君學說的範式，也是本文論述西漢前期尊君學說演變最後與最重要的部分。

四、「尊君」思想的義涵

古代先民身處洪荒之世，為了延續種族生命，與嚴酷的自然環境、野獸競爭，必以群體組織來奮鬥；而群體組織之所以能成功，則必朝向能凝聚族群意識與力量之方向發展。故群體之發展則將有一決策之中心，即為本文所論述西漢前期儒家尊君思想的遠源，欲論其思想的演變，我們當可從中國遠古社會的進程來著手。

中國遠古社會，是以血緣為基礎的氏族來發展政治組織，強大的氏族統合較弱小的部族，來穩定秩序並抵抗其他不同的氏族勢力，《史記·五帝本紀》有載：

> 軒轅之時，神農氏世衰。諸侯相侵伐，暴虐百姓，而神農氏弗能征。於是軒轅乃習用干戈，以征不享，諸侯咸來賓從。而蚩尤最為暴，莫能伐。炎帝欲侵陵諸侯，諸侯咸歸軒轅。軒轅乃修德振兵，治五氣，藝五種，撫萬民，度四方，教熊、羆、貔、貅貙虎，以與炎帝戰於阪泉之野。三戰然後得其志。蚩尤作亂，不用帝命。於是黃帝乃徵師諸侯，與蚩尤戰於涿鹿之野，遂禽殺蚩尤。而諸侯咸尊軒轅為天子，代神農氏，是為黃帝。天下有不順者，黃帝從而征之，平者去之，披山通道，未嘗寧居。〔註12〕

此時期的政治組織乃部族之聯盟，以圖騰崇拜為其特色。如《左傳》昭公十七年載：

> 秋，郯子來朝，公與之宴。昭公問焉，曰：「少皞氏鳥名官，何故也？」郯子曰：「吾祖也，我知之。昔者黃帝氏以雲紀，故為雲師而雲名。炎帝氏以火紀，故為火師而火名。共工氏以水紀，故為水師而水名。

〔註12〕見（日）瀧川龜太郎：《史記會注考證》（高雄：麗文文化事業有限公司，2000年9月二印），本紀第一，卷一，頁19。

> 大皞氏以龍紀，故爲龍師而龍名。我高祖少皞摯之立也，鳳鳥適至，
>
> 故紀以鳥，爲鳥師而鳥名。」〔註13〕

此種政治形態之領導者，乃是各族共同推舉最具實力與能力者擔任，如黃帝、堯、舜、禹等皆如此，而此部族共主的權力與職責，隨著時代的演進有擴大的趨勢，如《國語·魯語下》載：

> 昔禹致群神于會稽之山，防風氏後至，禹殺而戮之。〔註14〕

《韓非子·飾邪》篇亦云：

> 禹朝諸侯之君會稽上，防風之君後至，而禹斬之。〔註15〕

禹能斬殺遲到的防風氏，但在堯做共主之時，面對水患的威脅，雖對四岳所推舉的鯀不甚認同，說：「吁！咈哉！方命圮族。」認爲鯀爲人執拗、不聽命令且摧殘良善，但仍然接受此項人事提案。〔註16〕等到夏朝啓繼承禹之君位後，原本由部族推舉共主之制轉爲王族內部的君位傳承，亦建立君主專制的雛形。〔註17〕

　　此後，中國專制的政體，從夏朝開始，歷經殷商、西周、東周之春秋戰國時期的演化，至西漢時成爲往後政體穩定的基本模式，其對於君權發展的趨勢，是朝向君權的獨佔性與一元化的方向發展，而秦朝「皇帝」的專制制度，堪稱空前之君權至上代表。由於君權是至高無上的，所謂：

> 溥天之下，莫非王土，率土之濱，莫非王臣。〔註18〕

故在君權橫向發展上，秦始皇認爲凡人跡所及與日月所照的地方皆要君臨其上，因此《史記》中記載了一連串秦王朝對四夷的征伐；而君臣上下的縱向

〔註13〕見題〔晉〕杜預注，〔唐〕孔穎達等正義：《春秋左傳正義》（臺北：藝文印書館，1981年），卷第四十八，頁1386。

〔註14〕見〔吳〕韋昭注：《國語》（臺北：藝文印書館，1983年）卷2，頁53。

〔註15〕見〔周〕韓非撰、〔清〕王先慎集釋：《韓非子集釋》（臺北：成文書局，1980年），第五卷，第十九篇，頁243。

〔註16〕見題〔漢〕孔安國傳，〔唐〕孔穎達等正義：《尚書·堯典》（臺北：藝文印書館，1981年），頁79。

〔註17〕《史記·夏本紀》載：「十年，帝禹東巡狩，至于會稽而崩。以天下授益。三年之喪畢，益讓帝禹之子啓，而辟居箕山之陽。禹子啓賢，天下屬意焉。及禹崩，雖授益，益之佐禹日淺，天下未洽。故諸侯皆去益而朝啓，曰：『吾君帝禹之子也。』於是啓遂即天子之位，是爲夏后帝啓。」見（日）瀧川龜太郎：《史記會注考證》（出版項同前），本紀第二，卷二，頁36。

〔註18〕見《詩經·小雅·四月》（十三經注疏本，台北：藝文印書館，1982年），頁994上。

關係，更是朝著獨攬一切權力的極致推進，對於秦始皇權力欲望的描述，其曰：

> 天下之事，無小大皆決於上。上至以衡石量書，日夜有呈，不中呈，
> 不得休息。〔註19〕

秦王朝雖然享國淺短，但秦始皇所發展的君權至上理念，卻也大大地深化尊君學說理論的必要性，成為中國專制政體的基本觀念。而秦始皇在政治思想上對法家韓非的推崇，亦可以代表其思維的傾向，《史記·老子韓非列傳》載：

> 秦王見〈孤憤〉、〈五蠹〉之書曰：「嗟乎！寡人得見此人與之游，死
> 不恨矣。」〔註20〕

事實上，先秦法家學說的特色，就是高舉「尊君」的大纛。我們可從法家重要學者的言論來得到證明，如《商君書》載：

> 國之所以治者三：一曰法，二曰信，三曰權。法者，君臣之所共操
> 也；信者，君臣之所共立也；權者，君之所獨制也。人主失守，則
> 危；君臣釋法任私，必亂。故立法明分，而不以私害法，則治；權
> 制獨斷於君，則威。〔註21〕

申不害說：

> 明君如身，臣如手；君若號，臣如響；君設其本，臣操其末；君治
> 其要，臣行其詳；君操其柄，臣事其常。〔註22〕

慎到則說：

> 君臣之道，臣事事而君無事，君逸樂而臣任勞。臣盡智力以善其事，
> 而君無與焉，仰成而已。故事無不治，治之正道然也。〔註23〕

儒家學說雖也有對君主之權立說，但以強調孔子「君使臣以禮，臣事君以忠」〔註24〕的君臣相對論為主，自荀子時始有重君之說，總觀先秦諸子學術，強

〔註19〕《史記·秦始皇本紀》（出版項同前）載侯生、盧生之語，見本紀第六，卷六，頁119。

〔註20〕見《史記會注考證》（出版項同前），列傳第三，卷六十三，頁838。

〔註21〕見朱師轍之《商君書解詁定本》（臺北：世界書局，1975年），〈修權篇〉，第三卷，第十四篇，頁49。

〔註22〕見阮廷焯：《先秦諸子考佚》（臺北：鼎文書局，1980年）載：「《群書治要》引《申子·大體篇》」，頁168。

〔註23〕見【周】慎到撰、【清】錢熙祚輯《慎子》，《守山閣叢書》（臺北：藝文印書館，1968年），第十二函，頁4。

〔註24〕見【魏】何晏注、【宋】邢昺疏、【清】阮元校勘《十三經注疏本·論語》（台北：藝文印書館，1982年），頁34。

調君主之權的思想已成爲法家學說的特色。而且，自商鞅在秦車裂後，商鞅重法的思想仍在秦王朝發展，並主導整個秦朝政治的動向，《韓非子·定法篇》載：

> 及孝公商君死，惠王即位，秦法未敗也，而張儀以秦殉韓、魏。惠王死，武王即位，甘茂以秦殉周。武王死，昭襄王即位，穰侯越韓、魏而東攻齊，五年，而秦不益一尺之地，乃成其陶邑之封。應侯攻韓，八年，成其汝南之封。自是以來，諸用秦者，皆應、穰之類也。
> 〔註25〕

由上可知，商鞅之後的主政者所代表的是秦王朝在政治進展上的退步，並沒有能超越商鞅所規畫的政治藍圖。但不管如何，秦王朝自商鞅主政的時代起就深受法家思想中重「法」派的影響是無庸置疑的，那與秦王朝政治制度淵源頗深的漢朝，受法家學說所左右，並以之對應至學術思維，亦當是無可疑議。《漢書·高帝紀下》曾載劉邦下詔書獎勵有軍功之臣民，其曰：

> 詔曰：「諸侯子在關中者，復之十二歲，其歸者半之。民前或相聚保山澤，不書名數，今天下已定，令各歸其縣，復故爵田宅，吏以文法教訓辨告，勿笞辱。民以飢餓自賣爲人奴婢者，皆免爲庶人。軍吏卒會赦，其亡罪而亡爵及不滿大夫者，皆賜爵爲大夫。故大夫以上賜爵各一級，其七大夫以上，皆令食邑，非七大夫以下，皆復其身及戶，勿事。」又曰：「七大夫、公乘以上，皆高爵也。諸侯子及從軍歸者，甚多高爵，吾數詔吏先與田宅，及所當求於吏者，亟與。爵或人君，上所尊禮，久立吏前，曾不爲決，甚亡謂也。異日秦民爵公大夫以上，令丞與亢禮。今吾於爵非輕也，吏獨安取此！且法以有功勞行田宅，今小吏未嘗從軍者多滿，而有功者顧不得，背公立私，守尉長吏教訓甚不善。其令諸吏善遇高爵，稱吾意。且廉問，有不如吾詔者，以重論之。」〔註26〕

據史書所載，劉邦不學無術，本身文化素養不高，且當時大戰方歇、天下初定，劉邦汲汲營營地爲有功將士封爵、賞地以酬功，其所採用之政策與法家思想中《商君書》的言論何其相似！其所言「且法以有功勞行田宅，今小吏

〔註25〕見〔周〕韓非撰、〔清〕王先愼集釋：《韓非子集釋》（出版項同前），第十七卷，第四十三篇，頁907。

〔註26〕見〔漢〕班固撰，〔唐〕顏師古注，（臺北：藝文印書館，1981年），卷一上，紀第一上，頁17。

未嘗從軍者多滿，而有功者顧不得，背公立私，守尉長吏教訓甚不善」，其口吻、態度與法家學者豈非同一論調？若問我們該如何看待此段史料，本文認為，在法家學說已行之有效的狀況下，任何時代的統治集團若不重視、採用其有效於施政的論點，已成為學理上不被接受的事。而且，透過戰國中晚期以來思想界各家學說的融合，法家的論點已逐漸地被各家學說給吸收、同化，或者我們可以說，打著儒家或道家的旗號，而暗地裡有著法家本質的思想已逐漸浮在學術的舞臺之上了。

　　進而言之，在秦王朝暴亡後，對秦朝施政的批評聲浪不斷，連帶對秦所奉行的政治思想也嚴格地被檢視，而法家思想中對君權的論述又是任何統治者見之必為之心喜的學說，為了抨擊秦王朝的缺失並增加己身政權的正當性，法家思想被其它學說所融合運用就成了不得不然的發展。在西漢前期就是如此，黃老學派與儒家思想極力地想在政治上佔有一席之地，故兩派皆對法家，甚至其它諸家學說進行擷長補短的工作，差別只是在呈現的面貌有所分別罷了。

　　自春秋戰國時期以來，無論在政權體制上有何變革，其對應之思想皆是圍繞著如何維繫君權與政權之上，故本文認為，凡有志用於世的思想家所呈現之思想，其學說之核心皆不免要申論其對於君權的主張與看法，故各思想家與派別中學說的精華，應該皆在於其「尊君」思想之上；從另一方面而言，要論述一個學說與思想家思想的價值，最有效率的方法必然就是從他們的「尊君」學說來著手。

　　此外，就思想史發展的狀況而言，先秦諸子思想至西漢時已剩兩家「顯學」，一是戰國中晚期所興起的黃老道家，一是西漢中葉時董仲舒改造後的儒家，其他諸家思想均被此二家學說給吸收，而此「道家」與彼「儒家」間，更有前後相承、相互發明之處，故本文以「尊君」思想為架構，論述此二家思想的精華與演變的方向，當有其論述之處。

　　關於本文相關的思想概念與基本立場已敘述如上，以下即根據過往學者的成果與本文預設的立場、觀念，展開對西漢前期儒家尊君學說的各項論述。

第二章 西漢前期尊君學說之起源（上）：先秦諸子之學

　　要論西漢前期儒家的尊君說之源，必得從先秦各重要之思想演變來談起。中華文化中最具代表性的思想精華從東周時代開始引人注目，當時正值巨大時代變化的發展期，而在思想史上，每一獨特學說的誕生與發展，皆是回應整體環境的變化與挑戰，在成功與失敗間，不斷激盪進而匯聚為滔滔歷史的長河。但，這並非說學術思想發生之因與其本質有絕對因果關係，正如勞思光云：「此即發生意義與本質意義之不同。一事之如何發生是一問題，一事有何種內含意義又是另一問題。」〔註1〕而中國哲學的特色，若與西方哲學相比，自始則明顯重於實踐。〔註2〕以儒家思想發展的方向而言更是如此，成中英說：「就中國文化的傳統來看，孔子面對春秋時代社會的激變，深入對歷史的反醒，發掘出人性深處的需求，提出了仁愛的主張，同時也提出一個理想社會的楷模。此即禮樂社會的楷模，人對仁愛的深度需求與對社會的理想楷模的企盼是相應一致的。因之，理想的個人人格與理想的社會制度應是相對一致的，而且兩者應是相互引生的。」〔註3〕孔子（也包含孟子與荀子）試圖將人格的塑造與理想的制度結合而闡述的學說，無法在先秦時期見用；而在西漢武帝時董仲舒所歸納的儒學，明顯不能與先秦孔、孟、荀三家之說相

〔註1〕見《新編哲學史》（一）（臺北：三民書局，1986年12月），頁104～105。

〔註2〕牟宗三言西方哲學：「以對待自然的方法對待人事，採取邏輯分析的態度，作純粹理智的思辨。」而「中國哲學則是重實踐」見《中國哲學的特質》第二講（臺北：學生書局，1987年），頁13～14。

〔註3〕見《合內外之道：儒家哲學論》（臺北：康德出版社，2005年11月。）頁11。

符，因其內容已含有道家、法家、陰陽五行等思想，不分析上述學說的內容，就無以說明清楚西漢前期儒家尊君學說之源。其中，先秦道家學說在戰國中晚期時，與各家學說融合成「黃老」思想，影響漢初政治與學界七十年，本文另起專章探討。以下即針對先秦諸家思想中對西漢前期儒家尊君說有影響之論點分別說明。

第一節　儒家思想爲本源

　　本文以西漢前期之儒家思想爲題，其思想之源，當然來自先秦儒家學說。在中國文化的發展上，對於儒家思維，雖然有過否定的論點，〔註4〕但任誰也要正視其爲本國文化精髓的地位。對於本文，亦是如此。

一、孔子之「重道說」

　　孔子對於中國學術之重要性無與倫比，其成就不需要本文多加以贅述。對於本文而言，闡述孔子政治學說與其對君權的看法當是較爲重要的任務。關於孔子對政治的見解，是其思想中的核心，並且是對當時春秋時代實際政治狀況的亂象所提出的解決方案；而春秋當時政治上之亂象，有很多是因國君本身德行有虧，凌辱國人與卿大夫造成的。例如晉靈公喜歡據高臺以彈丸彈人，因廚師烹煮熊掌失當而殺人，後更因不欲聽諫言而遣鉏霓刺殺趙盾；陳靈公與大夫孔寧、儀行父三人與陳國已故大夫夏御叔之妻夏姬通姦，並在廟堂上公然拿夏姬衵服炫耀，並默許殺了勸諫的大夫泄冶；齊莊公與大夫崔杼之妻私通，更欲趁崔杼稱病時而前往其家私會其妻。晉靈公、陳靈公與齊莊公種種君不爲君的行爲，引起臣不爲臣的報復，不但三人皆爲臣下所弒殺，

────────────────

〔註4〕如胡適曾說：「我確信中國哲學的將來，有賴於從儒學的道德倫理和理性的枷鎖中得到解放，不能只用大批西方哲學的輸入來實現，而只能讓儒學回到它本來的地位，也就是恢復它在其歷史背景中的地位。儒學曾經是盛行於古代中國的許多敵對學派中的一派。因此，只要不把它當作精神的、道德的、哲學的權威的唯一源泉，而只是在閃耀的哲學群星中的一顆明星，那末，儒學的被廢黜便不成問題了。」胡適《先秦名學史‧導論》(上海：上海學林出版社，1983 年第一版)，頁 5。此書爲作者 1917 年哥倫比亞大學博士論文。早年的胡適先生對儒學的批判，是希望中國學術走出更爲康莊的大道，並有別於傳統將儒學定於至尊的地位；所謂「廢黜儒學」之說，誠爲當時時代背景的產物。以今日儒學在世界文化正大放異彩而言，正需要重新客觀地檢視儒學才能賦予其新生命。

其在政治上之意義更標誌著春秋時的政治倫理確是一團紊亂。〔註5〕

對於當時政治上之亂象，孔子提出「正名」的主張以導正。《論語‧顏淵》載：

> 齊景公問政於孔子。孔子對曰：「君君，臣臣，父父，子子。」公曰：「善哉！信如君不君，臣不臣，父不父，子不子，雖有粟，吾得而食諸？」〔註6〕

齊景公對孔子之言當深有感觸，因爲他就是繼齊莊公而即位。在政治上禮崩樂壞日趨嚴重的狀況下，孔子對於失去原有秩序的現實所提出的改進方案，並非好高騖遠，只是主張將原有的秩序恢復到正常的軌道，而這項主張能得到齊景公深有同感地認同，當時在政治上君臣失序的嚴重程度是可以想見的。至於何者是國君該有的表現？對此，孔子主張要有德性的修養，如：

> 子曰：「爲政以德，譬如北辰，居其所而眾星共之。」（〈爲政〉）

> 季康子問政於孔子。孔子對曰：「政者，正也。子帥以正，孰敢不正？」（〈顏淵〉）

> 子曰：「無爲而治者，其舜也與！夫何爲哉？恭己正南面而已矣。」

〔註5〕此三事分見如下：《左傳》宣公二年載：「晉靈公不君，厚斂以彫牆，從臺上彈人，而觀其辟丸也；宰夫胹熊蹯不熟，殺之，寘諸畚，使婦人載以過朝。趙盾、士季見其手，問其故，而患之。將諫，士季曰：「諫而不入，則莫之繼也。會請先，不入，則子繼之。」三進，及溜，而後視之，曰：「吾知所過矣，將改之。」稽首而對曰：「人誰無過，過而能改，善莫大焉。《詩》曰：『靡不有初，鮮克有終。』夫如是，則能補過者鮮矣。君能有終，則社稷之固也，豈惟群臣賴之，又曰：『袞職有闕，惟仲山甫補之』，能補過也。君能補過，袞不廢矣。」猶不改，宣子驟諫，公患之，使鉏麑賊之。」見【晉】杜預注、【唐】孔穎達疏、【清】阮元校勘《十三經注疏本》（台北：藝文印書館，1982年），頁658。又《左傳》宣公九年載：「陳靈公與孔寧、儀行父通於夏姬，皆衷其衵服，以戲于朝，洩冶諫曰：『公卿宣淫，民無效焉，且聞不令，君其納之！』公曰：『吾能改矣。』公告二子。二子請殺之，公弗禁，遂殺洩冶。」（出處同上），頁702。又《左傳》襄公二十五年載：「莊公通焉，驟如崔氏…崔子稱疾不視事。乙亥，公問崔子，遂從姜氏。姜入于室，與崔子自側戶出。公拊楹而歌。侍人賈舉止眾從者而入，閉門。甲興，公登臺而請，弗許；請盟，弗許；請自刃於廟，弗許。皆曰：『君之臣杼疾病，不能聽命。近於公宮，陪臣干掫有淫者，不知二命。』公踰牆，又射之，中股，反隊，遂弒之。」（出處同上），頁1097。

〔註6〕見【魏】何晏注、【宋】邢昺疏、【清】阮元校勘《十三經注疏本‧論語》（台北：藝文印書館，1982年），頁106。

（〈衛靈公〉）〔註7〕

孔子對於國君的要求在於德性的修養。若國君能有德性之修養，則自身行事自然光明正大；而行事光明正大，則由近及遠、臣民上下皆能相安，其言外之意即是《禮記》所提到儒家由內而外、徹上徹下的「大學」之道。〔註8〕

對於國君重德的要求，孔子將之歸之於「正治」，意即正確地行使政治權力。換言之，孔子是主張維持階級分明的制度。而他對國君的價值判斷，則來自於國君之作為是否「合道」。而什麼是「道」的意涵？這應該可以從孔子對周代文明的熱愛來說明，《論語·八佾》載：

子曰：「周監於二代，郁郁乎文哉！吾從周。」〔註9〕

〈子罕〉篇又說：

子畏於匡。曰：「文王既沒，文不在茲乎？天之將喪斯文也，後死者

不得與於斯文也；天之未喪斯文也，匡人其如予何？」〔註10〕

周代就夏朝及殷商的文化的內容，察看比較其得失與長短，進而斟酌損益，使禮儀典制更為完備，此燦爛光輝的周代新文化，成為孔子衷心追求實現的目標。所以，「道」的意涵即是包含禮儀、教育、文章、詩歌、音樂等當時中國的文化與文明，對此，孔子是以衛道者自居的，所謂「文不在茲乎」，就是孔子以身為周文化之繼任者所抒發的心聲。是故，孔子雖對管仲頗有微言，說他器小、不知禮，但另一方面卻又大力讚揚他助齊桓公九合諸侯、一匡天下，有尊王攘夷之功，正是從管仲對中原文化甚有保衛之功來評論的。〔註11〕而「道」的意涵既然是文明與文化，那麼孔子對國君的要求以合不合「道」來作考察，也就可以看成國君施政的成敗與否，端看其本身與作為是否符合高度文明、有禮儀之君的自覺。

〔註7〕 見【魏】何晏注、【宋】邢昺疏、【清】阮元校勘《十三經注疏本·論語》（台北：藝文印書館，1982年），頁16、頁109、137。

〔註8〕 其言曰：「古之欲明明德於天下者，先治其國；欲治其國者，先齊其家；欲齊其家者，先修其身；欲修其身者，先正其心；欲正其心者，先誠其意；欲誠其意者，先致其知，致知在格物。物格而後知至，知至而後意誠，意誠而後心正，心正而後身修，身修而後家齊，家齊而後國治，國治而後天下平。自天子以至於庶人，壹是皆以修身為本。」見【漢】鄭玄注、【唐】孔穎達等疏、【清】阮元校勘，《十三經注疏·禮記》（台北：藝文印書館，1982年）。

〔註9〕 同註7，頁34。

〔註10〕 同註7，頁120。

〔註11〕 如在〈八佾〉篇中評管仲器小，頁38；〈憲問〉篇中稱讚他，說「微管仲，吾其被髮左衽矣！」，頁216。出處同上。

一個有高度文明、禮儀之君的治國術，是「道之以德、齊之以禮」，是用禮義來教化、感動人民，使人民主動、甚至樂於服從政令的。〔註12〕所以，儒家治國術在孔子的思想中，是反對用刑殺來治國，〈顏淵〉篇說：

> 季康子問政於孔子曰：「如殺無道，以就有道，何如？」孔子對曰：
> 「子為政，焉用殺？子欲善，而民善矣。君子之德風，小人之德草。
> 草上之風，必偃。」〔註13〕

總而言之，孔子所謂的仁政，指的就是國君能持續地保有既有文化的成果，從而能開創更為嶄新光明的未來。照此政治邏輯推衍而下，重視、富裕以及教化人民的治國理念的出現，則成為順理成章的發展。〔註14〕瞭解孔子對國君的價值判斷後，對於他視富貴如浮雲，不專對某一國君效忠的行為，也從而得到驗證。〔註15〕

二、孟子之「王道說」

戰國時期，諸子思想日益活躍，產生許多重要的學說，皆是針對當時重要的政治現象與社會問題所提出的解決方案，並依照諸子學派傳統與各人獨特見解自成體系。對於當時之時代背景，清人顧炎武在《日知錄》中云：

> 春秋時，猶尊禮重信，而七國則絕不言禮與信矣。春秋時，猶宗周王，而七國絕不言王矣。春秋時，猶嚴祭祀，重聘享，而七國則無其事矣。春秋時，猶論宗姓氏族，而七國則無一言及之矣。春秋時，猶宴會賦詩，而七國則不聞矣。春秋時，猶有赴告策書，而七國則無有矣。邦無定交，士無定主。此皆變於一百三十三年之間，史之

〔註12〕見〈為政〉篇：「子曰：『道之以政，齊之以刑，民免而無恥；道之以德，齊之以禮，有恥且格。』」【魏】何晏注、【宋】邢昺疏、【清】阮元校勘《十三經注疏本·論語》，頁13。與之相同的意見很多，如〈陽貨〉篇又說：「子之武城，聞弦歌之聲。夫子莞爾而笑，曰：『割雞焉用牛刀？』子游對曰：『昔者偃也聞諸夫子曰：君子學道則愛人，小人學道則易使也。』子曰：『二三子！偃之言是也。前言戲之耳。』」頁263。

〔註13〕同上，頁184。

〔註14〕如〈子路〉篇載：「子適衛，冉有僕。子曰：『庶矣哉！』冉有曰：『既庶矣。又何加焉？』曰：『富之。』曰：『既富矣，又何加焉？』曰：『教之。』」頁197。

〔註15〕孔子曾謀輔佐齊景公，又因魯定公、季桓子對其無禮而離國，當公山不狃據費邑背判魯國季氏，也曾計劃前往應召，後又欲應楚昭王之聘問，終孔子一生，是以行道為最高目標。以上事參見《史記·孔子世家》（北京：中華書局，2002年3月北京第十七刷，頁794）與《論語·微子》，頁283。

闕文，而後人可以意推者也。〔註16〕

所謂的「邦無定交，士無定主」、「周衰文弊，六藝道息」，〔註17〕這些激烈的政治與社會的變動，前人已有十分深刻的描述。而戰國時期的思想家，在這種嚴峻的情勢下，所思考的方向皆是朝解決戰爭的方法邁進，對此，孟子提出了「定於一」的主張。《孟子‧梁惠王篇上》載：

> 孟子見梁襄王。出，語人曰：「望之不似人君，就之而不見所畏焉。卒然問曰：『天下惡乎定？』吾對曰：『定于一。』『孰能一之？』對曰：『不嗜殺人者能一之。』『孰能與之？』對曰：『天下莫不與也。王知夫苗乎？七八月之間旱，則苗槁矣。天油然作雲，沛然下雨，則苗浡然興之矣。其如是，孰能禦之？今夫天下之人牧，未有不嗜殺人者也，如有不嗜殺人者，則天下之民皆引領而望之矣。誠如是也，民歸之，由水之就下，沛然誰能禦之？』」〔註18〕

在孟子與魏襄王這段對話中，我們可看出兩個重點：第一，戰國以來之思想家已有天下定於一統以求和平的觀念，至少孟子是如此；第二，孟子的政治主張是行仁政，而其具體內容就是「不嗜殺人者能一之」。若綜而言之，就是反映孟子反對以兼併與戰爭的手法來達成統一的目的，其政治觀點與其性善說可謂是一體之兩面，有承襲儒家孔子的思想，但更突出的是孟子自己對重民說的主張，以此構成其王道哲學的核心價值。

與孔子相同，孟子認為仁政王道實施的基礎在於君王能有好的德性修養，並且要能以身作則。〈離婁篇上〉說：

> 孟子曰：「人有恆言，皆曰：『天下國家』。天下之本在國，國之本在家，家之本在身。」……孟子曰：「人不足與適也，政不足間也。惟大人為能格君心之非。君仁莫不仁，君義莫不義，君正莫不正。一正君而國定矣。」〔註19〕

〔註16〕見《日知錄》卷13〈周末風俗〉，《續修四庫全書》（上海：上海古籍出版社，1995年），頁181。

〔註17〕見章學誠：《文史通義、內篇一、詩教上》（台北：鼎文書局，1977年3月增訂一版），頁16。

〔註18〕見【漢】趙岐注、【宋】孫奭疏、【清】阮元校勘《十三經注疏‧孟子正義》（台北：藝文印書館，1982年），頁17。

〔註19〕見【漢】趙岐注、【宋】孫奭疏、【清】阮元校勘《十三經注疏‧孟子正義》，頁228、249。

這種「君仁莫不仁」，正君即是正國的主張，其它諸子政治學說中亦有，[註20]
但將人民視爲政治中之主導，以得民心與否來成爲其政治學之綱領，並以之爲
中心展開其君臣觀，則不得不說是孟子學說中最大的特色。以此爲藍圖而展開
的「王道」，進而循序漸進地一統天下，對此，孟子在〈公孫丑篇上〉有具體的
說明，其曰：

> 孟子曰：尊賢使能，俊傑在位，則天下之士皆悅而願立於其朝矣。
> 市，廛而不征，法而不廛，則天下之商皆悅而願藏於其市矣。關，
> 譏而不征，則天下之旅皆悅而願出於其路矣。耕者，助而不稅，則
> 天下之農皆悅而願耕於其野矣。廛，無夫里之布，則天下之民皆悅
> 而願爲之氓矣。信能行此五者，則鄰國之民仰之若父母矣。率其子
> 弟，攻其父母，自生民以來，未有能濟者也。如此，則無敵於天下。
> 無敵於天下者，天吏也。然而不王者，未之有也。[註21]

平民的欲望常是卑微的：讀書人能有發揮才能的舞臺，商人在市場上有較低
的課稅（或不課稅），最重要的是廣大的農民有耕種的土地與不高的賦稅，自
然能使人民衷心歸附，甚至使他國人民遠來就國。事實上，孟子的仁政王道
之說理想程度較高，對於國君的道德修養期望甚深，但相對來說，一旦國君
無法履行應盡的義務，孟子所採取的對應措施是屬於非常激進，在其與齊宣
王幾度談論君臣關係之敘述上足以窺探一二，如〈梁惠王篇下〉載：

> 齊宣王問曰：「湯放桀，武王伐紂，有諸？」孟子對曰：「於傳有之。」
> 曰：「臣弒其君可乎？」曰：「賊仁者謂之賊，賊義者謂之殘。殘賊
> 之人，謂之一夫。聞誅一夫紂矣，未聞弒君也。」[註22]

〈離婁篇下〉又載：

> 孟子告齊宣王曰：「君之視臣如手足，則臣視君如腹心；君之視臣如犬
> 馬，則臣視君如國人；君之視臣如土芥，則臣視君如寇讎。」[註23]

[註20] 如《老子》五十七章：「我無爲而民自化，我好靜而民自正，我無事而民自富，
我無欲而民自樸。」其與儒家核心觀念不同，但同樣都是對統治者自身做出
規範，其它諸子思想亦如此。見【魏】王弼等注《老子》，《四部要籍注疏叢
刊》（北京：中華書局，1998年），頁256。

[註21] 同註19，頁97。此王道說在〈梁惠王〉、〈公孫丑〉、〈滕文公〉、〈盡心〉篇等
章皆有敘述。

[註22] 見【漢】趙岐注、【宋】孫奭疏、【清】阮元校勘《十三經注疏‧孟子正義》，
頁55。

[註23] 見同上，頁261。又如〈萬章篇下〉載：「齊宣王問卿。孟子曰：『王何卿之問

殘害人民之君被殺，只能說是誅殺一夫，不是弒君大罪，而國君以犬馬視臣，
則臣當國君如當塗之人，可見此君臣間的關係是相對而非絕對，君主必須要
體認到自身應盡的責任：行使仁政王道，使臣民長治久安，否則君將不爲君，
臣也就不爲臣。但此項主張尚要配合孟子政治學說中另外一項論點，意即解
釋君權的來源。對此，孟子認爲君權來源出自「民心」。

　　早在周初殷周政權輪替之時，周公旦就曾經指出：「我不可不監於有夏，
亦不可不監於有殷。」或「人無於水監，當於民監」等說法，〔註 24〕強調爭
取人民的支持與「天命靡常」的觀點。孟子的「民心說」則更爲進步，並與
前文提及的王道說相結合，即爲「得民心者得天下」之論，如〈離婁篇上〉
載：

> 孟子曰：「桀紂之失天下也，失其民也；失其民者，失其心也。得天
> 下有道，得其民，斯得天下矣。得其民有道，得其心，斯得民矣。
> 得其心有道，所欲，與之聚之；所惡，勿施爾也。民之歸仁也，猶
> 水之就下、獸之走壙也。故爲淵歐魚者，獺也；爲叢歐爵者，鸇也；
> 爲湯、武歐民者，桀與紂也。今天下之君有好仁者，則諸侯皆爲之
> 歐矣。雖欲無王，不可得已。」〔註 25〕

揆諸史實，在特定的歷史條件下，孟子的民心說可謂眞理，如秦王朝視人民
如牛馬草芥，不恤民力、大失民心，之後秦以二世而亡天下。楚漢爭霸之時，
項羽百戰百勝，本應無懸念而得天下，但劉邦懂得收拾人心，最終轉弱爲強、
轉敗爲勝，這些都是民心說價値最有利的證據。所以，孟子引《尙書·泰誓》
說：「天視自我民視，天聽自我民聽。」〔註 26〕強調的就是「天心」即「民心」
的說法。孟子的「王道說」以「民心」爲最高政治價値而非君主權利，不但
是當時進步的思想，更影響後世的政治觀。

也？』王曰：『卿不同乎？』曰：『不同。有貴戚之卿，有異姓之卿。』王曰：
『請問貴戚之卿。』曰：『君有大過則諫，反覆之而不聽，則易位。』王勃然
變乎色。曰：『王勿異也。王問臣，臣不敢不以正對。』王色定，然後請問異
姓之卿。曰：『君有過則諫，反覆之而不聽，則去。』」，頁 375。
〔註 24〕見【漢】孔安國傳、【唐】孔穎達等正義、【清】阮元校勘《十三經注疏·尚
書》〈召誥〉、〈酒誥〉（台北：藝文印書館，1982 年），頁 738、843。
〔註 25〕見同註 22，頁 234。〈公孫丑篇上〉亦有相近之論，如：「孟子曰：『人皆有不
忍人之心。先王有不忍人之心，斯有不忍人之政矣。以不忍人之心，行不忍
人之政，治天下可運之掌上。』」，頁 98。
〔註 26〕見【漢】趙岐注、【宋】孫奭疏、【清】阮元校勘《十三經注疏·孟子正義·
萬章篇上》，頁 321。

三、荀子之「重君說」

荀子，儒家在先秦時期的最後一位大師，而荀子學術對於本文的立論有十分重要的啓發，因為他的尊君之說開啓了儒學與其它思想合流的先聲，對後世儒家學說產生了深遠的影響。

荀況，戰國時趙人，史書中對於其生平之敘述較為簡單，後人對其五十歲以前的經歷多所推測而無定論，比較清楚的記錄是他曾經遊學於齊國稷下學宮，並三為祭酒，本文認為荀子受到其他思想的薰陶也在此時期。後因讒適楚，春申君黃歇聘為蘭陵令，在春申君死後免官，定居蘭陵著書講學以終。〔註27〕其中，比較讓人在意的是司馬遷對荀子學術的評論，他說：

> 荀卿嫉濁世之政，亡國亂君相屬，不遂大道而營於巫祝，信機祥，鄙儒小拘，如莊周等，又猾稽亂俗，於是推儒、墨、道德之行事興壞，序列著數萬言而卒。因葬蘭陵。〔註28〕

所謂「推儒、墨、道德之行事興壞」，主要指荀子批判和總結了各家學說，在儒家原有思想上有所發揚與創新之見，但這卻成為荀子學術在往後的思想史上被後人攻擊不符合孔孟儒學之處，而荀子之學與孔孟之學有何不同？當是荀學接受道家思想中的某些論點，並以之做為荀學中綱領性的核心見解，其中，荀子學術跟孔孟之說最顯著的差異，就是對「天」的看法與「性惡說」。〔註29〕

〔註27〕有關荀子之生平，大抵可見【漢】司馬遷著《史記・孟子荀卿列傳》：「荀卿，趙人。年五十始來游學於齊。騶衍之術迂大而閎辯；奭也文具難施；淳于髡久與處，時有得善言。故齊人頌曰：『談天衍，雕龍奭，炙轂過髡。』田駢之屬，皆已死齊襄王時，而荀卿最為老師。齊尚修列大夫之缺，而荀卿三為祭酒焉。齊人或讒荀卿，荀卿乃適楚，而春申君以為蘭陵令。春申君死而荀卿廢，因家蘭陵。李斯嘗為弟子，已而相秦。」（北京：中華書局，2002 年 3 月北京第十七刷。），頁 921。

〔註28〕見同上，頁 922。

〔註29〕荀子自認為自己是大儒，或可說以大儒自我期許，這可從其所作〈儒效篇〉的用意可知，如：「法先王，統禮義，一制度，以淺持博，以古持今，以一持萬；苟仁義之類也，雖在鳥獸之中，若別白黑。倚物怪變，所未嘗聞也，所未嘗見也，卒然起一方，則舉統類而應之，無所儗作，張法而度之，則晻然若合符節，是大儒者也。故人主用俗人，則萬乘之國亡；用俗儒，則萬乘之國存；用雅儒，則千乘之國安；用大儒，則百里之地，久而後三年，天下為一，諸侯為臣；用萬乘之國，則舉錯而定，一朝而伯。」（見【清】王先謙：《荀子集解》，臺北：藝文印書館，1977 年，頁 134。）但後世學者對荀學的評述卻常以貶謫居多，如唐、韓愈〈讀荀子〉中，認為荀子學術是「大醇而

在正統的儒家學說中，有關「天道」與「人事」的看法，乃是所謂的「天人合一」之說，如《禮記‧中庸》中所言：

> 天命之謂性，率性之謂道，修道之謂教。道也者，不可須臾離也，可離非道也。是故君子戒慎乎其所不睹，恐懼乎其所不聞。莫見乎隱，莫顯乎微。故君子慎其獨也。喜怒哀樂之未發，謂之中；發而皆中節，謂之和；中也者，天下之大本也；和也者，天下之達道也。致中和，天地位焉，萬物育焉。〔註30〕

孔子之後，子思在孟子之前發展了儒家學說中影響中國文化至為深遠的「中庸」之說，將天與人透過「性」連接起來。人的本性是天生自然的，而循者天性的發展，將可達於宇宙運行之「道」理；人內賦的本能與外在的天道可互相貫通，只要能有「慎獨」自誠的「中」「和」修養工夫，故自孔子、孟子以來，儒家學說把天道視為一切事物價值的根源，人性既然能和天道搭起橋樑，自然要充滿天賦的本性以完成最高層次的價值。但荀子卻承襲道家說法，認為人事與天道截然兩分、互不相屬，〈天論篇〉中說：

> 天行有常，不為堯存，不為桀亡。應之以治則吉，應之以亂則凶。彊本而節用，則天不能貧；養備而動時，則天不能病；脩道而不貳，則天不能禍。……受時與治世同，而殃禍與治世異，不可以怨天，其道然也。故明於天人之分，則可謂至人矣。……列星隨旋，日月遞炤，四時代御，陰陽大化，風雨博施，萬物各得其和以生，各得其養以成，不見其事，而見其功，夫是之謂神。皆知其所以成，莫知其無形，夫是之謂天功。唯聖人為不求知天。〔註31〕

荀子〈天論篇〉中最重要的觀念，就是天道不干預人事，人事也不會影響天

小疵」、「考其辭時若不粹」（見【唐】韓愈撰、【清】馬其昶校注：《韓昌黎文集校注》，臺北：頂淵文化，2005年，頁239。）；宋、二程謂：「荀卿才高學陋，以禮為偽，以性為惡……聖人之道，至卿不傳。」（見《二程集‧程氏外書》卷第十，《大全集拾遺》，臺北：里仁書局，1982年3月，頁1124。）；明清之際的傅山更說：「《荀子》三十二篇，不全儒者言，而習稱為儒者，不細讀其書也。有儒之一端焉，是其辭之復而嘽者也。但其精摯處則即與儒遠，而近於法家，近於刑名家，非墨而又有近於墨家者言。」（見其手稿《荀子評注‧堯問篇第三十二》、《續修四庫全書》，上海：上海古籍出版社，1995年，頁451），之所以受人批評處，正是荀子綜合各家學說來輔翼儒學之處。

〔註30〕見【漢】鄭玄注、【唐】孔穎達等疏、【清】阮元校勘：《十三經注疏‧禮記正義》（臺北：藝文印書館，1982年），頁741。

〔註31〕見【清】王先謙集解：《荀子集解》（臺北：藝文印書館，1977年），頁329。

道；天的職責在生養萬物，人的職責在治天生萬物，此爲「天人之分」。且人知「天行有常」，其日月星辰之運行，與春夏秋冬季節的變化皆有常規，人就當能認識此一常規，進而適應、利用，故荀子又云：

> 大天而思之，孰與物畜而制之！從天而頌之，孰與制天命而用之！望時而待之，孰與應時而使之！因物而多之，孰與騁能而化之！思物而物之，孰與理物而勿失之也！願於物之所以生，孰與有物之所以成！故錯人而思天，則失萬物之情。〔註32〕

關於荀子制天用天的看法，將天視爲一純粹自然而無意志的環境本質，本來可以憑此發展出現代科學的基本概念，但荀子所著重的地方仍是政治與倫理之學，故對於人的職分限制了朝科學發展的契機。此外，對於人能從天之道所得出的教導，荀子亦認爲是在德行的修養上，〔註33〕故天變不足畏懼，人的禍亂才可怕，其云：

> 物之已至者，人袄則可畏也：楛耕傷稼，楛耨失歲，政險失民；田薉稼惡，糴貴民飢，道路有死人：夫是之謂人袄。政令不明，舉錯不時，本事不理，勉力不時，則牛馬相生，六畜作袄：夫是之謂人袄。禮義不脩，內外無別，男女淫亂，則父子相疑，上下乖離，寇難並至：夫是之謂人袄。袄是生於亂。三者錯，無安國。〔註34〕

「人袄」會造成政治動蕩、農桑不理，進而可能會國破家亡；而此「人袄」的產生與否，關乎君主施政是否賢明，能體察天道之規律並以人事來配合之。荀子對於天道的看法是嚴明天人之分，但對於天之所以爲天的奧妙卻並不在意，強調的是人利用天道的規律來順治萬物。但如此一來，荀子將天人之間的聯繫切斷，天道與人性之間再無相通的可能，是故荀子必定要在天道之外尋求一最高的價值根源，顯然，荀子是以「君權」來立說，而在論述其提高

〔註32〕同上，頁341。

〔註33〕如〈天論〉篇言：「天不爲人之惡寒也輟冬，地不爲人之惡遼遠也輟廣，君子不爲小人之匈匈也輟行。天有常道矣，地有常數矣，君子有常體矣。君子道其常，而小人計其功。《詩》曰：『禮義之不愆，何恤人之言兮！』此之謂也。楚王後車千乘，非知也；君子啜菽飲水，非愚也；是節然也。若夫志意脩，德行厚，知慮明，生於今而志乎古，則是其在我者也。故君子敬其在己者，而不慕其在天者：小人錯其在己者，而慕其在天者。君子敬其在己者，而不慕其在天者，是以日進也；小人錯其在己者，而慕其在天者，是以日退也。故君子之所以日進，與小人之所以日退，一也。君子小人之所以相縣者，在此耳。」見同上，頁336。

〔註34〕同上，頁337。

君權之說前，荀子更以「性惡說」作爲其立論的基礎。〔註35〕

關於荀子的〈性惡說〉，是從人類身體的欲求來切入說明，與孟子以天有意志而給予人類本性的〈性善說〉有本質上的差異，他說：

> 人之性惡，其善者僞也。今人之性，生而有好利焉，順是，故爭奪生而辭讓亡焉；生而有疾惡焉，順是，故殘賊生而忠信亡焉；生而有耳目之欲，有好聲色焉，順是，故淫亂生而禮義文理亡焉。然則從人之性，順人之情，必出於爭奪，合於犯分亂理，而歸於暴。故必將有師法之化，禮義之道，然後出於辭讓，合於文理，而歸於治。用此觀之，人之性惡明矣，其善者僞也。〔註36〕

所謂的「僞」，指的是後天人爲的教化。人因生而有好利、疾惡、耳目之欲求，若順從此一生理的需求、無克制地發展下去，將會產生分配不均、有限的資源消耗殆盡的弊病。要避免此種情況的產生，則必須有師法禮義的教化，明定出各階級的順序，使資源使用合理。這種因應人生理欲求而產生的教化，乃是由先王先聖有鑒於人性爲惡的認知下，爲了使人和群安治而設的。由於荀子已經將天人之間的聯繫切斷，像孟子之說將禮義的產生歸之於天賦的善性已在理論上不通，故荀子的禮義之說，是將之歸於聖人能夠「積思慮」與「習僞故」。〈性惡篇〉又載：

> 凡禮義者，是生於聖人之僞，非故生於人之性也。故陶人埏埴而爲

〔註35〕 學者如勞思光亦持相同看法，他說：「今荀子所論之價值根源，既不歸於『心』，又不歸於非人格化之『天』；則所餘出路，在理論上僅有二可能。一是歸於形軀，以『利』爲價值之本義；另一則是歸於一權威。荀子說性惡時，已極言好利之爲惡；且在〈榮辱篇〉中又明貶利而崇義；曾謂：『先義而後利者榮，先利而後義者辱。』又〈不苟篇〉中論『小人』，則謂：『言無常信，行無常貞，唯利所在，無所不傾，若是則可謂小人矣。』則荀子顯然不以求形軀之利爲價值。如此，荀子價值論之唯一出路，乃祇有將價值根源歸於某一權威主宰。實言之，即走入權威主義。」見《新編中國哲學史》（一）（勞思光，臺北：三民書局，1986 年 12 月），頁 339。

〔註36〕 見【清】王先謙集解：《荀子集解‧性惡'》，頁 481。其下所補充之言大抵如此，如：「故枸木必將待檃栝烝矯然後直，鈍金必將待礱厲然後利，今人之性惡，必將待師法然後正，得禮義然後治。今人無師法，則偏險而不正，無禮義，則悖亂而不治。古者聖王以人性惡，以爲偏險而不正，悖亂而不治，是以爲之起禮義，制法度，以矯飾人之情性而正之，以擾化人之情性而導之也。使皆出於治，合於道者也。今人之化師法，積文學，道禮義者爲君子；縱性情，安恣睢，而違禮義者爲小人。用此觀之，人之性惡明矣，其善者僞也。」荀子論文常用排比、類疊之句式，前後重覆文意，故不贅述。

器，然則器生於陶人之僞，非故生於人之性也。故工人斲木而成器，
然則器生於工人之僞，非故生於人之性也。聖人積思慮，習僞故，
以生禮義而起法度，然則禮義法度者，是生於聖人之僞，非故生於
人之性也。若夫目好色，耳好聽，口好味，心好利，骨體膚理好愉
佚，是皆生於人之情性者也；感而自然，不待事而後生之者也。夫
感而不能然，必且待事而後然者，謂之生於僞。是性僞之所生，其
不同之徵也。故聖人化性而起僞，僞起而生禮義，禮義生而制法度；
然則禮義法度者，是聖人之所生也。〔註37〕

〈禮論篇〉也說：

禮起於何？曰：「人生而有欲，欲而不得，則不能無求，求而無度量
分界，則不能不爭。爭則亂，亂則窮。先王惡其亂也，故制禮義以
分之，以養人之欲，給人之求，使欲必不窮乎物，物必不屈於欲，
兩者相持而長，是禮之所起也。」〔註38〕

由於禮義是爲了矯正人性之惡而產生，是聖人自作努力並在文化積累上所得
出的成果，在其先天的傾向中是屬於外在人倫客觀的綱紀。〔註39〕是故，「禮
義」成爲人作爲群體存在所必需，它並不是個體自發的良善本質，而是針對
個體有強制要求的外在規範。荀子此一理論，是爲了因應自春秋、戰國時代
以來社會的劇變，對於傳統的「禮」賦予了新的意義，也就是從整體人類生
存的立場出發，強調彼此、上下的外在規範，而非個人的道德修養。但是，
荀子將人性解釋爲身體之欲求，想要「化性起僞」，則需要「心」來發動作用，
〈解蔽篇〉說：

故治之要在於知道。人何以知道？曰：「心」。心何以知？曰：「虛壹

〔註37〕見【清】王先謙集解：《荀子集解》（出版項同前），頁486。
〔註38〕見同上，頁373。
〔註39〕除此之外，荀子性惡說的特點尚有人性齊一，聖人之性與當塗之人相同，所
　　　謂：「凡人之性者，堯舜之與桀跖，其性一也；君子之與小人，其性一也。今
　　　將以禮義積僞爲人之性邪？然則有曷貴堯禹，曷貴君子矣哉！凡貴堯禹君子
　　　者，能化性，能起僞，僞起而生禮義。然則聖人之於禮義積僞也，亦猶陶埏
　　　而爲之也。用此觀之，然則禮義積僞者，豈人之性也哉！所賤於桀跖小人者，
　　　從其性，順其情，安恣睢，以出乎貪利爭奪。故人之性惡明矣，其善者僞也。
　　　天非私曾騫孝己而外眾人也，然而曾騫孝己獨厚於孝之實，而全於孝之名者，
　　　何也？以綦於禮義故也。天非私齊魯之民而外秦人也，然而於父子之義，夫
　　　婦之別，不如齊魯之孝具敬文者，何也？以秦人從情性，安恣睢，慢於禮義
　　　故也，豈其性異矣哉！」見同上，頁491。

　　而靜。」心未嘗不臧也，然後有所謂虛；心未嘗不滿也，然後有所

　　謂一；心未嘗不動也，然後有所謂靜。〔註40〕

所謂「虛」，指的是不為成見所束縛，才有可能接受新的觀念與想法；「壹」
則是指專心致志於目標，全力以赴；「靜」指的是心清明空淨，無聯想，無雜
念。荀子為了解釋「化性起偽」之可能，以「天君」（〈天論篇〉言心）的作
用來強調人可修養道德，可以與堯、舜同為聖人，但此「心」並非孟子所言
之「惻隱之心」，所強調的是類同道家冷靜的智慧。〔註41〕

　　此外，在「禮」已成為外在的人倫綱紀，而非內塑的道德修養時，荀子
常以「法」的作用來配合，如〈君道篇〉說：

　　至道大形，隆禮至法則國有常，尚賢使能則民知方，纂論公察則民

　　不疑，賞克罰偷則民不怠，兼聽齊明則天下歸之。〔註42〕

荀子主張國君施政要「隆禮至法」，而「禮」與「法」的分別在於施行的對象，
故〈富國篇〉又說：

　　由士以上則必以禮樂節之，眾庶百姓則必以法術制之。〔註43〕

儒家學說乃是以維持階級制度的秩序為特色，荀子以「禮」、「法」的區隔，
說明了儒家與法家根本不同處之一，就是法家不論貴賤一斷於「法」，而儒家
則「禮」「法」有別，禮上而刑下。前文已述及「禮」乃先王先聖所定，至於
「法」則非如此，〈君道篇〉說：

　　法不能獨立，類不能自行，得其人則存，失其人則亡，法者，治之

　　端也，君子者，法之原也。〔註44〕

由於荀子學說中，「禮」先「法」後，且其重心還是在「禮治」，而「法」必
須依附於有德者才得以施行，其決斷的最高者應當還是國君。總而言之，荀
子將「禮」與「法」創生與執守的權柄掌握在君主之手，其政治主張的最大

〔註40〕見【清】王先謙集解：《荀子集解`》（出版項同前），頁434。

〔註41〕勞思光也說：「依荀子所見，心之見理正如水之照物。水清明則能照物，心清
　　　　明則能見理。物不在水中，理亦不在心中。心之德唯有清明，即所謂『虛壹
　　　　而靜』者。如此，荀子之『心』雖一度說為『主體性』，但此心為一不含理之
　　　　空心，並非道德主體。其功用僅是在虛靜中照見萬理；與道家所說之『心』
　　　　相近；而與儒學所言之『心』（道德心）相去甚遠，更非孟子所言之『性』。」
　　　　見《新編中國哲學史》（一）（出版項同前），頁338。

〔註42〕見同上，頁248。

〔註43〕見同上，頁179。

〔註44〕見【清】王先謙集解：《荀子集解`》（出版項同前），頁239。

特色就是強調君主的地位與重要。

　　荀子對於君權的強調，亦可從其論「禮」之說談起。因爲荀子既然認爲「禮」乃成就文明社會的柱石與成王業、成聖學的軌道，那對於執「禮」，或可說保障「禮」治社會的關鍵，就成爲荀子政治學中的核心。對此，我們可從其對「尊禮」之說過渡至「尊君」來理解，〈禮論篇〉載：

> 禮有三本：天地者，生之本也；先祖者，類之本也；君師者，治之本也。無天地，惡生？無先祖，惡出？無君師，惡治？三者偏亡，焉無安人。故禮，上事天，下事地，尊先祖而隆君師，是禮之三本也。〔註45〕

所謂「君師者」，也有以君爲師之意。故在〈王制篇〉強調「尊君」時說：

> 君者，善群也，群道當則萬物皆得其宜，六畜皆得其長，群生皆得其命。〔註46〕

〈君道篇〉又說：

> 君者何也？曰：「能群也。」能群者何也？曰：「善生養人者也，善班治人者也，善顯設人者也，善藩飾人者也。」〔註47〕

所謂的「群」及「群道」，指的就是善於生養、治理、顯用人才、以及保衛文化。君主的職則就是在養人、治人、用人和教育人，所以，君道與師道又是相通的。而「君」之所以產生，不但是要能「群」，更要能「分」。〈富國篇〉又說：

> 人之生，不能無群。群而無分則爭，爭則亂，亂則窮矣。故無分者，人之大害也，有分者，天下之本利也，而人君者，所以管分之樞要也。〔註48〕

天之責在生養萬物，人之分在治理萬物，但人之性惡，順從人性則資源將有用盡、浪費以及分配不均的情況。故人主所在之位置與價值實際是一個群體、甚至整個國家、文明最核心重要之處。故荀子學說最重視維護君主的權力與地位，與孔子、孟子相比，其明顯已有提倡君權至上的傾向。如〈正論篇〉說：

〔註45〕見同上，頁377。
〔註46〕見同上，頁191。
〔註47〕見同上，頁264。
〔註48〕見【清】王先謙集解：《荀子集解`》（出版項同前），頁181。

> 天子者，勢位至尊，無敵於天下，夫有誰與讓矣！道德純備，智惠甚明，南面而聽天下，生民之屬，莫不振動從服以化順之……居如大神，動如天帝，持老養衰，猶有善於是者與不？〔註49〕

荀子由吸收道家的「天道論」出發，以天為一自然物質的現象，衍發出人性本惡之說，強調若順從人身體欲求，將導致爭亂不休；而為了導正人性之惡，必須借重先王先聖因文明積累所創造的「禮義」，其「隆禮」之說與「至法」之論雖無二致，但皆強調的是外在的行為規範，在揚棄儒家傳統「天人合一」之說後，荀子轉為將「禮」、「法」的價值歸之於「人君」。除此之外，荀子對於君道的看法尚有「法後王」之說，如〈非相篇〉有言：

> 故人道莫不有辨，辨莫大於分，分莫大於禮，禮莫大於聖王。聖王有百，吾孰法焉？曰：文久而滅，節族久而絕，守法數之有司，極禮而褫。故曰：「欲觀聖王之跡，則於其粲然者矣，後王是也。」彼後王者，天下之君也；舍後王而道上古，譬之是猶舍己之君而事人之君也。故曰：「欲觀千歲，則數今日；欲知億萬，則審一二；欲知上世，則審周道；欲審周道，則審其人所貴君子。」〔註50〕

儒家傳統史觀是「法先王」，以先王先聖為典則。〔註51〕荀子明顯受法家如商鞅等人之影響，主張法後王，〔註52〕而這項論點不但是代表其接受歷史是向前進化的觀念，也顯示出對出對現任君權的看重。至此，荀子其實是為儒家學術開展了新的方向。

此外，荀子畢竟是儒家學者，儒學溫柔敦厚的教化之風同樣地貫注於對君權的鞏固與要求上，在強調君主之權力與威勢的時候，亦從君主本身德性修養的重要性著手，如〈君道篇〉說：

〔註49〕見同上，頁 357。

〔註50〕見同上，頁 71。

〔註51〕如賀凌虛曾論及儒、道、墨三家皆相信上古優良的歷史可以回復，故對春秋以來現實狀況的反應採取的是復古改制或托古改制的方法。詳見〈商君書及其基本思想析論〉，《商君書今註今譯》（臺北：臺灣商務印書管，1987 年），頁 232。

〔註52〕如商鞅說：「前世不同教，何古之法？帝王不相復，何禮之循？伏犧、神農，教而不誅；黃帝、堯、舜，誅而不怒；及至文、武，各當時而立法，因事而制禮。禮、法以時而定，制、令各順其宜，兵甲、器備各便其用。臣故曰：『治世不一道，便國不必法古。』」見朱師轍：《商君書解詁定本‧更法第一》（臺北：世界書局，1975 年），第一卷，頁 3。

> 請問爲國？曰：「聞脩身，未聞爲國也。」君者儀也，民者景也，儀
> 正而景正。君者槃也，民者水也，槃圓而水圓。君射則臣決。楚莊
> 王好細腰，故朝有餓人。故曰：「聞脩身，未聞爲國也。」〔註53〕

君正則臣正，君直則臣直，正一人以正天下的主張一直是儒家政治學說的特色。所以，對於君主的道德修養亦成爲荀子學說所重，而君主道德修養的高下，將會直接反映在國家的命運上。因此，〈王制篇〉載：

> 傳曰「君者、舟也，庶人者、水也；水則載舟，水則覆舟。」……故
> 王者富民，霸者富士，僅存之國富大夫，亡國富筐篋，實府庫。筐篋
> 已富，府庫已實，而百姓貧，夫是之謂上溢而下漏。入不可以守，出
> 不可以戰，則傾覆滅亡，可立而待也。故我聚之以亡，敵得之以彊。

> 聚斂者，召寇、肥敵、亡國、危身之道也，故明君不蹈也〔註54〕

王者行政以仁，霸者行政以力，荀子身處戰國之世，對於諸子強國富民的思想並不排斥，並不拘守於仁義之道，其王道、霸道之說其實是相通的，王霸之別在荀子看來當只是君主執政的手段，增強國力用霸道，但要一統天下，還是需要用王道；但若施政不當，甚至不恤民力，藉君主威勢爲所欲爲，則荀子認爲必將招致滅亡。

　　總而言之，儒家政治學說自孔子以來，一直強調民心的背向與君主自身道德修養的重要，雖然三者學說各有所重，如孔子重「道」說、孟子特重王道之說，以及荀子持尊君之論，但皆殊途同歸，誠爲漢儒效法的對象。

第二節　法家思想爲骨幹

　　儒家思想雖然溫柔敦厚、文化價值高，但在先秦時，即使是諸位大儒皆未憑自身學說建立起重大的功業，故儒學常被視爲是迂闊難成，不受當時君主所喜，更惶論成爲國政之思想。而漢代武帝後之政治標榜的是「獨尊儒術」，似乎儒學已得到漢代統治者的青睞，此二者間的差異，讓人聯想到漢代儒學的內容應當得到某種方面的改變，而這，我們可從漢宣帝對其太子（後之元帝）的開導中得到啓發，其曰：

> 孝元皇帝，宣帝太子也。母曰共哀許皇后，宣帝微時生民間。年二
> 歲，宣帝即位。八歲，立爲太子。壯大，柔仁好儒。見宣帝所用多

〔註53〕見同上，頁243。
〔註54〕見【清】王先謙集解：《荀子集解》（出版項同前），頁152。

文法吏，以刑名繩下，大臣楊惲、蓋寬饒等坐刺譏辭語爲罪而誅，嘗侍燕從容言：「陛下持刑太深，宜用儒生。」宣帝作色曰：「漢家自有制度，本以霸王道雜之，奈何純任德教，用周政乎！且俗儒不達時宜，好是古非今，使人眩於名實，不知所守，何足委任！」乃歎曰：「亂我家者，太子也！」繇是疏太子而愛淮陽王，曰：「淮陽王明察好法，宜爲吾子。」而王母張婕妤尤幸。上有意欲用淮陽王代太子，然以少依許氏，俱從微起，故終不背焉。〔註55〕

從「王霸雜之」、「是古非今」與「明察好法」等語彙來觀察，這段史料皆在說明漢代雖從武帝時高舉儒學大纛，但在漢代帝王認知中，要能鞏固君權，穩定統治，沒有法家思想的配合簡直是緣木求魚，是故，法家思想實爲漢代君主所重，而儒家學者也當能從法家思想的論述中得到改進自身學說的契機，故漢代儒家尊君說之骨幹當爲法家思想，此種思想上的融合或可稱爲「儒學法家化」。〔註56〕法家諸子中，慎到以「勢」、申不害以「術」、商鞅以「法」名家，而韓非集法家學術之大成，各家學說皆有所成，故本文要申論法家思想中有關尊君說的論點，將從「重法」、「重術」、與「重勢」三方面說明，並以韓非之學總述，試分論如下。

一、商鞅之「重法說」

商鞅，戰國時衛人，又稱衛鞅，〔註57〕姓公孫氏，以其曾被封於商，故後人又稱其爲商鞅或商君。其生年史未明載，但經錢穆考證，約生於西元前三九〇年，卒於西元前三三八年。〔註58〕至於《商君書》，舊題爲商鞅所撰，

〔註55〕見【漢】班固撰、【唐】顏師古注：《漢書·元帝紀》（北京：中華書局，1994年），卷九，頁277。

〔註56〕如余英時說：「所謂儒學法家化，其意義不是單純地指儒學日益肯定刑法在維持社會秩序方面的作用。遠在先秦時代，荀子〈王制〉和〈正論〉兩篇，已給刑法在儒家的政治系統中安排了相當重要的位置。漢代儒學的法家化，其最具特色的表現，乃在於君臣觀念的根本改變。漢儒拋棄了孟子的君輕論，荀子的『從道不從君論』，而代之以法家的『尊君卑臣』論。」見《歷史與思想》（臺北：聯經出版社，1976年），頁32。

〔註57〕見《史記會注考證·商君列傳》（出版項同前）：「商君者，衛之諸庶孽公子也。名鞅，姓公孫氏，其祖本姬姓也。」（第六十八卷，頁868。）衛國者，乃周武王少弟康叔之封國。（《史記·衛康叔世家》第三十七卷，頁586）。

〔註58〕見錢穆《先秦諸子繫年·商鞅考》（臺北：東大圖書公司，1986年）：「今姑定商君入秦年三十，則其生年應與孟子相先後，其壽殆過五十，而爲及六十也。」，頁413。陳啓天《商鞅評傳》（臺北：商務印書館，1995年10月）第

但當爲商鞅及其後學之共同著作，可稱之爲商學派所作。〔註59〕

　　前文曾提及，儒家政治學說基本爲重德之說，而商鞅重法、崇尚法治，其對國家政治應該任賢還是任法有過一段設論，〈畫策篇〉說：

　　　　國或重治，或重亂。明主在上，所舉必賢，則法可在賢。法可在賢，
　　　　則法在下，不肖不敢爲非，是謂重治。不明主在上，所舉必不肖，
　　　　國無明法，不肖者敢爲非，是謂重亂。〔註60〕

根據此段資料，可知商鞅認爲舉賢而治的主張並不是沒有，但並不受重視，沒有得到進一步的發展，轉而對法治的效用多做討論，如〈慎法篇〉說：

　　　　凡世莫不以其所以亂者治，故小治而小亂，大治而大亂，人主莫能
　　　　世治其民，世無不亂之國……奚謂以其所以亂者治？夫舉賢能，世
　　　　之所治也，而治之所以亂。世之所謂賢者，言正也。所以爲善正也，
　　　　黨也。聽其言也，則以爲能；問其黨，則以爲然，故貴之不待其有
　　　　功，誅之不待其有罪也。此其勢正使污吏有資而成其姦險，小人有
　　　　資而施其巧詐。〔註61〕

商鞅認爲當時的國家之所以亂，是因爲崇尚以賢人治國，而不知所謂的「賢者」是小人互相吹捧而來的；而真正的賢者難求，又不可保證以賢治國真能國強主安，在種種不確定因素下，任法而不任人就成爲治國的唯一決擇，且其基礎在法家進化的歷史觀。

　　在商鞅變法的年代，封建制度崩毀、禮治不興，各國正積極的吞併周遭的國家，像儒、道、墨三家那樣「復古改制或托古改制」的方式已經無任何

　　　　一章也說：「孟子生於民國紀元前二二八三年，而商鞅於民國紀元前二二八一至二二七三年中已在魏作官，此時他雖年少，但至少約長孟子十五至二十歲。、、、及約自民國紀元前二三零二至二二四九年。」，頁17。而黃紹梅總結前輩諸說，於《商鞅反人文觀研究》（東吳大學中國文學研究所碩士論文，1992年5月）說「總右說商鞅生於西元前三九○年左右，約長孟子十五至二十歲。據《史記·六國年表》所載，鞅卒於周顯王三十一年，即秦孝公二十四年，西元前三三八年，享年五十餘歲。」，頁13。

〔註59〕有關於商鞅生平及《商君書》之定位問題，本人在碩士論文《從商學派的法治思想看秦王朝政經形勢》（東吳大學中國文學研究所碩士論文，2001年6月）曾做詳細考証，今文本資料以朱師轍之《商君書解詁定本》（臺北：世界書局，1975年）爲準。

〔註60〕見朱師轍之《商君書解詁定本（出版項同前）》，第四卷，第十八篇，頁65。

〔註61〕見同上，第五卷，第二十五篇，頁89。

實質上的效力而淪爲空談。〔註 62〕與之比較，商鞅及其後的商學派則能體會到了時代的趨勢，在〈更法篇〉中記錄的言談，恰好分別代表了「復古改制或托股改制」派與商學派「現實改革」者激烈的對立，其云：

> 三代不同禮而王，五霸不同法而霸。故知者作法，而愚者制焉；賢者更禮，而不肖者拘焉。拘禮之人不足以言事，治法之人不足與論變。〔註 63〕

由於甘龍、杜摯二大夫正代表者商鞅眼中「因循苟且」的愚者，亦可以想見他們對其他想復古改革者的態度。對商鞅而言，歷史是前進不反的，只有適應時代的潮流或進而引領時代，才不爲歷史所棄，〈更法篇〉又曰：

> 前世不同教，何古之法？帝王不相復，何禮之循？伏犧、神農，教而不誅；黃帝、堯、舜，誅而不怒；及至文、武，各當時而立法，因事而制禮。禮、法以時而定，制、令各順其宜，兵甲、器備各便其用。臣故曰：治世不一道，便國不必法古。〔註 64〕

商鞅以「托古、復古」者常引用的先聖先王，證明勢與時易，大有入其室，操其戈以伐之的旨趣，並證明「治世不一道，便國不必法古」。〔註 65〕雖然商鞅高舉法治的大旗，但他並沒有對法律本身多做解釋，在其後的商學派，除了繼承其法治的精神外，並開始著手對法律理論上的根據加以說明，〈開塞篇〉云：

> 天地設而民生之。當此之時也，民知其母而不知其父，其道親親而愛私。親親則別，愛私則險，民眾而以別、險爲務，則民亂。當此時也，民務勝而力爭。務勝則爭，力爭則訟，訟而無正，則莫得其性也。故賢者立中正，設無私，而民說仁。當此時也，親親廢，上賢立矣。凡仁者以愛利爲務，而賢者以相出爲道。民眾而無制，久而相出爲道，則有亂。故聖人承之，作爲土地、貨財、男女之分。

〔註 62〕 如賀凌虛曾論及儒、道、墨三家皆相信上古優良的歷史可以回復，故對春秋以來現實狀況的反應採取的是復古改制或托古改制的方法。詳見〈商君書及其基本思想析論〉，《商君書今註今譯》（臺北：商務印書館，1987 年），頁 232。

〔註 63〕 見同上，第一卷，第一篇，頁 2。

〔註 64〕 見朱師轍之《商君書解詁定本》（出版項同前），第一卷，第一篇，頁 3。

〔註 65〕 陳啓天也說：「商鞅重法的主張之所以能大影響於當時和後世的原因，在其能適應時代的實際要求而堅決的實行變法，成了當時革新的政治家之代表人物」《商鞅評傳》（臺北：商務印書館，一九六七年五月），〈第二章商鞅的法治主義及其學說〉，頁 29。

分定而無制，不可，故立禁；禁立而莫之司，不可，故立官；官設
而莫之一，不可，故立君。既立君，則上賢廢而貴貴立矣。然則上
世親親而愛私，中世上賢而說仁，下世貴貴而尊官。上賢者，以道
相出也，而立君者，使賢無用也；親親者，以私爲道也，而中正者，
使私無行也。此三者，非事相反也，民道弊而所重易也，世事變而
行道異也。〔註66〕

根據引文得知：「上世親親而愛私；中世上賢而悅仁；下世貴貴而尊官。」這
三世說或有可議之處，〔註67〕但若著眼點在於「治世不一道，便國不必法古」
的立場而言，商鞅對於「此三者，非事相反也，民道弊而所重易也，世事變
而行道異」的看法卻始終一致。〔註68〕進而言之，商鞅以此爲法律的根源找
到了立論的根據，因爲人心不古，民情大變，爲了順應巧僞並作的時勢，不
得不以法治代替德治，故可得知商鞅爲法治理論找到的依據是「惡的人性
觀」，進而「物化人性」成爲法治思想理論的基礎，主張以完全的法律制度來
治理國家，並利用此人性觀來推行法治。〔註69〕

〔註66〕見同注64，第二卷，第七篇，頁32。

〔註67〕關於《開塞篇》三世說遞變的情況，引起學者討論的興趣，贊成其說者如馮
友蘭、羅根澤二位推論春秋以前是親親之世，春秋以後至戰國中期是上賢之
世，戰國末是貴貴之世。二文見馮友蘭《中國哲學史新編·韓非及其他法家》
（臺北：藍燈文化事業公司，1991年），頁387；羅根澤〈晚周諸子反古考〉
《古史辨》（臺北：明倫出版社，1970年3月），第六冊、頁29。持異論者如
賀凌虛則認爲除了第一世與西方古典派社會演化論者所得出的結論一樣外，
其餘與史實不符。見〈商君書及其基本思想析論〉（出版項同前），頁234。而
王曉波則認爲下世是指即將來臨的時代，〈開塞篇〉的作者認爲自己仍身處「上
賢而說仁」的末期。見其《先秦法家思想史論》（臺北：聯經出版社，1991
年），頁163。

〔註68〕與之相發明的〈畫策篇〉亦曾提到歷史變化的軌跡可供參考，其文曰：「昔者
昊英之世，以伐木殺獸，人民少而木獸多。黃帝之世，不麛不卵，官無供備
之民，死不得用椁。事不同，皆王者，時異也。神農之世，男耕而食，婦織
而衣，刑政不用而治，甲兵不起而王。神農既沒，以強勝弱，以眾暴寡。故
黃帝作爲君臣上下之義，父子兄弟之禮，夫婦匹配之合，內行刀鋸，外用甲
兵，故時變也」見朱師轍之《商君書解詁定本》（出版項同前）第四卷，第十
八篇，頁64。

〔註69〕誠如黃紹梅所言：「商鞅所言的人性本質，具有濃厚的動物性，並未進入德行
層次審視人性的表現。他純然從經驗立場觀察人性，並非欲作價值判斷，而
是利用自立之人性，以達到富國強兵目的」參見黃紹梅：《商鞅反人文觀研究》
（出版項同前），第三章，第二節，頁119。

　　綜而言之，商鞅認爲法治思想立論的基礎在於人性的缺點，也正在於利用人性的缺點而能達到法律的效用、天下大治的理想。〈畫策篇〉云：

> 仁者能仁於人，而不能使人仁；義者能愛於人，而不能使人愛。是以知仁義之不足以治天下也。聖人有必信之性，又有使天下不得不信之法。所謂義者，爲人臣忠，爲人子孝，少長有禮，男女有別。非其義也，餓不苟食，死不苟生。此乃有法之常也。聖王者不貴義而貴法，法必名，令必行，則已矣。〔註70〕

只有法律能讓人即使不擁有聖人的德行也能行仁由義，光靠仁義而想治國必定招致失敗，因爲那只是道德上的標準，沒有任何約束的效力，但是，法律能利用人性趨利避害的特點來壓迫讓人有禮、有信、有仁、有義。這即是法律的效能。〈愼法篇〉又云：

> 故有明主忠臣產於今世，而能領其國者，不可須臾忘於法。……使吏非法無以守，則雖巧不得爲姦；使民非戰無以效其能，則雖險不得爲詐。〔註71〕

由於商學派注重時代變遷與治國方針的關係，法律的效用雖能強國富民，但其本身的內容必須是因時制宜的，這可視爲其進步的歷史觀的發揮。故〈壹言篇〉云：

> 今世主皆欲治民，而助之以亂；非樂以爲亂也，安於故而不闚於時也。是上法古而得其塞，下循今而不時移，而不明世俗之變，不察治民之情……故聖人之爲國也，不法古，不修今，因世而爲之治，度俗而爲之法。故法不察民之情而立之，則不成；治宜於時而行之，則不干。〔註72〕

法律必須「明世俗之變，察治民之情」，對時代環境的變化相對地做出回應；若法律條文本身已經僵化，對其修改、並恢復合理而有時代性的要求才能符合商學派傳統的「治世不一道，便國不必法古」的理論。〔註73〕

〔註70〕見朱師轍之《商君書解詁定本》（出版項同前）第四卷，第十八篇，頁64。

〔註71〕見朱師轍之《商君書解詁定本》（出版項同前）第五卷，第二十五篇，頁90。

〔註72〕見同上，第三卷，第八篇，頁35。

〔註73〕鄭良樹也認爲：「所謂『變法』、『制令各順其宜』，其眞正的含意是經常隨著時代的不同而變更治國的方法，不管這方法是法律、制度，乃至於其他工具。在法家處處強調以法律治國的當兒，商學派似此言論和主張，不啻是當頭棒喝，而且簡直是權威者的木鐸。」見《商鞅及其學派》（臺北：學生書局，1987年8月），頁298。

　　法律既然必須是「因世而爲之治，度俗而爲之法」（〈壹言篇〉），那麼法律本身應具備哪些條件，才能發揮因時制宜的功效呢？要人民守法不犯，而所依靠的方法便是明白標誌法律效力於人民心中，由於商鞅所將頒行的法令多與秦國舊有的習俗不同，並且皆具有「重刑」的效力，故特地藉著「徙木立信」的方式表達「明法」及「賞罰必信」的主張，而這也是法家所共同擁有的特點。〔註74〕「賞罰必信」是法律的效力，掌握在主政者的手中（留待下文），但若人民不明瞭法律條文，必將引起民怨且無實質上的助益，故商鞅認爲讓人民明白法律的內容，進而使人民接受法的教育，是實行法治的第一要務，故〈定分篇〉說：

> 故聖人立，天下無刑死者，非不刑殺也，行法令，明白易知，爲置法官吏爲之師，以道之知，萬民皆知所避就，避禍就福，而皆以自治也。故明主因治而終治之，故天下大治也。〔註75〕

法律清楚明白，又有官員爲師爲之講解，使人民「知所避就」，自然能達成天下「無刑」的目的。所以，在商學派的治國主張中，法律的教育備受重視。而其可貴在於使人民能不因時空、認知程度等差異，而缺乏對法律條文的知識，因爲主掌律法的官吏，有責任使人民對法令的內容及意義教授人民。故對執掌法令的官員，國家必定要有一份完整培育和組織的計畫，〈定分篇〉又說：

> 爲法令置官吏，樸足以知法令之謂者，以爲天下正，則奏天子。天子則各主法令之，皆降受命，發官。……天子置三法官，殿中置一法官，御史置一法官及吏，丞相置一法官。諸侯郡縣各置一法官及吏，皆此秦一法官。郡縣諸侯一受寶來之法令，學問并所謂。吏民知法令者，皆問法官。〔註76〕

〔註74〕在《史記、商君列傳》中曾載商鞅頒行新法前的一段插曲：「令既具未布，恐民之不信己，乃立三丈之木於國都市南門募民：有能徙置北門者與十金。民怪之，莫敢徙。復曰：能徙者與五十金。有一人徙之，輒與五十金，以明不欺。」「明法」是先秦法家共有的特色之一，例如「徙木立信」的方法，先於商鞅的吳起亦曾做過相似的事，《呂氏春秋‧愼小篇》載：「吳起治西河欲諭其信於民，夜日置表於南門之外，另於邑中曰：『明日有人償南門之外表者仕長大夫。』明日日晏矣，莫有償表者。民相謂曰：『此必不信。』有一人曰：『試往償表，不得賞而已，何傷！』往償表，來謁吳起，吳起自見而出仕之長大夫。夜日又復立表，又令於邑中如前，邑人守門爭表，表加植，不得所賞。自是之後，民信吳起之賞罰。」在《韓非子‧內儲上》也有相同的記載。
〔註75〕見朱師轍之《商君書解詁定本》（出版項同前）第五卷，第二十六篇，頁92。
〔註76〕見同上。

國君擁有派任國內各法律官員的權力，而在國君執政的大殿上、丞相及御史衙門裡皆必須設置一大法官，以供諮詢有關法律上的事物。

這三位大法官取得國君的任用後，又成爲國家各級法律官吏之師，而這些由中央派遣出去的法官，便是指導民眾法律內容，站在統治者權力前線的執行者，人民及其他官吏必須以中央派遣出來的法官爲師，而法官有義務向人民及其他官吏解釋法律的內容及意義。法官必須將人民及其他官吏問的問題，清清楚楚地解釋在「六寸之符」上，然後將符片左半交與他們，右半則蓋上自己的官印，鎖入禁室，日後若有糾紛，則可憑符片懲處有關人員。既然人民可清楚地知道法令的內容，那官吏想舞弊營私的機會就無從發生了。法令嚴藏於天子禁室之中，且每年公布一次，以定法條的正確性，而當人民和其他官吏遇到問題時，可向中央派遣地方的法官做詳細的詢問，人民與官吏知法畏法而不敢犯法，這即是《商君書》所主張「明法爲教」的最高效益。〔註77〕

法家是君權的捍衛者，而商鞅的「重法」說更是成爲其「以法尊君」的重點。由於商鞅身處之時代爲戰國之世，君權的提倡是維持中央集權制度所不得不然的趨勢。面對與君主有血親關係的貴族時，如何使君權立於權力的核心，保障國家法令的統一，是君主必須持有權勢與法術的原因，如〈修權篇〉云：

> 國之所以治者三：一曰法，二曰信，三曰權。法者，君臣之所共操也；信者，君臣之所共立也；權者，君之所獨制也。〔註78〕

〔註77〕有關之文意在〈定分篇〉，曰：「諸官吏及民，有問法令之所謂也於主法令之吏，皆各以其故所欲問之法令明告知。各爲尺六寸之符，明書年、月、日、時，所問法令之名，以告吏民。主法令之吏不告，及之罪，而法令之所謂也，皆以吏民之所問法令之罪，各罪主法令之吏。即以左券予吏之問法令者，主法令之吏，僅藏其右券木柙，以室藏之，封以法令之長印。即後有物故，以券書從事。」據此可知，商鞅認爲「明法爲教」不但可讓人民不得犯法，也可讓官吏不敢徇私舞弊來侵犯國家及民眾的利益。而在法律的重要性也使商鞅認爲要妥善收藏法律的條文，以防被增減或刪改。〈定分篇〉又載：「法令皆副置一副。天子之殿中爲法令爲禁室，有鋌鑰爲禁而以封之，內藏法令。一副禁室中，封以禁印。有擅發禁室印，及入禁室視禁法令，及禁剟一字以上，罪皆死不赦。一歲受法令以禁令。」見朱師轍之《商君書解詁定本》（出版項同前）第五卷，第二十六篇，頁92。

〔註78〕出處見同上，第三卷，第十四篇，頁49。

唯有如此，國君才能成爲政權輻輳的中心，在政治上成爲權力的源頭。〔註79〕
所以，「權」的含意，指的便是國君應該擁有行賞和刑罰的權威，故〈算地篇〉
又云：

> 名、利之所輳，則民道之。主操名利之柄，而能致功名者，數也。
>
> 聖人審權以操柄，審數以使民。〔註80〕

國君操賞罰二柄以御臣屬萬民；而賞罰二柄其實就是爲確保國君權勢所制訂
的法律，〈壹言篇〉說：

> 夫民之不治者，君道卑也；法之不明者，君長亂也。故明君不道卑，
> 不長亂也。秉權而立，垂法而治，以得姦於上而官無不，賞罰斷而
> 器用有度。若此，則國制明而民力竭，上爵尊而倫徒舉。〔註81〕

〈修權篇〉又曰：

> 人主失守則危，君臣釋法任私必亂。故立法明分，而不以私害法，
> 則治。權制斷於君，則威。民信其賞，則事功成；信其刑，則奸無
> 端。唯明主愛權、重信，而不以私害法。故上多惠言而不克其賞，
> 則下不用；數加嚴令而不致其刑，則民傲死……是故先王知自議譽
> 私之不可任也，故立法明分，中程者賞之，毀公者誅之。賞誅之法，
> 不失其議，故民不爭。授官予爵，不以其勞，則忠臣不進；行賞賦
> 祿，不稱其功，則戰士不用。〔註82〕

國君既是法律所保障的最高權力者，也是捍衛法律的終極防線。法之於國君，
如同缸水之於巨魚。法律雖善，但若國君「以私害法」則危；水可親，但魚
攪引污泥則殆。因爲二者相依相存，而法待國君持之以明，所以《商君書》
在論述中多警告國君治國任法時必不可徇私，國君唯有「自勝」私意，才能
法明而民無邪，「權勢」之柄自然操之在手。但若國君不明慎法與自身權勢的
關係，導致法治不明，將會有嚴重的後果，〈君臣篇〉載：

> 處君位而令不行，則危；五官分而無常，則亂；法制設而私善行，

〔註79〕如陳啓天所說：「此所謂『權』，即立法和行法的最高權。君主沒有立法的最
　　　　高權，法令便無由確定；沒有行法的最高權，法令便無由實行。法令既不能
　　　　確定，又不能實行，便無從立成。」見陳啓天：《商鞅評傳》，第二章〈商鞅
　　　　的法治主義及其學說〉，頁47。
〔註80〕出處見同上，第二卷，第六篇，頁25。
〔註81〕出處見同上，第三卷，第八篇，頁35。
〔註82〕見朱師轍之《商君書解詁定本》（出版項同前），第三卷，第十四篇，頁49。

則民不畏刑。君尊則令行，官修則有事，法制明則民畏刑。法制不
明，而求民之行令也，不可得也。民不從令，而求君之尊也，雖堯、
舜之知，不能以治。〔註83〕

所以，商鞅認為賢明的君主必須認清權勢與自身的關係全在於是否能慎法而
治，故〈君臣篇〉又說：

故明主慎法制，言不中法者，不聽也；行不中法者，不高也；事不
中法者，不為也。言中法，則辯之；行中法，則高之；事中法，則
為之。故國治而地廣，兵強而主尊，此治之至也。人君者，不可不
察也。〔註84〕

國君只接受合於法律的言論；國君只讚揚合於法律的行為；國君只推崇合於
法律的事情。國家一切的一切必須在法律的規範下由國君來監督執行政令；
只有如此國家才能地廣、兵強、主尊。

法律代表的是「賞賜」和「處罰」，是治國的根本、手段和方法。所以，
國君必須將法律緊緊地握在手中，亦即前文一直強調的：國君必須手執「賞
罰二柄」，國君統御臣下，完全依賴賞賜和刑罰；審慎地使用「賞罰二柄」，
是確保國君地位的不二法門，而且，國君只能在「農戰」上使用「刑賞二柄」。
〈修權篇〉曰：

是故先王知自議譽私之不可任也，故立法明分，中程者賞之，毀公
者誅之。賞誅之法，不失其議，故民不爭。授官予爵，不以其勞，
則忠臣不進；行賞賦祿，不稱其功，則戰士不用。〔註85〕

如此，「法律」、「國君」、與「農戰至上」的強國之術就緊密地串連在一起：
國君藉者「行法」與「立法」的最高權，將廣大的人民歸之於「農戰」政策
之下；由法律所成功實行的「農戰」政策，將反過來保障國君至高無上的地
位。而「賞罰」的內容直接關係到政策的成功與否，因此，《商君書》對「賞
罰」的內涵常多做討論，雖對「賞賜」的程度看法分歧，但對「刑罰」的認
知始終一致，皆認為「重刑」，甚至是重其輕罪者，才是治國的良方。〈去彊
篇〉說：

故行刑重其輕者，輕者不生，則重者無從至矣，此謂治之於其治也。

〔註83〕 出處同上，第五卷，第二十三篇，頁84。
〔註84〕 出處同上，第五卷，第二十三篇，頁85。
〔註85〕 見朱師轍之《商君書解詁定本》（出版項同前），第三卷，第十四篇，頁49。

行刑，重其重者，輕其輕者，輕者不止，則重者無從止矣，此謂治
之於其亂也。故重輕，則刑去事成，國強；重重而輕輕，則刑至而
事生，國削。〔註86〕

〈去彊篇〉這段文字可視爲商鞅及其學派重刑的理論基礎，在《商君書》中，
有關於重刑的主張更是不勝枚舉。基本上，他們認爲「亂世用重典」，不但要
「重其重者」，也要「重其輕者」，而這種理論的基礎來自於商學派的歷史觀。
〈畫策篇〉說：

昔者昊英之世，以伐木殺獸，人民少而木獸多。黃帝之世，不麛不
卵，官無供備之民，死不得用椁。事不同，皆王者，時異也。神農
之世，男耕而食，婦織而衣，刑政不用而治，甲兵不起而王。神農
既沒，以強勝弱，以眾暴寡。故黃帝作爲君臣上下之義，父子兄弟
之禮，夫婦匹配之合，內行刀鋸，外用甲兵，故時變也。由此觀之，
神農非高於黃帝也，然其名尊者，以適於時也。故以戰去戰，雖戰
可也；以殺去殺，雖殺可也；以刑去刑，雖重刑可也。〔註87〕

《商君書》講究的是「與時制宜」的治國主張，由於「古之民樸以厚，今之
民巧以僞。」（〈開塞篇〉）唯有重戰、重殺、重刑，才能立足於今世，所以，
通觀《商君書》中，此種「重刑」的主張（並且是「重其輕者」）可視爲商鞅
學派自始自終不變的特色之一。

值得注意的是，商鞅學派在刑罰方面的主張，不但講求「重刑」，更主張
「刑無等級」，也就是「壹刑」的理論，與商鞅之前的法律相比，可說是劃時
代的革命。〈賞刑篇〉說：

所謂壹刑者，刑無等級。自卿相將軍以至大夫庶人，有不從王令、
犯國禁、亂上制者，罪死不赦。有功於前，有敗於後，不爲損刑；
有善於前，有過於後，不爲虧法。忠臣孝子有過，必以其數斷。守
法守職之吏有不行王法者，罪死不赦，刑其三族。周官之人，知而
訐之上者，自免於罪，無貴賤，尸襲其官長之官爵田祿。〔註88〕

這種「刑無等級」的理論與傳統「禮不下庶人，刑不上大夫」（《禮記、曲禮》）
的儒家觀念大相逕庭，如《周禮·秋官·小司寇》載：

〔註86〕出處同上，第一卷，第四篇，頁16。
〔註87〕見朱師轍之《商君書解詁定本》（出版項同前），第四卷，第十八篇，頁64。
〔註88〕出處同上，第四卷，第十七篇，頁59。

以八辟麗邦法附刑罰：一曰議親之辟，二曰議故之辟，三曰議賢之辟，四曰議能之辟，五曰議功之辟，六曰議貴之辟，七曰議勤之辟，八曰議賓之辟。〔註89〕

這親、故、賢、能、功、貴、勤、賓八種人即使犯刑，也能減議刑罰，商鞅學派認為等於置刑罰於無物。

所以，商學派不但主張「重刑」，而且主張「刑重而必」。《史記、商君列傳》曾載商鞅「刑無等級」的事蹟：

令行於民期年，秦民之國都，言初令之不便者以千數。於是太子犯法。衛鞅曰：「法之不行，自上犯之。」將法太子，太子嗣君也不可施刑，刑其傅公子虔，黥其師公孫賈。明日，秦人皆趨令。〔註90〕

這段文字證明商學派自商鞅以來皆致力於打破傳統禮刑的差別，創造一個法律之前、一律平等的社會，這種可貴的創見，能忠實地實行，秦國之所以富強亦是意料中事。

其次，除了重刑之外，對於「賞賜」的問題，在《商君書》中亦有探討。如〈農戰篇〉云：

凡人主所以勸民者，官爵也。國之所以興者，農戰也。今民求官爵，皆不以農戰，而以巧言虛道，此謂勞民。〔註91〕

《商君書》認為凡賞賜必出於農戰，其理由正如前文所說：「國之所以興者，農戰也」、「國待農戰而安，主待農戰而尊。」（亦見〈農戰篇〉）這在《商君書》中並無異文，然而，在賞賜的程度上，在商鞅同一學派裡卻有不同的意見。

第一、主張重賞者

商鞅學派的始祖，商鞅，就是一個「重刑厚賞」的主政者，前文曾提到商鞅「徙木立信」，重賞徙木者可證；〔註92〕這一類的商學派認為可用人性中

〔註89〕見【漢】鄭玄注、【唐】賈公彥疏、【清】阮元校勘：《周禮·十三經注疏本》（台北：藝文印書館，1982年），卷第三十五，頁1469。

〔註90〕見《史記會注考證》（出版項同前），第六十八卷，頁868。

〔註91〕見朱師轍之《商君書解詁定本》（出版項同前），第一卷，第三篇，頁10。

〔註92〕韓非也曾不止一次地提及商鞅是「重刑厚賞」的主張者，如《韓非子、定法篇》曰：「公孫鞅之治秦也，設告相坐而責其實，連什伍而同其罪，賞厚而信，刑重而必，是以其民用力勞而不休，逐敵危而不卻，顧其國富而兵強。」見【周】韓非撰、【清】王先慎集釋：《韓非子集釋》（臺北：成文書局，1980年），頁435。

的「好利惡惡」，來控制人民的行動，使民盡力於農戰之上，則國富兵強。〈錯法篇〉曰：

> 人生而有好惡，故民可治也。人君不可以不審好惡；好惡者，賞罰之本也。夫人情好爵祿而惡刑罰，人君設二者以御民之志，而立所欲焉。夫民力盡而爵隨之，功立而賞隨之，人君能使其民信於此如明日月，則兵無敵矣。〔註93〕

本文認為這一類主張者，是有鑑於商鞅所頒佈的法令多新法且具重刑，所以，必須讓人民知道「厚賞而信，刑重而必」，唯有如此，人民才能認同法律，並且樂於遵守。

第二、主張輕賞者

由於商鞅學派皆主張重刑，所以，這一類商學派為了強調「重刑」的效果，將「重賞」的主張變為「輕賞」。此派學者的看法，將「重刑」視為「禁邪」的主要手段，而「賞賜」只是輔助的工具，「刑罰」和「賞賜」被區隔分開，並分析孰重孰輕。故此類商學派認為：

> 重罰輕賞，則上愛民，民死上；重賞輕罰，則上不愛民，民不死上……王者刑九賞一，強國刑七賞三，削國刑五賞五。（〈去彊篇〉）
>
> 刑重，爵尊；賞輕，刑威。爵尊，上愛民；刑威，民死上……故王者刑於九而賞出一；刑於九則六淫止，賞出一則四難行。六淫止則國無姦，四難行則兵無敵。（〈說民篇〉）
>
> 重刑少賞，上愛民，民死賞；重賞輕刑，上不愛民，民不死賞。（〈靳令篇〉）〔註94〕

刑罰項目多，賞賜少，就顯的賞賜重；賞賜少，刑罰多，則可顯示刑罰很重。所以，賞賜重並不代表人民能「壹於農戰」，此類商學派的不言之意，主要還是在於主張「重刑」是治國的的唯一手段。

第三、主張不賞者

由「重刑輕賞」者發展的脈絡可知，「重刑不賞」的主張亦必為商鞅學派所探討，如〈畫策篇〉說：

〔註93〕見朱師轍之《商君書解詁定本》（出版項同前），第三卷，第十篇，頁41。
〔註94〕分別見朱師轍之《商君書解詁定本》（出版項同前），第一卷，第四篇，頁41；第二卷，第五篇，頁21；第三卷，第十三篇，頁46。

> 故善治者，刑不善而不賞善，故不刑而民善。不刑而民善，刑重也。
> 刑重者民不敢犯，故無刑也，而民莫敢爲非，是一國皆善也。故不
> 賞善而民善。〔註95〕

這一類的商學派實際上是服膺「重刑以致於無刑」的主張，他們認爲不用獎
賞守法的人民，此「不賞」的主張，不是不賞「有功者」，而是不賞「民善守
法者」〔註96〕；換言之，「不賞」應是不從國內出賞賜給有功之人，所以並非
眞正的不賞，這一類商學派與其派中的好戰份子重疊互見，如〈賞刑篇〉說：

> 所謂壹賞者，利祿、官爵摶出於兵，無有異施也。夫固智愚、貴賤、
> 勇怯、賢不肖，皆盡其胸臆之知，竭其股肱之力，出死而爲上用也。
> 天下豪傑賢良，從之如流水，故兵無敵……戰必覆人之軍，攻必凌
> 人之城，盡城而有之，盡賓而致之，雖厚慶賞，何置之有矣？……
> 善因天下之貨，以賞天下之人，故曰：明賞不費。〔註97〕

他們認爲「不賞」並非眞的沒有賞賜，而是將他國的土地財貨奪取過來，賜
給有功的人員，如此，國君不費一賞，又可獎勵軍士攻城掠地，可謂一舉數
得。由上文可知，國君自身的地位和法律有著密不可分的關係，而商學派雖
對君主操控臣下之術有所著墨，但份量並不多，〔註98〕故在闡述了國君執掌
賞罰二柄的問題後，重點仍放在國君與法律關係的連結上，對「法」本身的
理論作各方面的發展，而其強國之術，亦在法治的方式下達成富國強兵的目
標。

此外，儒家學者常將君主定位爲聖人，但法家思想者常將君主定位成中
人，在他們眼中，君主並不見得在德行、聰明與才智上超越一般人，君主所
以能凌駕眾人之上有其依據，對商鞅而言，就是君主握有治法之權，〈畫策篇〉
說：

〔註95〕 見朱師轍之《商君書解詁定本》（出版項同前），第四卷，第十八篇，頁64。
〔註96〕 如鄭良樹認爲〈畫策篇〉：「故善治者，刑不善而不賞善，故不刑而民善。不
刑而民善，刑重也。刑重者民不敢犯，故無刑也，而民莫敢爲非，是一國皆
善也。故不賞善而民善。」的這段引文指的是《商君書》中「重刑不賞」的
一派，觀此段引文，應是指「不賞守法者」，與筆者認爲的「不賞有功」者並
不完全相同。鄭良樹：《商鞅及其學派》（臺北：學生書局，1987年8月）、〈後
編、第二章、分論〉，頁304。
〔註97〕 見朱師轍之《商君書解詁定本》（出版項同前），第四卷，第十七篇，頁60。
〔註98〕 關於國君御下之術的內容，商學派只開啓一端的角落而已，在韓非繼商鞅及
商學派完成「尊君」學說的內容後，其理論才得以完備。

> 凡人主德行非出人也，知非出人也，勇力非過人也。然民雖有聖知，
> 弗敢我謀，勇力弗敢我殺，雖眾不敢勝其主。雖民至億萬之數，懸
> 重賞而民不敢爭，行罰而民不敢怒者，法也。〔註99〕

然而，此時值得考慮的是，在「國君必須慎法」的大標題下，有無解決實際執行時所遇到問題的方法呢？對此，商鞅認爲國君手中掌握的方法應是權勢和法術，故〈禁使篇〉說：

> 凡知道者，勢、數也。故先王不恃其強，而恃其勢；不恃其信，而
> 恃其數。今飛蓬欲飄風而行千里，乘風之勢也；探淵者之千仞之深，
> 縣繩之數也。得勢之至，不參官而潔，陳數而物富。今恃多官眾吏，
> 官立丞、監，夫置丞立監者，且以禁人之爲利也。而丞、監亦欲爲
> 利，則何以相禁？故恃丞、監而治者，僅存之治也。通數者不然也。
> 別其勢，難其道，故曰：其勢難匿者，雖跖不爲非焉。故先王貴勢。
> 〔註100〕

國君藉由君主的權勢，傳遞和下達政令給政府各個部門的官員，並藉由法術的運作，監察及控制整個帝國的官員。這是因爲國君與臣屬的利益是互相衝突的。雖不是說「諸用秦者，皆應、穰之類也」（〈韓非子、定法篇〉）的壞份子，但因爲國君與官吏皆爲治理國家的管理階層，立場卻不相同，〈禁使篇〉又說：

> 吏雖眾，同體一也。夫事同體一者，相監不可。且夫利異而害不同
> 者，先王所以爲保也。故至治，夫妻、交友不能相爲棄惡蓋非，而
> 不害於親，民人不能相爲隱。上與吏也，事合而利異者也。今夫騶、
> 虞以相監，不可，事合而利異者也。若使馬焉能言，則騶、虞無所
> 逃其惡矣，利異也。利合而惡同者，父不能以問子，君不能以問臣。
> 吏之與吏，利合而惡同也。夫事合而利異者，先王之所以爲端也。
> 〔註101〕

商鞅認爲政府各級官吏的位階雖有不同，但對利益的追求卻是一致的，他們絕對和國君想要至治的立場互相衝突。若以爲設置監察機關即可防弊，這是因循苟且的君主才會做的事。眞正完美的政治必須讓國君憑藉著權勢和法術

〔註99〕見朱師轍之《商君書解詁定本》（出版項同前），第四卷，第十八篇，頁64。
〔註100〕出處見同上，第五卷，第二十四篇，頁86。
〔註101〕出處見同上，第五卷，第二十四篇，頁87。

控制整個政府組織，讓它有如臂使指般的容易。

　　歸納《商君書》對國君與權術的思想得知，既使國君不能如堯如舜，只要國君能慎法度、滅私欲，憑藉著君主至高無上的權勢與查察英明的法術，自然能國強主尊、天下大治；對此，〈畫策篇〉形容道：

> 所謂明者，無所不見，則群臣不敢為姦，百姓不敢為非。是以人主處匡床之上，聽絲竹之聲，而天下治。所謂明者，使眾不得不為；
> 所謂強者，天下勝；天下勝，是故合力，是以勇強不敢為暴，聖知不敢為詐而虛用。〔註102〕

國君手握權、術，身處方床之上，耳聽絲樂之聲，而天下間智慧出眾、勇力過人的英雄豪傑相爭地想為國君效命，何愁天下不治？這便是《商君書》中「尊君」思想的最高境界。

二、申不害之「重術說」

　　申不害，其學主君主統馭之術，據錢穆考証其生平，當在西元前四〇〇年至西元前三三七年，〔註103〕《史記·老子韓非列傳》載其著有《申子》二篇，《漢書·藝文志》則言其為六篇，然《隋書·經籍志》載其書已逸，現在《申子》一書可考之篇名有〈君臣〉、〈大體〉、〈三符〉三篇，〔註104〕然現可見之內容僅有〈大體〉一篇堪稱完整，其他較為零散。現要探究申子學術，當以《玉函山房輯佚書》、《全上古三代秦漢三國六朝文》以及今人阮廷焯之《先秦諸子考佚》之文本為主。〔註105〕

〔註102〕見朱師轍之《商君書解詁定本》（出版項同前），第四卷，第十八篇，頁64。

〔註103〕見錢穆：《先秦諸子繫年》（出版處同前），頁238及617。

〔註104〕其篇數的問題，阮廷焯說：「司馬遷所見的是民間藏書，漢志所著錄的是內府所藏，篇數雖不同，然內容無別。」而其篇名的問題，阮廷焯又說：「案劉向《別錄》云：『孝宣皇帝重申不害君臣篇』（《太平御覽》二百二十一引）又云：『申子學好刑名，宣帝好觀其君臣篇。』（《漢書·張歐傳》注引）是其書有〈君臣篇〉。嚴可均輯本以佚文中明君治國一事，屬之此篇之文。《淮南子·泰族》：『申子之三符』。高注：『申不害韓昭侯相，著三符之命。』（見〈俶真篇〉）《論衡·效力》：『韓用申不害，行其三符。』是三符乃本書篇名。此外《群書治要》卷三十六載申子大體篇，凡五百二十餘字。此書六篇，其篇名之可考者，僅此三篇而已。」見《先秦諸子考佚》（臺北：鼎文書局，1980年），頁155及頁164。

〔註105〕【清】馬國翰：《玉函山房輯佚書》（臺北：文海出版社，1952年）；【清】嚴可均：《全上古三代秦漢三國六朝文》（北京：中華書局，1991年10月）；《先秦諸子考佚》出版項同前注。

　　論申不害之「重術說」，乃是針對君主如何控馭人臣，其學術根源當來自老子，〈大體篇〉說：

> 善爲主者，倚於愚，立於不盈，設於不敢，藏於無事；竄端匿疏，
> 示天下無爲。是以近者親之，遠者懷之。示人有餘者，人奪之；示
> 人不足者，人與之。剛者折，危者覆，動者搖，靜者安。〔註106〕

申氏之學所重在藏於君主胸中不可示人之術，此術近於陰謀深沉，要君主「倚於愚」、「藏於無事」，其用意就在於以「無爲」的外衣遮蔽窺探，且要「竄端匿疏」，進而遮掩君主之欲爲，將老子「道法自然」、「無爲而無不爲」之說發揮在政治學中最陰暗晦澀的一面。

　　由於強調君主如何爲君以及如何制臣，君主之權成爲申不害學術的核心，〈大體篇〉又說：

> 明君如身，臣如手；君若號，臣如響；君設其本，臣操其末；君治
> 其要，臣行其詳；君操其柄，臣事其常。……鼓不與於五音而爲五
> 音主，有道者不爲五官之事而爲治主。君知其道有，臣知其事也。
> 〔註107〕

君主乃政治之權柄，人臣之樞紐，若稍一不慎或無馭下之術，君主之權恐怕爲臣下所乘，故〈大體篇〉又說：

> 夫一妻擅夫，眾婦皆亂；一臣專君，群臣皆蔽。故妒妻不難破家也，
> 亂臣不難破國也。是以明君使其臣並進輻湊，莫得專君焉。今人君之
> 所以高爲城郭，用謹門閭之閉者，爲寇戎盜賊之至也。今夫弑君而取
> 國者，非必逾城郭之險而犯門閭之閉也。蔽君之明，塞君之聽，奪之
> 政而專其令，有其民而取其國矣。今使烏獲、彭祖負千鈞之重，而懷
> 琬琰之美，令孟賁、成荊帶干將之劍衛之，行乎幽道，則盜猶偷之矣。
> 今人君之力，非賢乎烏獲、彭祖，而勇非賢乎孟賁、成荊也。其所守
> 者，非特琬琰之美、千金之重也，而欲勿失，其可得耶？〔註108〕

君主之權位如此引人覬覦，故不防範臣下，破除窺探與遮蔽，則君主之權將岌岌可危。在申不害看來，「術」之於君主，成爲比孟賁、成荊帶干將之劍守衛還可靠的存在，對於「術」的作用，其曰：

〔註106〕阮廷焯：《先秦諸子考佚》（出版項同前）載：「《群書治要》引《申子・大體篇》」，頁168。

〔註107〕出處見同上，頁168、169。

〔註108〕見阮廷焯：《先秦諸子考佚》（出版項同前），頁167。

明君治國而晦，晦而行，行而止止。三寸之機運而天下定，方寸之
謀正而天下治。故一言正而天下定，一言倚而天下靡。〔註109〕

明君想要國治富強，就要深究運用「術」於方寸之間，只有掌握此「術」，才
能獨斷於重臣之上，並使臣下各盡其利。而其「術」運作的實際狀況，則是
要君主把持住不讓臣下窺測出心意的原則，申不害又曰：

上明見，人備之；其不明見，人惑之。其知見，人惑之：不知見，
人匿之。其無欲見，人司之；其有欲見，人餌之。故曰：吾無從知
之，惟無為可以規之……慎而言也，人且知女；慎而行也，人且隨
女。而有知見也，人且匿女；而無知見也，人且意女。女有知也，
人且藏女；女無知也，人且行女。故曰：惟無為可以規之。〔註110〕

這段文字最能表現申不害學術的風格：君主貌似無為地考察臣下的作為，實
際上是以冷靜低調的智慧將所有人運使於指掌之上。據史籍所載，申不害本
人擅於揣測上意，即為此項論點的發揚，如《戰國策》載：

魏之圍邯鄲，申不害始合於韓王，然未知王之所欲也。恐言而未必
中於王也。王問申子：「吾誰與而可？」乃微謂趙卓、韓黽曰：「子
皆國之辯士也，夫為人臣者，言可必用，盡忠而已矣。」二人各進
議於王以事。申子微視王之所說，以言於王，王大說之。〔註111〕

而後申不害相韓期間當以此術授韓昭侯，使其防範臣下對其不盡職，據《韓
非子·內儲說上》所載，當可見韓昭侯、申不害君臣皆擅用「術」，其曰：

韓昭侯使騎於縣，使者報，昭侯問曰：「何見也？」對曰：「無所見
也。」昭侯曰：「雖然何見？」曰：「南門之外，有黃犢食苗道左者。」
昭侯謂使者：「毋敢洩吾所問於女。」，乃下令曰：「當苗時，禁牛馬
入人田中固有令，而吏不以為事，牛馬甚多入人田中，亟舉其數上
之，不得，將重其罪。」於是三鄉舉而上之，昭侯曰：「未盡也。」
復往審之，乃得南門之外黃犢，吏以昭侯為明察，皆悚懼其所而不
敢為非。〔註112〕

〔註109〕 出處見同上，載：「《太平御覽》卷三百九十引申子之言」，頁173。
〔註110〕 出處見同上，載：「《韓非子·外儲說右上》引申子之言」，頁173。
〔註111〕 見【漢】劉向集錄：《戰國策·韓策一》（臺北：九思出版社，1978年11月），
卷二十六，頁928。
〔註112〕 見【周】韓非、【清】王先慎注：《韓非子·內儲說上》（臺北：成文書局，1980
年），第九卷，第三十篇，頁623。

以使者所見而下責臣所舉不實，表面上不動任何聲色，可見申不害君臣二人皆深得「術」之精髓。這成爲申不害學術之特色與其成功吸引任何有野心的君主之處，且這「術」施行的最大目地就是極大化地保障君主的權力，故其又曰：

> 獨視者謂明，獨聽者謂聰。能獨斷者，故可以爲天下主。〔註113〕

能運用「術」控馭臣下，並獨斷於上，又將如何保證臣下盡心盡力？對此，申不害以循名責實的手法來補充完成他的理論，故〈大體篇〉說：

> 爲人君者，操契以責其名。名者，天地之綱，聖人之符。張天地之綱，用聖人之符，則萬物之情無所逃之矣。……昔者堯之治天下也以名。其名正，則天下治。桀之治天下也，亦以名，其名倚，而天下亂。是以聖人貴名之正也。

將政治人、事、物之一切納於「名」來管理，以「名」舉「實」，並以「名」來核「實」，故在《韓非子·定法篇》中，對申不害的學術有言總結曰：

> 術者，因任而授官，循名而責實，操生殺之柄，課群臣之能者也；此人主之所執也。

總結申不害重「術」之說，就是將老子無爲自然之說，轉化爲陰謀權詐之術，以君主冷靜低調之無爲，來榨取臣下行無所不爲之事功，並以循名責實的手段，鞏固至高無上的君權。〔註114〕

三、愼到之「重勢說」

　　愼到，歷來被視爲法家學者，如《荀子·非十二子篇》評其爲法家，然《莊子·天下篇》則形容其偏重於道家，《漢書·藝文志》又列爲法家，由此可知愼到學術之傾向介於兩者之間，據《四庫全書總目提要》說愼到學術時，說：

> 然法所不行，勢必刑以齊之，道德之爲刑名，此其轉關。〔註115〕

〔註113〕見阮廷焯：《先秦諸子考佚》（出版項同前）載：「《韓非子·外儲說右上》引申子之言」，頁174。

〔註114〕錢穆也說：「申子以賤臣進，其術在於微視上之所說以爲言，而其所以教上者，則在使其下無以窺我之所喜悅，以爲深不可測。夫而後使群下得以各謁其誠，而在上者乃因材而器使，見功而定賞焉。」見《先秦諸子繫年》（出版項見同前），頁239。

〔註115〕見《四庫全書總目提要》（臺北：臺灣商務印書館，1983年），第三冊，子部，頁543。

可證慎到學術受道家所影響，又為重勢派的法家學者，其學說當偏向於黃老道家之說。〔註116〕且因史料文獻缺失，對其生平語焉不詳，據錢穆考證，其生平當約為西元前三五○年至西元前二七五年。〔註117〕至於慎到的著作，雖著有《慎子》一書，但散佚頗多，現以清人錢熙祚所輯之《守山閣叢書本》最為完備。〔註118〕

慎到的思想以重「勢」為主，所謂的「勢」乃是為強調君權，並以此成為其思想中的核心理論，如〈威德篇〉說：

> 故賢而屈於不肖者，權輕也；不肖而服於賢者，位尊也。堯為匹夫，不能使其鄰家，至南面而王，則令行禁止。由此觀之，賢不足以服不肖，而勢位足以屈賢矣。〔註119〕

聖人如堯，若無「勢」則無以教民，故君主之「勢」乃為君權保障之根本。且慎到認為「勢」本身存於自然之中，每個人都與外在事物有「勢」的關連。〈威德篇〉又說：

> 毛嬙、西施，天下之至姣也。衣之以皮倛，則見者皆走；易之以元緆，則行者皆止。由是觀之，則元緆色之助也，姣者辭之，則色厭矣。走背跋淪窮穀野走十裏，藥也；走背辭藥則足廢。故騰蛇遊霧，飛龍乘雲，雲罷霧霽，與蚯蚓同，則失其所乘也。〔註120〕

西施等美人乘色之勢，走背者能走則乘藥之勢，故勢之作用在於加強本性的效果，若能善用勢，則如騰蛇可以遊霧，飛龍起而乘雲；但若反之，則雖賢雖聖失勢，就不免與蚯蚓為伍。

此外，慎到「勢」之理論基礎，乃建立在道家任自然之性的說法上，〈逸

〔註116〕 如梁啟超說：「道法二家，末流合一……就中有一人焉，其學說最可以顯出兩宗轉捩關鍵者，曰慎到。」見《先秦政治思想史》（臺北：東大圖書公司，1987年），頁 132。陳啟天也說：「他的思想既兼有道家和法家兩部份，所以他的法家理論，也是融合道法兩種思想的。他用道家之說，做法家的哲理說明。」見《中國法家概論》（臺北：中華書局，1970年），頁 61。

〔註117〕 見錢穆：《先秦諸子繫年‧先秦諸子繫年通表》（臺北：東大圖書公司，1986年），頁 618。

〔註118〕 見【周】慎到撰、【清】錢熙祚輯《慎子》，《守山閣叢書》（臺北：藝文印書館，1968年），第十二函。

〔註119〕 見【周】慎到撰、【清】錢熙祚輯《慎子》（出版項同前），《守山閣叢書》，第十二函，頁 2。

〔註120〕 見【周】慎到撰、【清】錢熙祚輯《慎子》（出版項同前），《守山閣叢書》，第十二函，頁 1。

文篇〉說：

> 鳥飛於空，魚游於淵，非術也。故爲鳥爲魚者，亦不自知其能飛能遊。
> 苟知之，立心以爲之，則必墮必溺，猶人之足馳、手捉、耳聽、目視，
> 當其馳、捉、聽、視之際，應機自至，又不待思而施之也。苟須思之
> 而後可施之，則疲矣。是以任自然者久，得其常者濟。〔註121〕

萬物皆自然而生，是故有其自然之則，若加入人爲的思慮，則行動必有扞隔
不通處，試想：需要手動、足奔之際還想著去發動天賦感官，則動作定會不
自然。所以，最好的作爲就是任自然之「勢」而不加人爲做作。此項論點運
用到政治上，則是必須先認識自然之人性，對此，愼到是主張人性自利說的，
〈逸文篇〉又說：

> 匠人成棺，不憎人死，利之所在，忘其醜也。……家富則疏族聚，
> 家貧則兄弟離，非不相愛，利不足相容也。〔註122〕

由於人性自利，所以國君治國理政的綱領在於乘人性自利之勢，〈因循篇〉說：

> 天道因則大，化則細。因也者，因人之情也。人莫不自爲也，化而
> 使之爲我，則莫可得而用矣。是故先王見不受祿者不臣，祿不厚者，
> 不與入難。人不得其所以自爲也，則上不取用焉。故用人之自爲，
> 不用人之爲我，則莫不可得而用矣。此之謂因。〔註123〕

爲政者如何能統領國政以治，主要在於能利用人情爲利的自然之勢去「因勢
利導」，則君主之政論主張即不流於空虛浮泛、徒具形式，此與道家消極地運
用智慧銷解人性慾求不同，是積極地利用自然以乘其勢，足見愼到重實際的
思想特色。

　　君主重勢乃爲保證自身之權益，其在政治上實際之作爲即爲以「法」做
價值判斷的唯一標準，〈逸文篇〉說：

> 法者，所以齊天下之動，至公大定之制也。故智者不得越法而肆謀，
> 辯者不得越法而肆議，士不得背法而有名，臣不得背法而有功。我
> 喜可抑，我忿可窒，我法不可離也；骨肉可刑，親戚可滅，至法不
> 可闕也。〔註124〕

〔註121〕見同上，第十二函，頁18。
〔註122〕【周】愼到撰、【清】錢熙祚輯《愼子》（出版項同前），《守山閣叢書》，第十
　　　　二函，頁15。
〔註123〕見同上，第十二函，頁4。
〔註124〕見同上，頁17。

此為慎到崇法任勢的主張，法與勢缺一不可，重勢即為重法，而國君欲國家長治久安，欲君權穩固，則必須知道掌握「法」的重要，〈逸文篇〉又說：

> 君臣之間，猶權衡也。權左輕則右重，右重則左輕。輕重迭相橛，
> 天地之理也。

「法」掌握在君主手中，其左右輕重皆受國君擺布，君主能任物自然而依法，則可保有君主最大之威勢。此外，對於臣下之統馭，慎到亦有主張，〈民雜篇〉說：

> 君臣之道，臣事事而君無事，君逸樂而臣任勞。臣盡智力以善其事，
> 而君無與焉，仰成而已。故事無不治，治之正道然也。人君自任，
> 而務為善以先下，則是代下負任蒙勞也，臣反逸矣。故曰：君人者，
> 好為善以先下，則下不敢與君爭為善以先君矣，皆私其所知以自覆
> 掩，有過，則臣反責君，逆亂之道也。君之智，未必最賢於眾也，
> 以未最賢而欲以善盡被下，則不贍矣。若使君之智最賢，以一君而
> 盡贍下則勞，勞則有倦，倦則衰，衰則復反於不贍之道也。是以人
> 君自任而躬事，則臣不事事，是君臣易位也，謂之倒逆，倒逆則亂
> 矣。人君苟任臣而勿自躬，則臣皆事事矣。是君臣之順，治亂之分，
> 不可不察也。〔註125〕

慎到以自利的人性論為基礎，為了鞏固君權，壓榨臣下之能就成為君主重中之重之務，且君主應當無勞而承其功，臣下則有倦且負其過，在此，慎到開展了君有功無過，臣下有過無功，功皆歸於君上的觀點。進而言之，為了保有君主至高的威勢，慎到更發展了道家學說中「反智」的主張，〈逸文篇〉載：

> 法之功，莫大使私不行；君之功，莫大使民不爭。今立法而行私，
> 是私與法爭，其亂甚於無法；立君而尊賢，是賢與君爭，其亂甚於
> 無君。故有道之國，法立則私議不行，君立則賢者不尊。民一於君，
> 事斷於法，是國之大道也。……古之全大體者，望天地，觀江海，
> 因山谷。日月所照，四時所行，雲布風動。不以智累心，不以私累
> 己。寄治亂於法術，托是非於賞罰，屬輕重於權衡。〔註126〕

因人性自利，故為私利以違法，而慎到認為解決之道在於禁制心知之活動，

〔註125〕見【周】慎到撰、【清】錢熙祚輯《慎子》（出版項同前），《守山閣叢書》，第
　　　　十二函，頁4。
〔註126〕見同上，頁16。

全任法度之作用，但此項主張爲愼到學說被批評的主要之處，《莊子‧天下篇》說：

> 是故愼到棄知去己，而緣不得已，泠汰於物以爲道理，曰：「知不知，將薄知而後鄰傷之者也。」……夫無知之物，無建己之患，無用知之累，動靜不離於理，是以終身無譽。故曰：「至於若無知之物而已，無用賢聖，夫塊不失道。」豪桀相與笑之曰：「愼到之道，非生人之行而至死人之理，適得怪焉。」〔註127〕

所謂「不得已」，就是因自然之勢，拋棄智慮的活動而一以「法」爲準，這種將萬物的個性齊平於法，使「無知之物，無建己之患，無用知之累」，不追求聖賢的境界而將心智活動停止，認爲這樣才是合道，卻忽略法雖能至平無私，但仍需視制定與使用之人之作爲，只單純地要求將人的知能降低齊同於世間萬物，是其理論缺失之處，故〈天下篇〉評愼到之學爲「非生人之行而至死人之理」，誠哉。

四、韓非集大成之說

韓非集法家之大成，兼總商鞅、申不害、愼到眾說，而成就其更爲深密詳備之學說，若論法家學說核心之理論，當是宣揚君尊臣卑之論，〔註128〕〈忠孝篇〉載：

> 臣事君，子事父，妻事夫，三者順則天下治，三者違則天下亂，此天下之常道。〔註129〕

此論顯然已是「君爲臣綱，父爲子綱，夫爲妻綱」說之原型，〔註130〕在法家的學說中，有關文化價值之論是直接被忽略的，其所重者僅在如何維繫君權與政治，可說是爲了君主專制制度而生，故其學說可總稱爲君主統馭之術，

〔註127〕見【周】莊周撰、【清】郭慶藩輯、王孝魚點校《莊子集釋》（北京：中華書局，2004 年 1 月），卷三十三，頁 1078。

〔註128〕《韓非子》一書集法家之大成，對君尊臣卑的關係於其理論已成熟嚴密。熊十力曾言：「通觀韓非書，對君主制度無半言攻難。對君權，不唯無限制，且尊其權，極於無上。而以法術兩大物，爲人主得操之。人主持無上之權，操法術以統御天下，將使天下之眾，如豕羊然」。見《韓非子評論》（臺北：學生書局，1978 年），頁 4〜5。

〔註129〕見【周】韓非、【清】王先愼注：《韓非子》（臺北：成文書局，1980 年），第二十卷，第五十一篇，頁 1407。

〔註130〕余英時亦認爲此爲三綱說之先驅，見《歷史與思想》（臺北：聯經文化事業公司，1990 年），頁 40。

馮友蘭敘述法家學術價值時曾說：

> 統治者這個對立面只有一個人，而被統治者這個對立面卻包括有成
> 千上萬的人。如果沒有一套完整的統治術，統治者進行統治是很困
> 難的。〔註131〕

於此，當可想見爲何秦始皇十分地看重韓非，以及後世論及君主馭下之術時
之所以重視其學說之因。以下即針對韓非之學說，歸納分述如下。

（一）明定「法」之權威

在商鞅及其後學所論著的《商君書》中，對於「法」的理論與價值作了
全面的探討，實爲法家系統中之支柱，而韓非在「法」方面的學理創見雖然
較少，其學說多發揚補充《商君書》之論點，兩者之關係實可視爲前後相承。
〔註132〕

對於「法」，韓非認爲是強國政治之核心，〈問辯篇〉說：

> 明主之國，令者言最貴者也，法者事最適者也。言無二貴，法不兩
> 適，故言行而不軌於法令者必禁。〔註133〕

不二貴、不兩適，也就是強調「法」的權威性，韓非等法家學者皆將「法」
視爲治國的最高價值，故不允許破壞其權威之任何可能，〈有度篇〉說：

> 故明主使法擇人，不自舉也；使法量功，不自度也。能者不可弊，
> 敗者不可飾，譽者不能進，非者弗能退，則君臣之間明辨而易治，
> 故主讎法則可也。〔註134〕

爲了鞏固其權威，明君當要公正客觀地使用「法」，這是以「法」爲治之所以
成立的先決條件，若無法有統一之標準，則其所論皆不成立，故〈用人篇〉
載：

> 釋法術而心治，堯不能正一國。去規矩而妄意度，奚仲不能成一輪。
> 廢尺寸而差短長，王爾不能半中。使中主守法術，拙匠守規矩尺寸，

〔註131〕見馮友蘭：《中國哲學史新編》（臺北：藍燈文化事業公司，1991 年），第二冊，頁 454。

〔註132〕蔡元培曾說：「韓非集儒道法三家之成，以法治主義爲中監，襲商君而益詳其條理。於墨道皆得其粗而遺其精，雖總攬三家，實商君之嫡系。」見《中國倫理學史》（收錄於《蔡元培先生全集》，臺北：商務印書館，1964 年），頁 40～43。

〔註133〕見【周】韓非、【清】王先慎注：《韓非子》（出版項同前），第十七卷，第四十一篇，頁 1175。

〔註134〕出處見同上，第二卷，第六篇，頁 100。

則萬不失矣。君人者，能去賢巧之所不能，守中拙之所萬不失，則
人力盡而功名立。〔註135〕

〈顯學篇〉也說：

夫聖人之治國，不恃人之爲吾善也，而用其不得爲非也。恃人之爲
吾善也，境內不什數；用人不得爲非，一國可使齊。爲治者用眾而
舍寡，故不務德而務法。夫必恃自直之箭，百世無矢；恃自圓之木，
千世無輪矣。自直之箭、自圓之木，百世無有一，然而世皆乘車射
禽者何也？隱栝之道用也。雖有不恃隱栝而有自直之箭、自圓之木，
良工弗貴也，何則？乘者非一人，射者非一發也。不恃賞罰而恃自
善之民，明主弗貴也，何則？國法不可失，而所治非一人也。故有
術之君，不隨適然之善，而行必然之道。〔註136〕

在韓非等法家思想家看來，人性、道德修養等皆不足信任，捨棄法令而任賢，
亦非長治久安之道，惟有建立客觀且上下階級一體適用，無等差、同一施法
標準的制度，才是君主當行的政治形態。若進一步地推衍，在《商君書》中
可以見到的「以法爲教」之主張，亦成爲韓非高舉的綱目，〈五蠹篇〉說：

故明主之國，無書簡之文，以法爲教；無先王之語，以吏爲師；無
私劍之捍，以斬首爲勇。是境內之民，其言談者必軌於法，動作者
歸之於功，爲勇者盡之於軍。是故無事則國富，有事則兵強，此之
謂王資。既畜王資而承敵國之釁，超五帝，侔三王者，必此法也。

〔註137〕

「法」既然成爲規範一切的標準，則除此之外之學術皆無存在之必要。此爲
明顯的愚民政策，蓋法家思想既然將君主之地位與權力視爲核心之價值，則
人民即成爲完成其價值的養分與材料，而韓非更極力說明人民愚昧的本質，
強調統一思想的重要性，企圖使君主駕馭臣下時能壓榨出最高能量，故〈顯
學篇〉又說：

今不知治者必曰：「得民之心」。欲得民之心而可以爲治，則是伊尹、
管仲無所用也，將聽民而已矣。民智之不可用，猶嬰兒之心也……
嬰兒不知犯其所小苦致其所大利也。今上急耕田墾草以厚民產也，

〔註135〕見【周】韓非、【清】王先慎注：《韓非子》（出版項同前），第八卷，第二十
　　　　七篇，頁591。
〔註136〕出處見同上，第十九卷，第五十篇，頁1378。
〔註137〕出處同上，第十九卷，第四十九篇，頁1331。

而以上爲酷；修刑重罰以爲禁邪也，而以上爲嚴；徵賦錢粟以實倉庫、且以救饑饉備軍旅也，而以上爲貪；境內必知介而無私解，并力疾鬥所以禽虜也，而以上爲暴。此四者所以治安也，而民不知悅也。夫求聖通之士者，爲民知之不足師用。〔註138〕

韓非認爲人民不瞭解「犯其所小苦致其所大利」，以爲重農業、修刑罰、實府庫、禁私鬥等措施爲不便，故論斷民智皆不足用，此外，韓非在〈五蠹篇〉中抨擊「儒以文亂法，俠以武犯禁」，學者、游說之士、帶劍者、商人與工人爲五種蠹蟲，因爲這五種人憑藉其自身之知識技能，將可能造成混亂法治的不穩份子，實爲君主之大忌。〔註139〕至於「以法爲教」的具體內容，韓非之主張與《商君書》相同，將之歸於獎勵農戰的強國之術，〈五蠹篇〉載：

今境內之民皆言治，藏商、管之法者家有之，而國愈貧，言耕者眾，執耒者寡也；境內皆言兵，藏孫、吳之書者家有之，而兵愈弱，言戰者多，被甲者少也。故明主用其力，不聽其言；賞其功，必禁無用；故民盡死力以從其上。夫耕之用力也勞，而民爲之者，曰：可得以富也。戰之爲事也危，而民爲之者，曰：可得以貴也。今修文學、習言談，則無耕之勞、而有富之實，無戰之危、而有貴之尊，則人孰不爲也？是以百人事智而一人用力，事智者眾則法敗，用力者寡則國貧，此世之所以亂也。〔註140〕

準此，韓非將「法」之內容，全導向獎勵耕作與征戰，使人民勤於農作、聞戰則喜，與前文所述之商鞅學派的主張根本上無太大差異，但說明更爲深刻，如在〈六反篇〉中，詳述「貴生之士」、「文學之士」、「有能之士」、「辯智之士」、「磏勇之士」、「任譽之士」當爲人主之所惡，而「失計之民」、「樸陋之士」、「寡能之士」、「愚戇之民」、「怯攝之民」、「陷讒之民」當爲君主所貴，〔註141〕其所惡與所貴之理，皆視其能否符合獎勵耕戰的標準。以上即

〔註138〕見【周】韓非、【清】王先慎注：《韓非子》（出版項同前），第十九卷，第五十篇，頁1380。

〔註139〕余英時也說：「這五類份子的政治危害性無疑是來自一個共同的根源，及他們的專門知識或技能。所以最理想的情況是人民都普遍地愚昧無知，這樣他們就可以俯首貼耳地接受有智慧的君主的領導。」見〈反智論與中國政治傳統〉（收錄於《歷史與思想》，臺北：聯經文化事業公司，1990年），頁24。

〔註140〕出處同註138，第十九卷，第四十九篇，頁1331。

〔註141〕見【周】韓非、【清】王先慎注：《韓非子》（出版項同前），第十八卷，第四十六篇，頁1291。

為韓非在高舉「法」之權威下，有關「法」的概念與內涵。

（二）增益「術」之手段

明定「法」之權威，使君臣上下有皆有遵循之規則後，如何確保政治運作恰如其分，在法家思想中，是以「術」來配合，觀韓非全書「法術」二字經常連用，在他看來，徒有法而無術則臣下將矇蔽其私，而此「術」只能為君主一人所用，如〈定法篇〉說：

> 術者，因任而授官，循名而責實，操殺生之柄，課群臣之能者也，此人主之所執也。〔註142〕

「術」可考課群臣之能，君主以此行賞罰之事，則其與「法」之分別為何？〈難三篇〉又說：

> 法者，編著之圖籍，設之於官府，而布之於百姓者也。術者，藏之於胸中，以偶眾端而潛御群臣者也。故法莫如顯，而術不欲見。是以明主言法，則境內卑賤莫不聞知也，不獨滿於堂。用術，則親愛近習莫之得聞也，不得滿室。〔註143〕

「法」需要明白彰顯於眾，國君憑之讓臣民行動合乎政治之要求，而「術」則是藏於君主心中，借以陰謀群臣來駕馭之，任何親愛之人皆不得予聞，兩者一明一暗，皆是君主治國的利器。〔註144〕

此外，韓非與申不害相同，在論「術」之學理來源時，借用道家無為虛靜之說，為君主持「術」治下之依據，〈主道篇〉說：

> 道者、萬物之始，是非之紀也。是以明君守始以知萬物之源，治紀以知善敗之端。故虛靜以待令，令名自命也，令事自定也。虛則知實之情，靜則知動者正。有言者自為名，有事者自為形，形名參同，君乃無事焉，歸之其情。〔註145〕

君主虛靜而主道，則可用「術」萬端，借以洞悉善敗之端，其主要的用心，就在於驅使臣下、盡其民力，而君主獨享其成果，〈主道篇〉又說：

> 明君無為於上，群臣竦懼乎下。明君之道，使智者盡其慮，而君因

〔註142〕出處同上，第十七卷，第四十三篇，頁912。

〔註143〕出處同上，第十六卷，第三十八篇，頁846。

〔註144〕王曉波認為：「從『術』的觀點來分析，『法』亦是統治人民的術。」見《先秦法家史論》（臺北：聯經出版社，1991年），頁196。

〔註145〕見【周】韓非、【清】王先慎注：《韓非子》（出版項同前），第一卷，第五篇，頁75。

以斷事，故君不窮於智；賢者敕其材，君因而任之，故君不窮於能；有功則君有其賢，有過則臣任其罪，故君不窮於名。是故不賢而爲賢者師，不智而爲智者正。臣有其勞，君有其成功，此之謂賢主之經也。〔註146〕

君主總攬其權其功，而臣下任勞使能，使上下截然二分，故君主大忌自身騁才任事，不持虛靜無爲的原則。故韓非在增意益「術」之手段上，其所掌握之原則乃是君主「虛靜無爲」的修養，而其歸納方式有四：不見好惡、不顯智能、不漏言辭與不用耳目，〔註147〕分述如下：

所謂「不見好惡」，指君主不讓臣下窺知所愛所憎，韓非關於此點在全書多次論說，其曰：

君無見其欲，君見其所欲，臣將自雕琢。君無見其意，君見其意，臣將自表異。故曰：「去好去惡，臣乃見素，去舊去智，臣乃自備。」（〈主道篇〉）

故君見惡則群臣匿端，君見好則群臣誣能。人主欲見，則群臣之情態得其資矣。故子之託於賢以奪其君者也，豎刁、易牙因君之欲以侵其君者也，其卒子噲以亂死，桓公蟲流出戶而不葬。此其故何也？人君以情借臣之患也。人臣之情非必能愛其君也，爲重利之故也。今人主不掩其情，不匿其端，而使人臣有緣以侵其主，則群臣爲子之、田常不難矣。故曰：「去好去惡，群臣見素。群臣見素，則大君不蔽矣。」（〈二柄篇〉）

人主者，利害之轂也。射者眾，故人主共矣。是以好惡見，則下有因，而人主惑矣，辭言通，則臣難言，則主不神矣。（〈外儲說右上〉）〔註148〕

君主與臣下因人性自利而立場各異，且君主爲權力之核心，臣下隨時窺探於上，若君主明顯有所好惡，則群臣將無所不用其極以迎合君主，如楚王好細腰，國人多餓死；齊桓好五味，易牙蒸子以進，此皆爲亂國亂政之端。

〔註146〕出處見同上，第一卷，第五篇，頁76。
〔註147〕羅宗濤早有此說，見〈韓非學術原於老子說〉（收錄於《國立師範大學國文研究所集刊》第八號，1963年6月），頁174。
〔註148〕見【周】韓非、【清】王先慎注：《韓非子》（出版項同前），第一卷，第五篇，頁76；第二卷，第七篇，頁113；第十三卷，第三十四篇，頁714。

「不顯智能」者，是要君主潛藏自我智慧，指使群臣盡其智慮，〈八經篇〉
說：

> 力不敵眾，智不盡物。與其用一人，不如用一國。故智力敵而群物
> 勝，揣中則私勞，不中則在過。下君盡己之能，中君盡人之力，上
> 君盡人之智。〔註149〕

因為一個人之智能有限，君主能掌握虛靜無為的原則，就能利用眾人之智慮
以成君主之事功，其認為君主當無為於上，臣下應有為於下，然其所採乃陰
謀之算計，明顯不同於老子虛靜無為的智慧。

此外，「不漏言辭」者，當是在前兩項原則下所衍生。韓非認為君主不惟
「不見好惡」、「不顯智能」，對於言辭更要字斟句酌，不可顯露心中所知所想，
〈三守篇〉說：

> 人臣有議當途之失、用事之過、舉臣之情，人主不心藏而漏之近習
> 能人，使人臣之欲有言者，不敢不下適近習能人之心而乃上以聞人
> 主，然則端言直道之人不得見，而忠直日疏。〔註150〕

人主洩露群臣之語，則親近奸邪之人得以借此得利，甚不可取。韓非並以堂谿
公勸諫韓昭侯「人主而漏其群臣之語，是猶無當之玉厄」，進而連夢語亦不能讓
臣下得見，說明君主不洩其言，則忠臣無所顧忌，而邪臣無所假借。〔註151〕

至於「不為耳目」，與「不顯智能」相近，因一人之力有時而窮，不若借
助臣下為君主張目，〈有度篇〉說：

> 夫為人主而身察百官，則日不足，力不給。且上用目則下飾觀，上
> 用耳則下飾聲，上用慮則下繁辭。〔註152〕

〈姦劫弒臣篇〉又說：

> 人主者，非目若離婁乃為明也，非耳若師曠乃為聰也。目必，不任
> 其數，而待目以為明，所見者少矣，非不弊之術也。耳必，不因其
> 勢，而待耳以為聰，所聞者寡矣，非不欺之道也。明主者，使天下
> 不得不為己視，天下不得不為己聽。〔註153〕

〔註149〕出處同上，第十八卷，第四十八篇，頁981。
〔註150〕出處同上，第五卷，第十六篇，頁289。
〔註151〕見〈外儲說右上〉，出處同上，第十三卷，第三十四篇，頁715。
〔註152〕見【周】韓非、【清】王先慎注：《韓非子》（出版項同前），第二卷，第六篇，
頁88。
〔註153〕出處同上，第四卷，第十四篇，頁257。

「不爲耳目」所爲者，就是要「使天下不得不爲己視，天下不得不爲己聽」，則君主自身感官雖有限，但所知所能將無所不知、無所不能。

　　君主掌握了虛靜無爲的原則後，韓非進而衍化推論出一套讓臣下俯首貼耳的治人之術，在〈內儲說上篇〉中，提到君主所用之術有七，所察有六微，其七術曰：

　　　　一曰、眾端參觀，二曰、必罰明威，三曰、信賞盡能，四曰、一聽責下，五曰、疑詔詭使，六曰、挾知而問，七曰、倒言反事。此七者，主之所用也。〔註154〕

此七術，皆是君主用來窺知及控制群臣的技巧，所用皆陰謀詭譎，如「倒言反是」，是故意言語倒錯，甚至所爲反轉，用來察查臣下之姦情。至於其所察六微，〈內儲說下篇〉說：

　　　　一曰、權借在下，二曰、利異外借，三曰、託於似類，四曰、利害有反，五曰、參疑內爭，六曰、敵國廢置。此六者，主之所察也。〔註155〕

此六者，乃君主所必察之處，若稍一不愼，則將使國亂邦亡，例如「託於似類」，指臣下僞造相似之事以讒害他人，若君主不明，則姦人將爲所欲爲。

　　此外，君主所持之「術」主要在治臣，故對臣下必有所防，必有所禁。其所防臣下者，要注意八種人臣的行爲，〈八姦篇〉說：

　　　　一曰：「同床」…二曰：「在旁」…三曰：「父兄」…四曰：「養殃」…五曰：「民萌」…六曰：「流行」…七曰：「威強」…八曰：「四方」。

　　　　〔註156〕

這八種大致包括了臣下因私利而採取的動作，若君主不能防止臣下行「八姦」之事，就不能使群臣歸結於爲國君盡忠，故韓非進而主張要君主禁止人臣五種行事，〈說疑篇〉說：

　　　　故曰：人臣有五姦，而主不知也。爲人臣者，有侈用財貨賂以取譽者，有務慶賞賜予以移眾者，有務朋黨、徇智尊士以擅逞者，有務解免、赦罪獄以事威者，有務奉下，直曲怪言、偉服瑰稱，以眩民耳目者。此五者明君之所疑也，而聖主之所禁也。〔註157〕

〔註154〕出處同上，第九卷，第三十篇，頁544。
〔註155〕見【周】韓非、【清】王先愼注：《韓非子》（出版項同前），第十卷，第三十一篇，頁571。
〔註156〕出處同上，第二卷，第九篇，頁152。
〔註157〕出處同上，第十七卷，第四十四篇，頁922。

這五種行為，其實皆是指群臣在下結黨營私，危害君主之地位。故君主要以法禁其心，循法禁其言，「法」與「術」要完美地配合。

此外，君主既然生而為人，也會有所偏愛之臣，況且臣下也將曲意迎合，故對於能得君主寵愛之臣，也在韓非防範之列，〈愛臣篇〉說：

> 愛臣太親，必危其身；人臣太貴，必易主位；主妾無等，必危嫡子；兄弟不服，必危社稷。臣聞千乘之君無備，必有百乘之臣在其側，以徙其民而傾其國；萬乘之君無備，必有千乘之家在其側，以徙其威而傾其國。是以姦臣蓄息，主道衰亡。是故諸侯之博大，天子之害也；群臣之太富，君主之敗也。將相之管主而隆國家，此君人者所外也。〔註158〕

人臣太貴太親，則君主必將傾其國家，這是君主最常疏忽的地方，而對於此防範之法，則用「四美」，〈愛臣篇〉又說：

> 萬物莫如身之至貴也，位之至尊也，主威之重，主勢之隆也，此四美者不求諸外，不請於人，議之而得之矣。故曰人主不能用其富，則終於外也。此君人者之所識也。〔註159〕

君主必須保持身、位、威、勢四者的完整，而對親愛之臣處以必要之手段，務使馭下之術嚴密而無疏漏。

對韓非而言，君臣之間的關係大部分猶如仇寇，這是因為韓非之學是建立在人性自利的基礎上，故君主要提防臣下求謀私利，甚至是威脅到君主，在這樣的狀況下，君主能否與臣下同心致力於政事已成疑問。〔註160〕故在韓非嚴密地補充馭下之「術」的狀況下，對君權理論的完備雖有提昇，但其效果則有待堪驗。

（三）標舉「勢」之中行

在韓非的學說中，法與術之運用，必須與「勢」配合而行。在前文提及慎到重勢之說，以為君主憑借勢位就可任法治國，韓非雖有認同此說，但更

〔註158〕見【周】韓非、【清】王先慎注：《韓非子》（出版項同前），第一卷，第四篇，頁64。

〔註159〕出處同上，第一卷，第四篇，頁64。

〔註160〕王靜芝也說：「韓非取術以為君使臣的技巧，用術以為君用臣的『能』，固然不為無效，但是使術以制臣的結果，不免是君臣敵對，上下二心：使臣不能知君，君不能信臣；臣少能盡心，君少能知事。如此而言能行法而至於上下無為，似乎過於理想。」見《韓非思想體系》（臺北：輔仁大學，1979年10月），頁205。

能深入發揮，補充慎到之說不足之處。

慎到認為勢位價值高於一切，堯、舜、桀、紂，其賢與不肖皆無決定性之作用，但若順此說推衍，則無法解釋不賢者如桀、紂得勢位後，卻只能禍害天下，對此，的確是慎到之說的疏漏之處。

在論「勢」的重要性時，韓非同樣肯定其價值，如〈功名篇〉說：

> 夫有材而無勢，雖賢不能制不肖。故立尺材於高山之上，則臨千仞之谿，材非長也，位高也。桀為天子，能制天下，非賢也，勢重也；堯為匹夫，不能正三家，非不肖也，位卑也。千鈞得船則浮，錙銖失船則沈，非千鈞輕錙銖重也，有勢之與無勢也。故短之臨高也以位，不肖之制賢也以勢。〔註161〕

〈外儲說右上篇〉也說：

> 國者、君之車也，勢者、君之馬也。夫不處勢以禁誅擅愛之臣，而必德厚以與天下齊行以爭民，是皆不乘君之車，不因馬之利車而下走者也。〔註162〕

「威勢」將君主的地位置於萬萬人之上，若無，則賢如堯、舜也無法驅使一人，君主不能保有「勢位」成為治國最大的忌諱。但是，韓非不僅僅只有承認君主「勢位」的重要，他進一步指出，「勢」與「法、術」一樣，皆只是手段，君主持之以治天下而已，〈難勢篇〉說：

> 夫勢者，便治而利亂者也，故《周書》曰：「毋為虎傅翼，將飛入邑，擇人而食之。」夫乘不肖人於勢，是為虎傅翼也。桀、紂為高臺深池以盡民力，為炮烙以傷民性，桀、紂得乘四行者，南面之威為之翼也。使桀、紂為匹夫，未始行一而身在刑戮矣。勢者，養虎狼之心，而成暴亂之事者也，此天下之大患也。勢之於治亂，本末有位也，而語專言勢之足以治天下者，則其智之所至者淺矣。〔註163〕

韓非認為，「勢」可以說是既便於治，也便於亂的根源，若不肖者得「勢」，則猶如虎添翼，將飛入城邑擇人而食，桀、紂若非是有君王之勢，早就因其暴虐而刑戮加身了，如何能夠傷民亂政？所以，「勢」要發揮出應有的功效，就要視君主乃賢或不肖，而就歷史來觀察，如同堯舜之賢且得君位者少之又

〔註161〕見【周】韓非、【清】王先慎注：《韓非子》（出版項同前），第八卷，第二十八篇，頁508。

〔註162〕出處同上，第十三卷，第三十四篇，頁731。

〔註163〕出處同上，第十七卷，第四十篇，頁886。

少，要能使政治運作得到善治的保障，韓非認為必得靠君主抱法而處勢，〈難勢篇〉又說：

> 且夫堯、舜、桀、紂千世而一出，（反）是，比肩隨踵而生也。世之治者不絕於中。吾所以為言勢者，中也。中者，上不及堯、舜，而下亦不為桀、紂。抱法處勢則治，背法去勢則亂。今廢勢背法而待堯、舜，堯、舜至乃治，是千世亂而一治也。抱法處勢而待桀、紂，桀、紂至乃亂，是千世治而一亂也。且夫治千而亂一，與治一而亂千也，是猶乘驥駬而分馳也，相去亦遠矣。〔註164〕

君主雖不全為堯、舜之賢，但如桀、紂般之不肖亦屬稀少，大多可稱為「中人」，在韓非看來，若「中人之質」的君主能抱法處勢，就能以無堯、舜之賢的才能，治理出與堯、舜相同的治世，此即為韓非所認為最佳的政治形態。

　　而人主能夠抱法處勢的保證，則要緊關鍵處在於善執賞罰二柄，故〈八經篇〉說：

> 勢行教嚴逆而不違，毀譽一行而不議。故賞賢罰暴，舉善之至者也；賞暴罰賢，舉惡之至者也；是謂賞同罰異。賞莫如厚，使民利之；譽莫如美，使民榮之；誅莫如重，使民畏之；毀莫如惡，使民恥之，然後一行其法，禁誅於私。〔註165〕

韓非認為，若君主善執賞罰二柄，也就是要憑借「勢位」所擁有的權，統一標準地賞善罰惡，讓「法」稱職地發揮應有的效用，不但政治得到完善治理，亦達到「尊君」的最高目地，〈功名篇〉又說：

> 人主者，天下一力以共載之，故安；眾同心以共立之，故尊。人臣守所長，盡所能，故忠。以尊主御忠臣，則長樂生而功名成。〔註166〕

若君主能夠抱法以處勢，則尊主之道便隨之而生。但在抱法處勢之際，如何保證臣下盡忠？對此，韓非認為要結合「術」的手段，〈功名篇〉又載：

> 名實相持而成，形影相應而立，故臣主同欲而異使。人主之患在莫之應，故曰：一手獨拍，雖疾無聲。人臣之憂在不得一，故曰：右手畫圓，左手畫方，不能兩成。故曰：至治之國，君若桴，臣若鼓，技若車，事若馬。故人有餘力易於應，而技有餘巧便於事。

〔註164〕見【周】韓非、【清】王先慎注：《韓非子》（出版項同前），第十七卷，第四十篇，頁887。

〔註165〕出處同上），第十八卷，第四十八篇，頁1022。

〔註166〕出處同上，第八卷，第二十八篇，頁510。

君主的職責在於發號施令，群臣的任務在忠實地執行，若君臣上下呼應，那麼就達到名必符於實，有名必有實的善治地步。但若君權不足，君臣不能上下呼應，就猶如一手獨拍，這是君主不能善用「術」的弊病，故韓非。

總之，韓非將「法」、「術」、「勢」三者緊密地結合，可分論而不可獨行，其說以君主持中人之資處「勢」而行：明定「法」之權威、增益「術」之手段，藉以達到主尊而國治的目地。

以上即針對漢代前期儒家儒家尊君說在先秦諸子學的起源作一分述，但尚有在戰國中晚期後所形成之黃老之學，因與漢代初年的政治與學說相近，故另起一章進行論說。

第三章 西漢前期儒家尊君學說之起源（下）：黃老思想之催化

　　西漢前期的思想發展，在學術派別上，是由黃老思維逐漸轉由儒家學術來主導；但若是過度強調漢武帝時，因董仲舒的天人三策而導致此一思想演變的趨勢，即有以偏概全之弊。整體而言，學術與思想發展的進程是一個有機體，自有其演進的規律與法則，若是決然劃分出嚴格界限，反而無法弄清處整體發展的變化。所以，西漢前期的尊君思想，有源自先秦諸子理論的遠源，而漢初黃老思想的興盛，則對此時期儒家尊君學說有著顯著的催化作用。若沒有黃老思想，對內，儒家學者無法效法並進而吸收各家理論的精華以補不足；對外，則無一彰明的目標使儒家學者群策群力以求取代。故若要深入探討西漢前期的尊君說，籠罩並主導漢初七十年的黃老思想，絕對有其討論之必要；而代表此一時代之主體思想的著作：《黃老帛書》與《淮南子》，本文認為即有催化發生儒家尊君理論的作用。以下即分述之。

第一節　《黃老帛書》與黃老思想

　　黃老思想乃源起於戰國時期，主要以先秦諸子學說中道家、法家合流所形成的學說。戰國末期以後，隨著政治即將統一的氛圍，在學術上也逐漸有統合的趨勢，而黃老思想也呈現出匯集諸家理論大成的成熟階段。此乃漢初司馬談〈論六家要旨〉裡所稱之「道家」，其曰：

> 道家……其為術也，因陰陽之大順，採儒墨之善，撮名法之要，與
> 時遷移，應物變化，立俗施事，無所不宜，指約而易操，事少而功
> 多。〔註1〕

司馬談所言之「道家」，即為黃老道家。他歸納指出黃老思想是以老子思想的
「守柔」、「反智」哲學為根基，兼採儒、墨、法、名、陰陽各家的學說，力
主「虛靜、無為」，並將之內化為重時變、尚因循，配合刑名以防姦的國君統
御術。王鳴盛曾說：「漢初黃老之學極盛。」（《十七史商榷》，卷六。）洪亮
吉亦云：「自漢興，黃老之學盛行。」（《曉讀書齋初錄》）隨著黃老理論的成
熟與因應時勢的需求，黃老思想主導著西漢前期七十年的政局，成為實際體
現的統治之術，將黃老思想的價值功能推上巔峰。

　　「黃老」之名最早見於《史記》，太史公司馬遷稱申不害、田駢、慎到、
環淵、接子、韓非等人，「其學本於黃老」，或是「學黃老道德之術」。而其中
申不害、慎到、韓非等人法家霸道氣息深重，與道家創始者老子守柔無為之
學相比，其核心價值明顯不同，兩者的差異，應當從所謂的「黃學」著手來
瞭解。《論衡·自然》篇云：「賢之純者，黃、老是也。黃者，黃帝也；老者，
老子也。」由此可知，所謂的「黃老」之學，就是「黃帝」學與「老子」之
學的合稱，這便是學術界所公認的「黃老」之學。

　　黃帝，相傳為我炎黃子孫共同的遠祖，在戰國時期，關於黃帝之崇拜興
起，有關黃帝之記載與傳說如雨後春筍般大量湧現，並逐漸形成「黃帝」之
學，進而與道家結合形成「黃老思想」。而「黃帝」之學，《漢書·藝文志》
中有列過五種有關之書目：《黃帝四經》四篇，《黃帝銘》六篇，《黃帝君臣》
十篇，《雜黃帝》五十八篇，《力牧》二十二篇，但是這些「黃帝」之學的專
書，在歷史長河中早已亡佚，只在《史記》與《漢書》中留下極零星的記載，
所幸在《黃老帛書》的出現後，這一段空白始得補齊，其重要性不言可喻。

　　本文所討論之「黃老」思想，論其理論之基礎則在研究《黃老帛書》，而
對於帛書的爭論，從是書的定名，成書的年代，與成書的地點等等，學術界
皆有異議，學者各持己見、莫衷一是，皆留下可觀的討論空間。此外，《黃老

〔註1〕 見（日）瀧川龜太郎《史記會注考證·太史公自序》（出處見同前），傳第七
　　　　十，卷一百三十，頁1334。除「道家」之稱外，黃老思想也與「雜家」思想
　　　　相近，《漢書·藝文志》云：「雜家者流……兼儒墨，合名法，知國體之有此，
　　　　見王治之無不貫，此其所長也。」見〔漢〕班固撰，〔唐〕顏師古注，（臺北：
　　　　藝文印書館，1981年），卷三十，志第十，頁1707。

帛書》所呈現的思想有何特質，與道家老子思想的關聯及區別爲何，亦是探討黃老之學中的「尊君」學說，所必須先研討的定位問題。〔註2〕以下即針對這幾項議題進行研究。

一、《黃老帛書》相關學術問題

　　從上世紀七〇年代開始，學者針對《黃老帛書》文字的復元與注譯進行了資料性層面的統合與考證，進而期望對帛書之書名、作者、成書時間以及思想源流等本源性層面之問題能提出確解，但可惜的是，各研究者之結論不盡相同、莫衷一是。本文所要探索的，是對《黃老帛書》內容之具體辨析，了解黃老思想獨特的面貌，乃屬於思想性之層面，但若無資料性等其它研究作爲基礎，則無法深入其思想層面之精要，以下即分述之。

　　西元一九七三年底，湖南長沙馬王堆三號漢墓（墓主乃長沙王相軑侯利倉之子），出土了一批約十二萬字的帛書。帛書的內容是用篆文與隸書書寫的《老子》與其它抄附的古佚書，其中，在篆文本（又稱甲種本）《老子》後的古佚書，分爲四部分，皆無標題。〔註3〕第一部分被稱爲〈五行〉，約五千四百餘字，內容主性善、愼獨之學，其思想特色與思孟學派接近。第二部分稱爲〈九主〉，〔註4〕內容較爲完整，約一千五百多字，是假託伊尹與湯之相對問答有關「九主」、「八啻」等之法家思想。第三部分稱爲〈明君〉，亦約一千五百多字，談論兵家攻防戰略之道。第四部分稱爲〈德聖〉，僅約四百字，最爲殘缺，語多不明，大抵是論述五行與德聖智之關聯。

　　另外，在隸體（又稱乙種本）《老子》本卷前，有四種古佚書，分別爲〈經法〉、〈十六經〉（原檢讀爲〈十大經〉）、〈稱〉、〈道原〉。〔註5〕在〈經法〉部分，有〈道法〉、〈國次〉、〈君正〉、〈六分〉、〈四度〉、〈論〉、〈亡論〉、〈論約〉、〈名理〉等九篇文字，內容爲道、法與刑名對於治國意義的理論；而〈十六經〉中，除了結論外，另有〈立命〉、〈觀〉、〈五正〉、〈果童〉、〈正亂〉、〈姓

〔註2〕　本文所論黃老思想之尊君學說，其年代斷現在西漢開國後七十年間，但若不明黃老之學思想特性，則無法清楚定位出其尊君學說之價值。

〔註3〕　見北京國家文物局古文獻研究室：《馬王堆漢墓帛書（壹）》（精裝本）（北京：文物出版社，1980年3月），頁17。

〔註4〕　李學勤稱此部分資料爲〈伊尹九主〉，現今學界多稱之。見〈試論馬王堆漢墓帛書伊尹九主〉，《文物》1974第11期，頁21～27。

〔註5〕　見北京國家文物局古文獻研究室：《馬王堆漢墓帛書（壹）》（精裝本）（北京：文物出版社，1980年3月）。

爭〉、〈雌雄節〉、〈兵容〉、〈成法〉、〈三禁〉、〈本伐〉、〈前道〉、〈行守〉、〈順道〉等十四篇，乃借黃帝傳説之事蹟與諸大臣（如闔冉、力黑、太山稽、果童等）闡述法家陰陽刑德治國之術；〈稱〉，則是專論事物之陰陽關係，乃道、法家格言之匯集；最後〈道原〉，專論「道」的性質、體貌，以及掌握它之可能。對於上述出土古佚書之研究，自它們重現後，學術界較專注於隸體《老子》本卷前四種古佚書，篆文本《老子》後的古佚書由於殘缺較多，較少學者有相關論文研究。〔註6〕

關於帛書文字考定與注釋方面，古文字學家張政烺、裘錫圭等歸結之前學術研究，對原本檢讀爲〈十大經〉之帛書指出：

六，帛書寫作『大』，末筆不連接，與『大』字不同，帛書《周易》類古佚書〈要〉、〈繆〉、〈昭力〉等篇中之『六』字皆如此寫，今據以寫定。〔註7〕

至此後對於帛書文字，咸以此作爲定本。後余明光爲介紹國外學者，將帛書文字注譯爲淺近的現代漢語，並翻譯成英文；陳鼓應則是欲建構現代漢語直觀《黃老帛書》的思想內涵，在各篇下之解題皆能詳加闡釋，對現今研究黃老思想提供堅實的柱石。〔註8〕

（一）關於書名

帛書文字自出土後，學者紛紛投入研究，在早期七０年代眾多研究論文中，以唐蘭的研究論點最具影響力，他主張隸體（又稱乙種本）《老子》本卷前的四種古佚書就是《漢書‧藝文志》中所載的《黃帝四經》。〔註9〕

〔註6〕僅韓中民在〈長沙馬王堆漢墓帛書概述〉作過簡介（《文物》第9期，頁40～43），龐樸針對第一部分〈五行〉篇有〈帛書五行篇校注〉（《中華文史論叢第12期》）、〈思孟五行新考〉（《文史》七輯）、〈馬王堆帛書解開了思孟五行説之謎〉（《文物》第10期）三篇論文，李學勤對第二部分〈九主〉篇，有〈試論馬王堆漢墓帛書伊尹九主〉一文，而第三部分〈明君〉篇與第四部分〈德聖〉篇相關論文則付之闕如。

〔註7〕見注3。此項成果推翻了帛書剛出土時，學者如高亨、董治安以及康立等人的意見，並就此書並非十六篇而是十四篇半的狀況加以解釋：「恐係簡篇錯亂或亡佚所致。」高亨、董治安：〈十大經初論〉（《歷史研究》1975年第1期），頁11～13。康立：〈〈十大經〉的思想和時代〉（《歷史研究》1975年第3期），頁32～34。

〔註8〕余明光：《黃帝四經今注今譯》，北京：岳麓書社，1993年。陳鼓應：《黃帝四經今注今譯》，臺灣：臺灣商務印書館，1995年版。

〔註9〕見〈黃帝四經初探〉（《文物》1973年第10期），頁48。

唐蘭認為，這四篇帛書在內容上互相連繫，且從其抄寫年代乃是黃老之學盛行之漢代初年而言，很難想像在《老子》之前會冠以不相干的著作。此外，唐蘭將古佚書中的文字與其他古籍對照，發現戰國中期到晚期的法家著作都有徵引過其中的文字，故認為此四種古籍即是本已失傳的《黃帝四經》。〔註10〕

　　而鍾肇鵬則將〈經法〉、〈十六經〉、〈稱〉、〈道原〉與《老子》合稱為《黃老帛書》，所持理由乃「為了避免揣測，從質命名」，〔註11〕這是從兩者合抄的現象所作的分析；但一般研究學者的看法，則認為黃老思想的範圍較為集中，應以〈經法〉等四篇為探討之內容，金春峰說：

　　　學術界研究認為，它們（指〈經法〉等四篇）是史稱黃老學派的可
　　　靠研究資料，故稱《黃老帛書》。〔註12〕

另外，裘錫圭針對唐蘭看法則提出不同意見，認為《黃帝書》當較《黃帝四經》合理，且「最好仍稱這四篇古佚書為『馬王堆《老子》乙本卷前佚書』或『〈經法〉等四篇』」，他從帛書四篇在體裁與篇幅上並不相稱分析，認為應與《老子》甲本後四篇相同，亦非同一部書，且此帛書四篇若真是《漢書‧藝文志》中所載之《黃帝四經》，在魏以前之古書談及黃老思想並有引文時，為何「這些引文在四篇佚書中卻一條也沒有出現」？〔註13〕以《黃帝書》稱之者尚有李學勤、劉翔等人，〔註14〕然而，裘氏這種說法並未得到大多數學者的支持，顯然不能改變唐蘭《黃帝四經》說之地位。

　　黃老思想與老子思想在哲學上的本質並不相同，黃老思想實際上是在道家老子思想上融合法家等思想的新思維，以此分析出土帛書之文字，黃老思想的範圍應該是包涵了甲種本〈九主〉與乙種本〈經法〉等古佚書篇章（上述諸學者之研究皆集中於乙種本四篇），如陳麗桂云：

　　　筆者相信甲、乙兩部分附抄古佚書是黃老著作。以下為了論述方便，

〔註10〕見〈馬王堆出土老子乙本卷前古佚書的研究——兼論其與漢儒法鬥爭的關係〉
　　　　（《考古學報》，1975 年 3 月第 1 期），頁 23。

〔註11〕見〈黃老帛書的哲學思想〉（《文物》，1978 年第 2 期），頁 5。

〔註12〕見《論〈黃老帛書〉的主要思想》（《求索》，1986 年第 2 期），頁 11。

〔註13〕見〈馬王堆《老子》甲乙本卷前後佚書與「道法家」〉《中國哲學》（1980 年第
　　　　二輯），頁 37～41。

〔註14〕見李氏〈馬王堆帛書與《鶡冠子》〉（《文物》1979 年第 11 期），頁 23；劉氏
　　　　〈馬王堆漢墓帛書《黃帝書》研究綜述〉（深圳大學國學所編：《中國文化與
　　　　中國哲學》，廣東：東方出版社，1986 年 6 月），頁 11。

合稱之爲「黃老帛書」。〔註15〕

故本文認爲，當以《黃老帛書》指稱前後兩種抄附的古佚書，此《黃老帛書》之定名中，「黃老」爲一密不可分的學派之名，與《老子》甲乙卷無關。

（二）寫作年代

對於帛書寫作的年代，綜合各家說法歸納約略有五，下即製表以清眉目：〔註16〕

表 3-1

帛書年代	代　表	其他學者
戰國早中期之說	唐蘭	余明光、趙吉惠、白奚、陳麗桂、丁原明、魏啓鵬、陳鼓應
戰國說	裘錫圭	高亨、董治安
戰國末年說	鍾肇鵬	葛榮晉、黃釗
秦漢之際說	熊鐵基	吳光
漢初說	康立	金谷治（日人）、姜廣輝

唐蘭推定帛書年代爲「戰國前期之末到中期之初，即公元前 400 年前後」，這是在楊朱之年代（其傳老子之學），和史遷提到申不害、慎到、田駢、接子、環淵和韓非等人皆與黃老之學有關而推測的（〈老子韓非列傳〉、〈孟子荀卿列傳〉），〔註17〕這項說法自出現後一直受到學者的討論；鍾肇鵬針對唐蘭此說而提出「戰國末期說」，他認爲帛書中對黃帝之描寫，反應戰國末期社會景象，並以《史記・樂毅傳》之記載（河上丈人→安期生→毛翕公→樂瑕公→樂丞公→蓋公），認爲河上丈人爲黃老學派之祖。〔註18〕

而裘錫圭的「戰國說」，是主張帛書「著作年代與抄寫年代無疑會有一段距離，所以它們大概都是戰國時代的作品」，此說在年代斷限的標準上較爲寬

〔註15〕見《戰國時期的黃老思想》第二章〈黃老帛書裡的道法思想〉（臺北：聯經出版社，1991 年 4 月），頁 49。爲指稱方便，本文以下皆簡稱爲帛書。

〔註16〕本文所重在帛書年代之說之代表性說法，先發表者爲代表，且看法相同之學者不一一列舉。

〔註17〕〈馬王堆出土老子乙本卷前古佚書的研究——兼論其與漢儒法鬥爭的關係〉（出版處同前），頁 23。

〔註18〕〈黃老帛書的哲學思想〉（出版處同前），頁 7。

鬆。〔註19〕至於熊鐵基的「秦漢之際說」，是將黃老思想歸於秦漢之際所成立的「新道家」，此「新道家」思想之脈絡，乃以《呂氏春秋》與《淮南子》做首尾，而中以《黃老帛書》串聯，從而建立與老莊價值觀不同的新說。〔註20〕最後是康立的「漢初說」，其主張是依據帛書乃漢初人所抄寫，且爲了控治漢初不穩定的形勢，是故在帛書中宣染了黃帝擒殺蚩尤的故事。〔註21〕

本文認爲，《黃老帛書》當成書在戰國中期以前，其理由如下：

第一，在〈道法〉篇有言：「絕而復屬，亡而復存，孰知其神？死而復生，以禍爲福，孰知其極。」「絕」，指斷絕的祭祀，「屬」則指恢復。斷絕的祭祀重新恢復，滅亡的國家重新建立，此語意與《論語・堯曰》說：「興滅國，繼絕世。」、以及《穀梁傳・僖公十七年》載：「桓公嘗有存亡繼絕之功。」極爲相似，明顯爲春秋末、戰國初年的時代背景。

第二，〈國次〉篇載：「故聖人之伐殹（也），兼人之國，隋（墮）其城郭，棼（焚）其鐘鼓，布其齎（資）財，散其子女，列（裂）其地土，以封賢者，是胃（謂）天功。」這段文字是在說明兼而勿擅的道理，其中，墮城、焚鼓、散財、散人和裂土，皆是滅國的表現，而滅掉一國後，不兼併卻與賢者，與前面「興滅」、「繼絕」相同，顯示出帛書成書的時空背景，當是在戰國中早期以前。

第三，帛書〈六分〉篇中，有「強國」、「中國」、「小國」之分，這種現象當不是戰國中、晚期之後的形勢；在戰國末期，諸小國已被大國吞併，不會有上述三種國家。

對於帛書年代的考證，多數學者還常從與先秦諸子著作的文句作比較的比勘法來研究，亦可驗證出帛書之年代，〔註22〕綜言之，《黃老帛書》當是戰國早中期之前的作品。

〔註19〕〈馬王堆《老子》甲乙本卷前後佚書與「道法家」〉《中國哲學》第二輯（出版處同前），頁40。

〔註20〕見氏著：《秦漢新道家略論稿》（上海：上海人民出版社，1984年3月），頁23。

〔註21〕〈十大經的思想和時代〉（《歷史研究》1975年第3期），頁34。

〔註22〕如陳鼓應說：「從單詞發展到複合詞，是漢語詞匯演變的一個重要規律。例如，先有「道」、「德」、「精」、「神」、「性」、「命」等單詞的出現，然後才有「道德」、「精神」、「性命」複合詞的形成。……由此我們大致可以歸納出這樣一個結論：戰國中期以前的子書不使用「道德」、「精神」、「性命」等複合詞，而後期的子書則使用。……因此，從一般的情況來看，這四篇帛書應寫成於戰國中期或以前，至少與《孟子》、《莊子》內篇同時。」見《黃帝四經今注今譯》（出版處同前），頁36。多數學者善用此法，本文不一一贅述。

（三）成書地域

關於帛書產生的地域，學術界之爭議不斷，但歸納後不外乎以楚地說與齊地說爲爭論中心。

唐蘭以爲帛書作者是鄭國隱者，其思想脈絡由韓非、申不害之法家傳承，與鄭國列子學說，推論至鄭滅韓併之戰國初年。〔註 23〕龍晦認爲帛書非一時一人之作，且書中用語多楚地方言與音韻，當爲長江流域楚地之作品。〔註 24〕魏啓鵬則針對帛書思想的探源，推論爲楚地之作，且聚焦在吳、越之地。他認爲越國大臣范蠡是楚人，其所作所爲有深厚的黃老之學背景，後功成身退於齊，故齊國稷下學宮亦成爲黃老之學興盛之所。〔註 25〕

陳鼓應對於主張成書於齊國稷下學宮之說提出三點理由：第一，帛書中的一些觀念與齊文化的特徵相合；第二，《黃帝四經》依托黃帝，同時又以老子思想爲基礎，而這兩方面都和田氏齊國有特殊的聯繫；第三，更重要的是，《黃帝四經》與《管子》在一系列基本觀念上都十分相同或相近，表明它們很可能是同一或相近的作者羣的作品。〔註 26〕其與黃釗、胡家聰、白奚等人見解大抵相同。〔註 27〕

不論是鄭國說、楚國說、越國說，還是齊國說，各說討論所提之論證皆相當充分，相對的卻也無法排除他說之證據。這是因爲在春秋戰國多元開放的環境下，思想間的交流十分便利和迅速，某一學說很難只孤立於某個地區傳承，這使得現在研究者對帛書本源性之問題莫衷一是。

但是，我們從春秋戰國之交齊國政治的遞嬗可以發現，《黃老帛書》最有可能成書於稷下學宮。春秋中葉，處於南方的陳國公子完因避內亂而奔齊，齊桓公小白禮遇之，遂改姓田氏。據《史記‧田敬仲完世家》載可知，陳完的後代田乞、田常，「行陰德於民」，「以小斗受之，予民以大斗」，因而大得齊之民心，並逐漸掌握齊政，至周安王十六年，田和正式立爲齊侯。田氏代

〔註 23〕見〈黃帝四經初探〉（出版處同前），頁 48。

〔註 24〕見〈馬王堆出土老子乙本卷前古佚書探源〉（《歷史研究》1975 年第 2 期），頁 33。

〔註 25〕見〈黃帝四經思想探源〉（《中國哲學》第四輯，1980 年 10 月），頁 17。

〔註 26〕見〈關於帛書《黃帝四經》成書年代等問題的研究〉，《黃帝四經今註今譯》（出版處同前），頁 39。

〔註 27〕黃釗：《道家思想史綱》（湖南師範大學出版社，1991 年 8 月），頁 171；胡家聰《稷下爭鳴與黃老新學》（北京：中國社會科學出版社，1998 年 1 月），頁 49；白奚《稷下學研究》（北京：三聯書店，1998 年 4 月），頁 97。

齊，爲了號召百姓，宣示政權的合法性，便利用黃帝的稱號，以陳氏乃「有媯之後」來遠祧黃帝。在此背景下，新政權需有新的統治思維，此時原本在南方的道家學說，轉移至稷下學宮發展成爲「黃老道家」，《史記・田敬仲完世家》云：

> 宣王喜文學游說之士，自如鄒衍、淳于髡、田駢、接予、愼到、環淵之徒七十六人，皆賜列第，爲上大夫，不治而議論。〔註28〕

田駢、接予、愼到、環淵等，皆「學黃老道德之術」而受重視與禮遇，是齊國田氏政權有意扶殖與培育的。故本文認爲，帛書思想發端於楚地，大成於齊國稷下學宮，顯然非一人一地之作。

（四）思想特性

隨著帛書資料性與本源性問題逐漸明朗，對於帛書核心價值的思想層面，將有堅實的基礎。對此，還原帛書思想的時代背景，是在歷史嚴格考核一種思想或理論是否能延續流佈的大變化時代，若一思想或理論，不能從形而上的價值觀到政治、社會論皆能適應新時代、新制度，必定遭到淘汰。以此看「道家」與「黃老」之關係，即明瞭「黃老」思想是「道家」學說的繼承與轉化。現今我們知道，「道家」與「黃老」之間，雖有承襲發展的關係，卻不能混爲一談，區別「道家」與「黃老」，正可顯示出《黃老帛書》的思想特性。

準此，我們必須先對「道家」作一定義。「道家」之名，始自漢初，《史記・陳丞相世家》載：「陳平曰『我多陰謀，爲道家所禁。』」此處「道家」乃是泛稱，並非代表一派學術，有對「道家」學術作一分析者始自司馬談。《史記・太史公自序》載：

> 道家……其爲術也，因陰陽之大順，採儒墨之善，撮名法之要，與時遷移，應物變化，立俗施事，無所不宜，指約而易操，事少而功多……至於大道之要，去健羨、黜聰明，釋此而任術……道家「無爲」，又曰「無不爲」，其實易行，其辭難知，其術以虛無爲本，以因循爲用，無成勢、無常形，故能究萬物之情，不爲物先，不爲物後，故能爲萬物主。有法無法，因時爲業；有度無度，因物與合……虛者道之常也，因者君之綱也，群臣並至，使各自明也。其時中其

〔註28〕見（日）瀧川龜太郎《史記會注考證》（出處見同前），世家第十六，卷四十六，頁714。

聲者謂之端，實不中其聲者謂之窾，窾言不聽，姦乃不生，賢不肖
自分，白黑乃形。〔註29〕

司馬談所提之「道家」，乃「因陰陽之大順，採儒墨之善，撮名法之要」，顯
然與老子爲代表的「原始道家」〔註30〕已有顯著的差異，但又符合老子「原
始道家」的特徵：「其術以虛無爲本，以因循爲用，無成勢、無常形，故能究
萬物之情，不爲物先，不爲物後，故能爲萬物主。」以「無爲」爲主，進退
有度，以「無不爲」爲目的，重時變、尚因循，而其重心則在政治應用，即
「賢不肖自分，白黑乃形」。這種「道家」面貌，即是形容「黃老」思想，「黃
老」之名，亦首出自《史記》，然而在司馬談〈論六家要旨〉中，對先秦學術
之描述，只有「道家」之稱，則《史記》「道家」之觀念，等同於「黃老」思
想無疑。

至於老子「原始道家」的概念，則當以班固《漢書‧藝文志‧諸子略序》
中所提之「道家」來說明之。班固云：

道家者流，蓋出於史官，歷記成敗、存亡、禍福、古今之道，然後
知秉要執本，清虛以自守，卑弱以自持；此君人南面之術也。合於
堯之克讓，易之嗛嗛；一謙而四益，此其所長也。及放者爲之，則
欲絕去禮樂，兼棄仁義，曰：獨任清虛，可以爲治。〔註31〕

班固稱「道家」「歷記成敗、存亡、禍福、古今之道，然後知秉要執本，清虛
以自守，卑弱以自持」，誠指老子之學說，另「及放者爲之，則欲絕去禮樂，
兼棄仁義，曰：獨任清虛，可以爲治」，明顯是指莊子等道家後學，可見在東
漢時，有關「道家」的內涵已與西漢差異甚大。既然如此，那「黃老」思想
在《漢書》是如何形容？〈諸子略序〉又載：

雜家者流，蓋出於議官。兼儒墨，合名法，知國體之有此，見王治
之無不貫，此其所長也。及盪者爲之，則漫羨無所歸心。〔註32〕

〔註29〕見（日）瀧川龜太郎《史記會注考證》（出處見同前），傳第七十，卷一百三
十，頁1332。

〔註30〕語出方東美：《原始儒家道家哲學》（臺北：黎明文化，1993年6月），他認爲
道家一貫之道，即《老子》第一章「道可道，非常道……」由無至有，由有
追無，將人類精神與宇宙全體精神貫通。頁28～29。

〔註31〕見【漢】班固撰，【唐】顏師古注：《漢書》（北京：中華書局，1994年），卷
三十，志第十，頁1701。

〔註32〕見【漢】班固撰，【唐】顏師古注：《漢書》（出處見同前），卷三十，志第十，
頁1702。

班固認爲「雜家」「兼儒墨，合名法」，明顯是司馬談論「道家」「採儒墨之善，撮名法之要」的內涵，則「黃老」思想與司馬談之「道家」、班固之「雜家」〔註33〕實爲同一學說。是故熊鐵基以「新道家」稱名秦漢之際的「黃老」思想，其所持理由有四：

（1）「新道家」之所以仍爲道家，是因爲它具有道家的基本特色，即它的指導思想和中心思想是自然無爲而無不爲的「道」；（2）至於「新道家」之所以爲新，則首先由批判儒、墨變成了兼儒、墨，合道、法。（3）由逃世變成了入世；（4）發展了老子自然無爲的思想，把它創造地用到人生和政治上去。〔註34〕

本文認爲，「老莊思想」與「黃老思想」誠爲「道家」兩大流派，前者著重於出世的無爲精神，期待於精神的絕對自由；後者先德後道，由道入法，致力於政治思想的發揮。明乎二者的區別，則《黃老帛書》的思想特性也就不言而喻了。

二、黃老思想之尊君學說

對《黃老帛書》相關學術問題有了概括的認識之後，以下針對黃老思想中重要內涵之探討即能依序開展。上文提及，黃老思想之思想特性，是從老子「原始道家」學習轉化而來，在內容上具有道家虛靜無爲的特色，然其學說之核心，爲了順應時代潮流之**趨勢**，對老子之學做了新的詮釋和拓展，亦即「尊君」之說。《經法·四度》說：

君臣易立（位）胃（謂）之逆，賢不宵（肖）並立（位）胃（謂）之亂，動靜不時胃（謂）之逆，生殺不當胃（謂）之暴。逆則失本，亂則失職；逆則失天，〔暴〕則失人。失本則〔損〕，失職則侵，失天則几（飢），失人則疾。〔註35〕

〔註33〕趙吉惠認爲：《漢書·藝文志》中的「道家」是指老、莊等初期道家，而〈論六家要旨〉的「道家」在《漢書·藝文志》中被分類成「法家」和「雜家」。見趙吉惠：〈論荀學是稷下黃老之學〉，《道家文化研究》第4輯（陳鼓應主編，上海：古籍出版社，1998年4月），頁105。

〔註34〕見熊鐵基：《秦漢新道家略論稿》（出處見同前），頁3。

〔註35〕見《馬王堆漢墓帛書（壹）》（精裝本），第一篇，〈四度〉第五，頁153。本文引用文字以北京國家文物局古文獻研究室編：《馬王堆漢墓帛書（壹）》（精裝本）（北京：文物出版社，1980年3月）爲底本，並參照陳鼓應《黃帝四經今注今譯》（臺北：臺灣商務印書館，1995年）。

黃老思想認爲君主必須掌握權力，強調上下服從的倫理關係，若上下不分、倫常顛倒則國家危矣。《經法・六分》又云：

> 觀國者觀主，觀家〔者〕觀父。能爲國則能爲主，能爲家則能爲父。
> 凡觀國，有六逆：其子父。其臣主。雖強大不王。其謀臣在外立（位）
> 者，其國不安，其主不（悟），則社稷殘。其主失立（位）則國無本，
> 臣不失處則下有根，〔國〕憂而存；主失立（位）則國芒（荒），臣
> 失處則令不行，此之胃（謂）頹國。〔主暴則生殺不當，臣亂則賢不
> 肖并立，此謂危國〕。主兩則失其明，男女掙（爭）威，國有亂兵，
> 此胃（謂）亡國。〔註36〕

國家存亡的關鍵在於君臣上下倫理分明，若君臣倫理綱紀不彰，國家就危險了，換言之，國君之地位與威權必須得到重視，而這是否意味者黃老思想向法家極端的君權說方向發展？或是能在道家與法家學說間取得平衡？以下即以《黃帝四經》爲依據，透顯黃老思想的「尊君重道」之說。

（一）「道」論

「道」，是老子哲學的最高範疇，此一論點亦由黃老思想所繼承。「道」是宇宙萬物之源，亦是自然世界與人類社會運作的規則和依據；換言之，人可取法天道以明人事，以之做爲與天道相應的政治、社會制度。然而，老子之「道」，乃追求「玄之又玄」的形上義，黃老思想則著重於「道」降至宇宙萬物之「規律」，兩者均以「道」爲核心，卻有互不相混的面貌。

1.「道」的根源性

黃老思想之「道」，與老子學說相同，皆是宇宙萬物之源，《黃老帛書》中對其本質多有描述，如〈經法・道法〉載：

> 虛無刑（形），其袌（寂）冥冥，萬物之所從生。〔註37〕

「道」是虛而無形、廣大不可捉摸的萬物根源，是寂靜無聲且玄遠深邃的。《道原》篇又云：

> 恆無之初，迵同大虛。虛同爲一，恆一而止。濕濕夢夢，未有明晦，
> 神微周盈，精靜不配（熙）。〔註38〕

「道」既是「無」又包含「有」，載覆宇宙，卻無形無象，是渾渾沌沌的狀態，

〔註36〕出處見同上，第一篇，〈六分〉第四，頁129。
〔註37〕見《馬王堆漢墓帛書（壹）》（精裝本），第一篇，〈道法〉第一，頁47。
〔註38〕出處見同上，第四篇，頁469。

雖然偉大但不顯耀。此為「道」之本質，那「道」的特質為何？《道原》篇
又云：

> 一者其號也，虛其舍也，無為其素也，和其用也。是故上道高而不
> 可查，深而不可則（測）也。顯明弗能為名，廣大弗能為刑（形），
> 獨立不偶，萬物莫之能令。〔註39〕

「道」乃自有永有的哲學範疇，無可指名，故老子說：「強字之曰道」，在這
裡的「一」，亦是「道」的指稱，〔註40〕正因為它無名無形、千變萬化，又能
「和」陰陽二氣以生長萬物，更顯現「道」之絕對崇高與神秘莫測的特質。《道
原》篇又云：

> 天地陰陽，（四）時日月，星辰雲氣，規（蚑）行僥（蟯）重（動），
> 戴根之徒皆取生，道弗為益少，皆反焉，道弗為益多。堅強而無攳，
> 柔弱而不可化，精微之所不能至，稽極之所不能過。〔註41〕

此處亦可見黃老思想與老子學說之聯貫。在黃老思想中，亦是將「道」形容
為育生萬物而不減，反之於「道」亦不增，能剛能柔，能弱能強，將「道」
視為萬物之根源殆無可疑。

2.「道」的規律性

　　黃老思想雖以「道」為核心價值，但其目的並非如老子般著重在形而上
的論述，而在於能以天道而合於人事。《經法·論約》云：

> 始於文而卒於武，天地之道也。四時有度，天地之李（理）也。日
> 月星晨（辰）有數，天地之紀也。三時成功，一時刑殺，天地之道
> 也。四時時而定，不爽不代，常有法式，〔天地之理也〕。一立一廢，
> 一生一殺，四時代正，冬（終）而復始，人事之理也。〔註42〕

始於生養終於肅殺，這是「天地之道」；四季的變換有一定的規律，這是「天
地之理」，而人則取法天道、天理使之再現，即成為人生努力的準則與目標。
《經法·四度》又云：

> 日月星辰之期，四時之度，〔動靜〕之立（位），外內之處，天之稽

〔註39〕出處見同上，第四篇，頁471。
〔註40〕歐崇敬說：「『一』的這基本屬性存在這是隱合於萬物內在的質性，無固定形
　　　　式，無處不在，是一切使生命具有生機的基礎，亦是萬事運作的基礎。」《中
　　　　國哲學史·先秦卷》（臺北：洪葉文化，2001年），頁269。
〔註41〕見《馬王堆漢墓帛書（壹）》（精裝本），第四篇，頁471。
〔註42〕出處見同上，第一篇，〈論約〉第八，頁222。

也。高〔下〕不敝（蔽）其刑（形），美亞（惡）不匿其請（情），地之稽也。君臣不失其立（位），士不失其處，任能毋過其長，去私而立公，人之稽也。〔註43〕

日月四時有序，此爲天道；地勢貧瘠有定，此爲地道；君臣賢愚有位，此爲人道。透過對「道」之規律性的描述，黃老思想掌握了以天道爲治道基礎的方向，使得「道」可由形而上向下尋找可供操作的合理體現，並以此成爲尊君學說最重要的依據。〔註44〕

（二）由「天道」而「治道」

黃老思想透顯了「天道」的規律性與人世間制度的準則，亦即「天道」與「治道」兩者是上下貫通、密切聯繫的。然「天道」微渺，「高而不可查，深而不可則（測）也。顯明弗能爲名，廣大弗能爲刑（形），獨立不偶，萬物莫之能令。」（〈道原〉）只有聖人能體認「天道」，並將之化爲「治道」。《道原》篇云：

故維聖人能察無刑（形），能聽無〔聲〕。知虛之實，後能大虛；乃通天地之精，通同而無間，周襲而不盈。服此道者，是胃（謂）能精。明者固能察極，知人之所不能知，服人之所不能得。是胃（謂）察稽知極。聖王用此，天下服。〔註45〕

「聖人」察知形而上、不可感知的「道」，能「知人之所不能知，服人之所不能得」，此出其類、拔其萃的「天才」，當然是天下賓服的聖王。但黃老思想或先秦學術中的「聖人」，逐漸轉變爲「國君」的代稱，君主的地位日益高漲；雖然在黃老思想中，絕對的「尊君」說並未提起，但君主的地位，已隱然向此方向發展。

透過「聖人」、「聖王」體察幽渺的「天道」，使「道」的規律性轉而成爲具體可實踐的社會制度。《經法·論》曰：

人主者，天地之〔稽〕也，號令之所出也，〔爲民〕之命也。不天天

〔註43〕見《馬王堆漢墓帛書（壹）》（精裝本），第一篇，〈四度〉第五，頁153。
〔註44〕王曉波說：「《黃帝四經》繼承了老子『道』的『先天地生』，甚至擴大到『盈四海之內，又抱其外』……《四經》對『道』的認識方法，包括了『觀上於天，視下於地』，和『察於天地』，而不是老子的『不出戶』、『不窺牖』。」見〈道生法：《黃帝四經》的道法思想和哲學〉，《道與法：法家思想和黃老哲學解析》（臺北：國立臺灣大學出版中心2007年5月），頁159。
〔註45〕出處見同注43，第四篇，頁469。

則失其神。不重地則失其根。不順〔四時之度〕而民疾。不處外內
之立（位），不應動靜之化，則事窘於內，而舉窘於外。八正皆失，
與天地離。……八正不失，則與天地總矣。〔註46〕

君主取法天地之道，以制定各種律令政策，〔註47〕掌握了由「天道」制定的
「人道」，使眾各得其位，各盡其職，君主就能成爲天下的楷模。《經法・四
度》載：

規之內曰員（圓），柜（矩）之內曰〔方〕，〔懸〕之下曰正，水之
〔上〕曰平，尺寸之度曰大小短長，權衡之稱曰輕重不爽，斗石之
量曰小多有數。八度者，用之稽也。日月星辰之期，四時之度，〔動
靜〕之立（位），外內之處，天之稽也。高〔下〕不敝（蔽）其刑
（形），美亞（惡）不匿其請（情），地之稽也。君臣不失其立（位），
士不失其處，任能毋過其長，去私而立公，人之稽也。美亞（惡）
有名，逆順有刑（形），請（情）僞有實，王公執〔之〕以爲天下
正。〔註48〕

從自然天道之度到人事政治之要，透過名、實相符的觀點，將天地的運作與
政治措施緊密地結合。

　　黃老思想形成之時，已是戰國禮制大亂、強國爭勝的變動時代，國君個
人修養境界的提升，已不足以面對紛至沓來的政局，故黃老思想將治國理論
的核心，由老子思想的國君個人修養，轉化到政治制度運行，〔註49〕並爲其
找到形而上的理論根源。《經法・論約》又云：

逆順是守。功洫（溢）於天，故有死刑。功不及天，退而無名；功
合於天，名乃大成。人事之理也。順則生，理則成，逆則死，失〔則
無〕名。伓（倍）天之道，國乃無主。無主之國，逆順相功（攻）。

〔註46〕見《馬王堆漢墓帛書（壹）》（精裝本），第一篇，〈論〉第六，頁177。

〔註47〕如胡家聰說：「〈經法〉的作者和〈天論〉作者荀況之反覆論述天、地、人，
其真實用意在於：天地自然界有其客觀規律，因而社會人事亦有其客觀規律；
『天之道』不僅寓於天體運行、四時變化之中，並且寓於『執道者』進行政
治統治的社會人事中，從而參合天、地、人，總結順逆、成敗、禍福等經驗，
探索存亡興衰的道理，以期小者治一國，大者『王天下』。」見氏著：〈黃老
帛書《經法》的政治哲學〉，（《中國哲學研究》1988年第4期），頁55。

〔註48〕出處見同註46，第一篇，〈四度〉第五，頁155。

〔註49〕史婷婷：〈試論《黃帝四經》與《老子》之異〉，《管子學刊》2000年第2期，
頁47。

伐本隋（墮）功，亂生國亡。爲若得天，亡地更君。不循天常，不
節民力，周邊而無功。養死伐生，命曰逆成。不有人戮，必有天刑。
逆節始生，慎毋〔諶〕正，皮（彼）且自氏（抵）其刑。〔註50〕

政治社會制度既然是循「天道」而立，則人事之作爲想要成功，就必須符合
「天道」規定的度數，這便是取法自然的「治道」；且不遵守「天道」，則國
家會滅亡、天下會大亂，「天刑」將懲罰任何悖逆「天道」的作爲。〔註51〕人
事上建功立業之成敗與「天道」息息相關，爲「治道」尋得了理論上的基礎。

（三）「因道任法」之尊君說

由於黃老思想視「治道」爲「天道」的體現，而兩者聯繫之樞紐在於「能
察無刑（形），能聽無〔聲〕」（〈道原〉）的聖人、聖王，可知「君」乃執道生
法之核心，是「天道」在人世間之執行者，正所謂「人主者，天地之〔稽〕
也，號令之所出也，〔爲民〕之命也。」（〈經法·論〉）則國君之威權與治術
必爲黃老思想尊君說之要，以下即分述之。

1. 因道任法

黃老思想認爲，掌握「道」的聖人、聖王，考察事物的起因，爲其內容
訂定合理的名稱，亦爲執政取得合理的依據。《經法·論約》云：

故執道者之觀於天下也，必審觀事之所始起，審其刑名。刑名已定，
逆順有立（位），死生有分，存亡興壞有處，然後參之天地之恆道，
乃定禍福死生存亡興壞之所在。是故，萬舉不失理，論天下而無遺
策，故能立天子、置三公，而天下化之，之胃（謂）有道。〔註52〕

效法天地、取法自然，名正後分自定、分定後萬物舉而不失；君主以人事
之理取法天，是爲「有道」。〔註53〕「道」既然是人類社會所該依循的規

〔註50〕見《馬王堆漢墓帛書（壹）》（精裝本），第一篇，〈論約〉第八，頁226。
〔註51〕崔永東亦說：「在《黃帝四經》中，宇宙論與政治倫理思想是密切相聯的，或
者說：宇宙論是爲政治倫理思想提供一種自然的依據。……在《黃帝四經》
的作者看來，人類的政治生活應效法『天地之道』。」見氏著：〈帛書《黃帝
四經》中的陰陽刑德思想初探〉，（《中國哲學史》1998年第4期），頁78。
〔註52〕見《馬王堆漢墓帛書（壹）》（精裝本），第一篇，〈論約〉第八，頁229。
〔註53〕余明光說：「在黃學看來，世上萬事萬物都有自己的刑（形）名，即都有名號；
有名號就是有一定的秩序，有秩序就得遵守，『是故天下有事，無不自爲刑（形）
名聲號矣。刑（形）名已立，聲號已建，則無所逃跡匿正矣。』（〈道法〉）」
見〈黃老思想初探——讀長沙馬王堆三號漢墓出土的古佚書《黃帝四經》〉（《湘
潭大學學報》1985年第1期），頁112。

律，聖人將它從形而上落實到人類社會，即爲「法」的來源。《經法·道法》云：

> 道生法。法者，引得失以繩，而明曲直者也。〔註54〕

「道」是「法」之根源、基礎。但是天下事物直如恆河沙數，則治理天下豈非雜亂無章？《十大經·成法》又云：

> 吾聞天下成法，故曰不多，一言而止。循名復一，民無亂紀。……
> 一者，道其本也，胡爲而無長？□□所失，莫能守一。一之解，察
> 於天地；一之理，施於四海。〔註55〕

「道」能「察於天地」、「施於四海」，但只要守道，「循名復一」，就可握一以知多，執本以知末。歐崇敬也說：

> 正是由『一』的內涵而有所體證，終可達到『察無形、聽無聲、知
> 虛之實，能大虛，通天地之精，通同而無間，周襲而不盈』。〔註56〕

透過「一」，「道」與「法」即可貫通。值得注意的是，黃老思想對「君權」有一定的限制，認爲即使是「國君」也在「道」的規範下。帛書對此著墨甚多，可見其重視。如〈道法篇〉說：

> 故執道者，生法而弗敢犯也，立法而弗敢廢〔也〕。〔故〕能自引以
> 繩，然後見知天下而不惑矣……刑（形）名立，則黑白之分已。故
> 執道者之觀於天下也，無執也，無處也，無爲也，無私也。〔註57〕

〈君正篇〉也說：

> 法度者，正之至也。而以法度治者，不可以亂也。而生法度者，不
> 可亂也。精公無私而賞罰信，所以治也。〔註58〕

國君對於出自己手之法令，亦得「自引以繩」，「弗敢犯」、「弗敢廢」，歸結言之，即「不可以亂也」。由此可知，黃老思想對於國君之威權頗有限制，乃主張「道」、「法」凌駕一切的崇高性；「道」是所有價值的根源，「法」是所有事物的規範。

　　所以，黃老思想中的尊君學說，君主的威權並不被強調，老子「自然」的精神得到發揚，此「因道任法」之說實爲黃老尊君學說之總綱。

〔註54〕出處見同註52，第一篇，〈道法〉第一，頁49。
〔註55〕出處見同註52，第二篇，〈成法〉第九，頁349。
〔註56〕見氏著：《中國哲學史·先秦卷》，頁269。
〔註57〕見《馬王堆漢墓帛書（壹）》（精裝本），第一篇，〈道法〉第一，頁53。
〔註58〕出處見同上，第一篇，〈君正〉第三，頁106。

2. 陽德陰刑

馮有蘭曾說:「黃老之學是道家和法家的統一」,〔註59〕但黃老思想亦吸收其他先秦諸子優秀且重要的學說,例如儒家的德治說,並以之配合陰陽家的基本觀點。

如《十大經・姓爭》載:

凡諶之極。在刑與德。刑德皇皇,日月相望,以明其當。望失其當,環視其央(殃)。天德皇皇,非刑不行;繆繆(穆穆)天刑,非德必頃(傾)。刑德相養,逆順若成。刑晦而德明,刑陰而德陽,刑微而德章(彰)。其明者以爲法,而微道是行。〔註60〕

刑罰與德賞互相配合、兼行並舉,且以德賞爲主,刑伐爲輔,此爲黃老思想的一大特色,且其在政治的運作上偏向於柔性的治術,已與法家剛硬的風格有所區別。更重要的是,從「因道任法」的角度上言,「陽德陰刑」亦是依循效法「天道」,故《經法・君正》篇云:

天有死生之時,國有死生之正(政)。因天之生也以養生,胃(謂)之文;因天之殺也以伐死,胃(謂)之武;〔文〕武并行,則天下從矣。……審於行文武之道,則天下賓矣。〔註61〕

《經法・四度》也說:

動靜參於天地胃(謂)之文,誅〔禁〕時當胃〔謂〕之武。靜則安,正〔則〕治,文〔則〕明,武則強。安〔則〕得本,治則得人,明則得天,強則威行。參於天地,闔(合)於民心。文武并立,命之曰上同。〔註62〕

國君施政的方針,要「文先武後」、「陽德陰刑」,且將之理論根源歸之於天理,這是融合了陰陽家天人合一的思路,以人類政治制度的措施,比副「天道」之運作。陳麗桂亦認爲:

人事上的建功立名、禍福死生是和天道、天常息息相關,且相應相配,分毫不爽的。把人事禍福存亡興廢之理,與天地自然生殺循環之道,結合得如此緊密而肯定,這就無論如何不是《老子》或崇尚自然一系道家的觀念,而和陰陽家的天人合則一類思想接

〔註59〕 見《中國哲學史新編・第二冊》(北京:人民出版社,1984年),頁195。
〔註60〕 出處見同註57,第二篇,〈姓爭〉第六,頁324。
〔註61〕 見《馬王堆漢墓帛書(壹)》(精裝本),第一篇,〈君正〉第三,頁107。
〔註62〕 出處見同上,第一篇,〈四度〉第五,頁156。

上線了。〔註63〕

但是，就「德」的意涵而言，黃老思想強調的是「德的外在行爲」，而儒家講求的是「德的內部修養」。孔子強調「爲政以德」，是從「修己以敬」到「修己以安人」、「修己以安百姓」（《論語·憲問》），孟子亦言「天下之本在國，國之本在家，家之本在身」（《孟子·離婁上》），以國君自身修養著手，進而齊家、治國、平天下。而帛書強調「用其德」，指國家社會所凝聚的道德規範。《經法·君正》篇載：

> 一年從其俗，二年用其德，三年而民有得。四年而發號令，〔五年而以刑正，六年而〕民畏敬，七年而可以正（征）。〔註64〕

對「德」的解釋，〈君正〉篇又曰「德者，愛勉之也」、「男女勸勉，愛也」，以社會成員（男女）彼此間的勸勉爲「德」，很難解釋成儒家內在修養之說。

帛書吸收了儒家、陰陽家的德治與天人類感之說，從自然規律得到政治社會運作的準則：「陽德陰刑」、「先文後武」，顯示出溫潤而有彈性的思想特色。

3. 虛靜因雌

以「天道」來制定社會政治制度，則天下之事，皆可在刑名確立、名實相符的狀況下達到大治，那麼執道者本身應如何作爲才能符合「道」？在老子學說中乃以「致虛極，守靜篤」（〈第十六章〉）之論發揮，謹守清靜無爲的虛靜功夫：「我好靜而民自正」（〈第五十七章〉）。順此理路而來，黃老思想亦主「靜」，《十大經·名刑》篇云：

> 欲知得失，請必審名察刑（形）。刑（形）恆自定，是我俞（愈）靜。
>
> 事恆自施，是我無爲。靜翳不動，來自至，去自往。〔註65〕

天下事物有他們運作的規律，吾人應當虛靜專一而不妄爲，使萬事萬物「來自至，去自往」。〔註66〕《道原》篇又說：

〔註63〕 見氏著：〈黃老帛書的道法思想〉，《戰國時期的黃老思想》（出處同前），頁71。其他學者，如白奚亦云：「刑德理論是黃老學調和儒法的集中表現，而陰陽消長則爲刑德理論提供了天道觀方面的依據。」見〈論先秦黃老學對百家之學的整合〉（《文史哲》2005年第5期），頁38。

〔註64〕 見《馬王堆漢墓帛書（壹）》（精裝本），第一篇，〈君正〉第三，頁107。

〔註65〕 出處見同上，第二篇，〈名刑〉第十五，頁402。

〔註66〕 余明光亦說：「這就是說有了形名聲號秩序，就是有了准則，一切行動便可衡量，是非曲直自然皆可判斷處置。統治者只要『公正』，自然就會有功；只要『至靜』，自然就可以成爲聖王。」見〈黃老思想初探——讀長沙馬王堆三號漢墓出土的古佚書《黃帝四經》〉（《湘潭大學學報》1985年第一期），頁112。

上虛下靜而道得其正。信能無欲，可爲民命；上信無事，則萬物周

扁；分之以其分，而萬民不爭；授之以其名，而萬物自定。〔註67〕

君主能「虛」，則無欲不妄作；百姓能靜，可心定而不爭。此修養在上稱「虛」，在下曰「靜」，則「虛」與「靜」是上下修養的功夫，爲一體之兩面，且合「虛」與「靜」才是「道」的整體表現。

此外，「虛靜」又當作「正靜」，黃老思想明顯吸收儒家學說中國君當正己身而後兼善天下的概念。《十大經·五正》篇載：

黃帝問闔冉曰：吾欲布施五正，焉止焉始？對曰：始在於身，中有

正度，後及外人。〔註68〕

前文提及黃老思想「用其德」的內容時，曾經說到帛書將「德」的意涵著重於外在的道德規範，至於內在修養，由此可明顯看出黃老學將它歸之於「正」，端己以「正靜」，可貫通內外之道。《經法·四度》篇又說：

君臣易立（位）胃（謂）之逆，賢不宵（肖）並立（位）胃（謂）

之亂……君臣當立（位）胃（謂）之靜，賢不宵（肖）當立（位）

胃（謂）之正。〔註69〕

君臣上下之分、賢不肖之別，是「道」體的呈現。其逆、其亂皆會導至「天道」不暢，而「天道」不暢則有禍殃。《經法·亡論》載：

凡犯禁絕理，天誅必至。一國而服（備）六危者滅。……六危：一

曰適（嫡）子父。二曰大臣主。三曰謀臣〔外〕其志。四曰聽諸侯

廢置。五曰左右比周以雍（壅）塞。六曰父兄黨以□。〔註70〕

國有六危，天誅必至，故於上於下必以「虛靜」爲正己端人的內在休養。表現於外，則是「守雌」、重柔的統馭之術。《十大經·順道》云：

安徐正靜，柔節先定。……刑於女節，所生乃柔。□□□正德，好

德不爭。立於不敢，行於不能。單（戰）視（示）不敢，明執不能。

守弱節而堅之，骨雄節之窮而因之。若此者其民勞不〔慢〕，幾（饑）

不飴（怠），死不宛（怨）。〔註71〕

安然徐遲而又正靜，以柔雌來平定天下，是《老子》中「守雌」、「守黑」、「守

〔註67〕出處見同註64，第四篇，頁471。
〔註68〕見《馬王堆漢墓帛書（壹）》（精裝本），第二篇，〈五正〉第三，頁294。
〔註69〕出處見同上，第一篇，〈四度〉第五，頁154。
〔註70〕出處見同上，第一篇，〈亡論〉第七，頁204。
〔註71〕見《馬王堆漢墓帛書（壹）》（精裝本），第二篇，〈順道〉第十四，頁391。

柔」學說的繼承與發揚。老子說：

> 天下莫柔弱於水，而攻堅強者莫之能勝。其無以易之。柔之勝強，
> 柔之勝剛，天下莫不知，莫能行。聖人云：受國之垢，是爲社稷主；
> 受國之不祥，是謂天下主。〔註72〕

而《十大經‧雌雄節》則載：

> 夫雄節者，涅之徒也。雌節者，兼之徒也。夫雄節以得，乃不爲福；
> 雌節以亡，必得將有賞。夫雄節而數得，是胃（謂）積英（殃）；兇
> 憂重至，幾於死亡。雌節而數亡，是胃（謂）積德；慎戒毋法，大
> 祿將極。〔註73〕

舉凡守愚持拙、謙卑遜下、進退有節不敢爲天下先等觀念，皆是道家相承的
治國統馭之術。但黃老思在守雌與重柔之說上，更強調的是「因」，即是「正
確的時機」。因此，《十大經‧順道》云：

> 見地奪力，天逆其時，因而飾（飭）之，事環（還）克之。〔註74〕

掌握天道運行的規則，即可知道正確的時機，這「不擅作事，以寺（待）逆
節所窮」的觀念，是以老子「不爭無爲」之說爲基礎，而黃老思想所發展更
爲積極、正面的闡釋。〔註75〕

三、黃老思想在政治上之應用

漢初七十年間，〔註76〕當時政治與社會的主流學說就是本文所探討的黃
老思想。在瞭解《黃老帛書》與黃老思想之相關學術問題後，我們將著眼處
轉移到當時相關時代背景之上。對於漢初之所以採行以黃老思想爲指導之治
術，漢初統治階層除了有帛書學理上的支持外，是否有其它原因使他們贊同

〔註72〕見【魏】王弼 等注：《老子》（《四部要籍注疏叢刊》本，北京：中華書局，
　　　　1998年），〈七十八章〉，頁315。
〔註73〕出處見同註71，第二篇，〈雌雄節〉第七，頁333。
〔註74〕出處見同註71，第二篇，〈順道〉第十四，頁390。
〔註75〕陳麗桂說：「這個『因』術是黃老學家們對《老子》雌後、去智哲學一個共同
　　　　而重要的轉化，也是黃老無爲術的重要項目，所有黃老學家，幾乎沒有不講
　　　　『因』術的……黃老政術的核心精神確實就是一個『因』字。一切表面上消
　　　　極無爲的黃老術之所以含蘊無比的韌度，以成就『無不爲』的積極事功，關
　　　　鍵也就是在這個『因』字之上。」見〈黃老帛書的道法思想〉，《戰國時期的
　　　　黃老思想》（出處見同前），頁106。
〔註76〕從劉邦即帝位（202B.C.），至漢武帝元光元年（134B.C.）董仲舒提出獨尊儒
　　　　術止，前後共六十九年，統稱七十年。

使用黃老之術？在選擇以黃老思想爲政治之指導原則後，其實行之經過爲何？二者皆是論及黃老思想時所必須解釋的課題。

（一）統治階層的揀擇

黃老思想在漢初成爲統治階層選擇的原因，本文認爲有消極與積極的因素。就消極的因素而言，在秦末以來天下動亂不休的情況下，人民生活與社會景象皆是滿目瘡痍、民不聊生，這些情景在史書中的描述十分詳細，如《史記‧平準書》載：

> 漢興，接秦之弊，丈夫從軍旅，老弱轉糧饟，作業劇而財匱，自天
> 子不能具純鈞駟，而將相或乘牛車，齊民無藏蓋。〔註77〕

〈高祖功臣者年表〉又載：

> 天下初定，故大城名都散亡，户口可得而數者十二三，是以大侯不
> 過萬家，小者五六百户。〔註78〕

可見人口銳減、生產凋弊的社會景象。此時，以穩定而寬和的政策，來安定破敗的社會民生，就成了漢初統治者迫切且唯一的選擇了，司馬遷也說：

> 孝惠皇帝、高后之時，黎民得離戰國之苦，君臣俱欲休息乎無爲，
> 故惠帝垂拱，高后女主稱制，政不出房户，天下晏然。刑罰罕用，
> 罪人是希。民務稼穡，衣食滋殖。〔註79〕

面對社會與經濟盡皆崩潰，與民休息、萬事不更張、不擾民的施政原則，極容易與黃老守柔待拙、清靜無爲的思想接軌，正如勞榦說：

> 就這個時期而言，困擾過的老百姓，需要的是休息；威逼過的老百
> 姓，需要的是安靜；橫徵暴斂過的老百姓，需要的是薄賦。徹上徹
> 下，以清以儉爲天下示範，以簡馭繁，以定馭疾，以易遇難。這就
> 是西漢初年及東漢初年所以能成功的原因。〔註80〕

〔註77〕 見（日）瀧川龜太郎《史記會注考證》（出處見同前），書第八，卷三十，頁510。

〔註78〕 出處見同上，表第六，卷十八，頁329。

〔註79〕 見（日）瀧川龜太郎《史記會注考證‧呂太后本紀》（出處見同前），本紀第九，卷九，頁178。

〔註80〕 見氏著：《秦漢史》，頁3。牟鍾鑒亦云：「漢初執政者改宗道家，實行無爲而治，適應了建國以後休養生息的需要，一度使道家比儒家佔有優勢。」見《《呂氏春秋》與《淮南子》思想研究‧序言》（濟南：齊魯書社，1987年9月），頁12。

在這股追求安定休養的風潮下，漢初主政階層不論是本身就愛好黃老之學，或受時代思潮影響，皆讓黃老思想盛極一時。以下即概列漢初與黃老學有關者：

表 3-2 〔註81〕

人　名	記　　載
孝文帝	《史記・禮書》：「孝文好道家之學。」
竇太后	《史記・孝武本紀》：「竇太后治黃老言，不好儒術。」
蕭何	《漢書・刑法志》：「蕭、曹爲相，塡以無爲。」
曹參	《史記・曹相國世家》：「參於是避正堂，舍蓋公焉。其治要用黃老術，故相齊九年，齊國安集，大稱賢相。」
蓋公	《史記・曹相國世家》：「膠西有蓋公，善治黃老言。」
申公	《史記・封禪書》：「申公，齊人。與安齊生通，受黃帝言。」
陳平	《史記・陳丞相世家》：「陳丞相少時，本好黃帝、老子之術。」
司馬談	《史記・太史公自序》：「太史公學天官於唐都，受《易》於楊何，習道論於黃子。」
田叔	《史記・田叔列傳》：「叔喜劍，學黃老術於樂臣公所。」
王生	《史記・張釋之馮唐列傳》：「王生者，善爲黃老言，處士也。」
直不疑	《史記・萬石張叔列傳》：「不疑學老子言。」
汲黯	《史記・汲鄭列傳》：「黯學黃老之言。」

　　漢初與黃老思想有關者不勝枚舉，如留侯張良，太史公稱其「學辟穀，道引輕身」（〈留侯世家〉），或與黃老學有間接的連繫；而齊悼惠王相召平曾曰：「嗟乎！道家之言：『當斷不斷，反受其亂』」（《史記・齊悼惠王世家》）更是直接引用《黃老帛書》中《十大經》之言，故當時受黃老思響影響者，必多於《史》、《漢》所載；而黃老思想，也成爲漢初政治與社會最盛行的學說了。〔註82〕

〔註81〕此表據（日）瀧川龜太郎《史記會注考證》（出處見同前）整理而來。

〔註82〕陳德昭也說：「在漢初之六、七十年間，君如高帝、文、景；宮闈如竇太后；將相如曹參、陳平；名臣如張良、汲黯、鄭當時、司馬談、直不疑；處士如蓋公、王生、黃子等，皆尊尚黃老之學。故在『得君行道』及『上行下效』之情勢下，老子思想乃在朝廷與社會中，風行一時，並成爲君人南面之理論依據。」 見〈老子無爲治術盛行於漢初之原因〉（《銘傳學報》1983 年第 20 期），頁 211。奕保群亦說：「秦的專制統治可以焚書坑儒，拒斥直諫之士，卻

　　另外，漢初權力的核心人物，包括漢高祖劉邦，大多都來自平民階層，《史記‧平津侯主父列傳》中，嚴安曾說：

> 秦皇帝崩，天下大叛。陳勝、吳廣舉陳，武臣、張耳舉趙，項梁舉吳，田儋舉齊，景駒舉郢，周市舉魏，韓廣舉燕，窮山通谷豪士並起，不可勝載也。然皆非公侯之後，非長官之吏也。無尺寸之勢，起閭巷，杖棘矜，應時而皆動，不謀而俱起，不約而同會，壤長地進，至於霸王，時教使然也。〔註83〕

這種社會階層的變動，是建立在以軍事功勞分配所得一切利益之上，故司馬遷曾說：

> 自漢興至孝文二十餘年，會天下初定，將相公卿皆軍吏。〔註84〕

班固亦云：

> 漢興二十餘年，天下初定，公卿皆軍吏。〔註85〕

司修武分析漢初實行黃老學術之因時，曾說明當時劉氏週遭的統治成員的背景：

> 第一點，教育水準低落，接不上儒家系統的《詩》《書》文化。第二點，習染道家思想的人物多，故而道家色彩濃厚。第三點，多頑鈍無恥之人，少廉節方正之士。第四點，高級官吏都是粗獷驕橫的軍人。〔註86〕

這些漢初權力核心的人物，在無知識背景的前提下，道家自老子以來的反智、輕簡的學說傳統，反而更適合這批新貴的需要。

　　至於黃老思想被漢初統治階層揀擇的積極原因，我們認為當是黃老思想提供了統治階層一套確實可行的統馭之術。而這要先從黃老思想的特色談起。司馬談〈論六家要旨〉說：

> 道家使人精神專一，動合無形，贍足萬物。其為術也，因陰陽之大

　　　　想不到培植了一批貴柔守雌，專打太極拳的能手。」見〈黃老之治與黃老之學──試論黃老始於漢初〉（《學習與思考》1981年3月），頁35。

〔註83〕見（日）瀧川龜太郎《史記會注考證》（出處見同前），列傳第五十二，卷一百十二，頁1184。

〔註84〕見（日）瀧川龜太郎《史記會注考證‧張丞相列傳》（出處見同前），列傳第五十二，卷一百十二，頁1184。

〔註85〕見〔漢〕班固撰，〔唐〕顏師古注：《漢書‧張周趙任申屠傳》（出處見同前），卷四十二，傳第十二，頁2094。

〔註86〕見《黃老學說與漢初政治平議》（台北：台灣學生書局，1992年6月），頁60。

順，採儒墨之善，撮名法之要，與時遷移，應物變化，立俗施事，

無所不宜，指約而易操，事少而功多。〔註87〕

從這段文字可知，黃老思想的最大特色在於它綜合先秦儒、墨、名、法、陰陽，以及本身道家學說的精華，「應物變化」、「無所不宜」，使得它在政治制度的執行上，能得到無所不為、無所不用的功效。陳麗桂也說：

它們一方面下降老子的『道』去牽合『刑名』，為『刑名』取得合理的根源，也用『刑名』去詮釋『無為』。另一方面它們又推衍或挹取儒家、陰陽家的某些思想，去改造《老子》雌柔哲學，轉化為正靜因時的政術，然後以這些經過改造轉化的老子學說去強化它們所要建立的刑名法論……這些刑名法術因此具備了較大彈性，也有了更高的可行性，而呈現了骨子裏以霸為主，而表面上王霸融合、剛柔並濟的調和政術，這便是戰國秦漢時期黃老思想極典型的思想形態。〔註88〕

此「王霸融合、剛柔並濟的調和政術」，有其必不被漢初統治階層忽視的學說核心，亦即黃老思想中「因道任法」的尊君說。《伊尹‧九主》篇有云：

主法天，佐法地，輔臣法四時，民法萬物，此胃（謂）法則。天復（覆）地載，生長收臧（藏），分四時，故曰事分在職臣……有民，主分；以无職並聽有職，主分也，聽□不敬，□□誘……□分（也），〔此〕之胃（謂）明分。分名既定，法君之佐主无聲。胃（謂）天之命四則，四則當□，〔天〕綸乃得。〔註89〕

「道」生育萬物，各有其分則，而「法君」（即「聖王」）法天地之則以治，萬物亦須循「道」以明自己職分，如此，「天道」與「治道」相通；且「法」乃「道」形而下的呈現，故《經法‧道法》又云：

事如直木，多如倉粟。斗石已具，尺寸已陳，則無所逃其神。故曰：『度量已具，則治而制之矣。』〔註90〕

守法而能知「名分」，則「〔天〕綸乃得」，此乃「以无職並聽有職」的君權至上之論，這就是黃老治術被採用的積極原因。余英時也說：

〔註87〕出處見同注84，〈太史公自序〉列傳第七十，卷一百三十，頁1334。

〔註88〕見《戰國時期的黃老思想》（出處見同前），頁108。

〔註89〕見北京國家文物局古文獻研究室：《馬王堆漢墓帛書（壹）》（精裝本）（出處見同前），頁117。

〔註90〕出處見同上，第一篇，〈道法〉第一，頁48。

我們初步地考察這些新發現的佚文，便可知黃老之能流行於大一統時代的漢初，決不是單純地因爲它提出了『清靜無爲』的抽象原則，而是黃老與法家匯流之後使得它在『君人南面之術』的方面發展了一套具體的辦法，因而纔受到了帝王的青睞。〔註91〕

總而言之，黃老思想改造並增加了道家與法家思維核心的論點，成爲一種講求虛靜無爲但又無所不爲的君主統馭術，大大地豐富在政治上的應用層面，使得漢初統治者在其時空背景之下，選擇了此一治國思想，並確實發揮了統治者期許的效用。

（二）黃老治術的實施

漢初與民休息、萬事不更張、不擾民的這種施政原則，從高祖劉邦起，基本上一直延續至武帝朝初期，爲漢朝厚殖了日後興盛的磐石，《史記·律書》云：

> 高祖有天下，三邊外畔，大國之王雖稱蕃輔，臣節未盡。會高祖厭苦軍事，亦有蕭、張之謀，故偃武一休息，羈縻不備。〔註92〕

劉邦奪得天下前已經歷八年征戰，在擊敗項羽後，又對異姓諸侯多有討伐，人心厭戰、渴望安定，此時偃武休息分屬必然。

但是，與民休息的政策與實際施行黃老治術，兩者之間並不能直接畫上等號，《漢書·循吏傳》又載：

> 漢興之初，反秦之敝，與民休息，凡事簡易，禁罔疏闊，而相國蕭、曹以寬厚清靜爲天下帥，民作『畫一』之歌。孝惠垂拱，高后女主，不出房闥，而天下晏然，民務稼穡，衣食滋殖。至於文、景，遂移風易俗。〔註93〕

從上述的文字看來，漢朝眞正以黃老思想治國應是在曹參於惠帝二年（193B.C.）繼任蕭何爲中央的相國之後。

曹參，高祖六年（201B.C.）爲齊王劉肥相國；惠帝元年（194B.C.）除諸侯相國法，更爲齊國丞相。據《史記·曹相國世家》載：

〔註91〕見氏著：《歷史與思想》（出處見同前），頁14。
〔註92〕見（日）瀧川龜太郎《史記會注考證》（出處見同前），書第四，卷二十六，頁445。
〔註93〕見〔漢〕班固撰，〔唐〕顏師古注：《漢書》（出處見同前），卷八十九，傳第五十九，頁3624。

> 天下初定，悼惠王富於春秋，參盡召長老諸生，問所以安集百姓，
> 如齊故諸儒以百數，言人人殊，參未知所定。聞膠西有蓋公，善治
> 黃老言，使人厚幣請之。既見蓋公，蓋公為言治道貴清靜而民自定，
> 推此類具言之。參於是避正堂，舍蓋公焉。其治要用黃老術，故相
> 齊九年，齊國安集，大稱賢相。〔註94〕

曹參為齊丞相後，對當時社會民生最需要的休養政策應瞭解甚深。齊地諸儒
「言人人殊」，曹參似乎不知所定，但一遇到「言治道貴清靜而民自定」的蓋
公後，「避正堂，舍蓋公焉」，正式採用黃老治術。以曹參曾為秦朝官吏的背
景，並非毫無學識，若說不知道家清淨無為之說，顯然不是事實。所以，曹
參故作姿態的原因，可能是要凝具齊國知識份子施政的共識，使得黃老治術
可以順利的推行。

　　至於曹參黃老治術具體實行的內容，我們可由《史記》記載來推知。〈曹
相國世家〉又載：

> 參去，屬其後相曰：「以齊獄市為寄，慎勿擾也。」後相曰：「治無
> 大於此乎？」參曰：「不然。夫獄市者，所以並容也，今君擾之，姦
> 人安所容也？吾是以先之。」〔註95〕

曹參於惠帝二年（193B.C.），代替蕭何成為漢朝丞相。去職齊相前，對接替的
後相唯一的囑咐是勿擾亂齊國獄政，也就是說，延續曹參在齊國已經建立完
備的司法制度，帛書《經法‧論約》曾說：

> 故執道者之觀於天下也，必審觀事之所始起，審其刑名。刑名已定，
> 逆順有立（位），死生有分，存亡興壞有處，然後參之天地之恆道，
> 乃定禍福死生存亡興壞之所在。是故，萬舉不失理，論天下而無遺
> 策。〔註96〕

效法天地、取法自然，名正後分自定、分定後萬物舉而不失。在刑名確立
後，國家社會有了完整的法律規範，主政者需要做的，就不過只是執而勿
失罷了。

　　由此看來，曹參的黃老治術，必定是有一套詳細而周密的律法為憑藉，

〔註94〕見（日）瀧川龜太郎《史記會注考證》（出處見同前），世家第二十四，卷五
　　　　十四，頁781。

〔註95〕出處見同上，頁782。

〔註96〕見北京國家文物局古文獻研究室：《馬王堆漢墓帛書（壹）》（精裝本）（出處
　　　　見同前），第一篇，〈論約〉第八，頁222。

此「因道任法」的見解，確實深得黃老思想之要旨。《史記‧曹相國世家》又載：

> 參代何爲漢相國，舉事無所變更，一遵蕭何約束。……惠帝怪相國不治事，以爲「豈少朕與」？……參免冠謝曰：「陛下自察聖武孰與高帝？」上曰：「朕乃安敢望先帝乎！」曰：「陛下觀臣能孰與蕭何賢？」上曰：「君似不及也。」參曰：「陛下言之是也。且高帝與蕭何定天下，法令既明，今陛下垂拱，參等守職，遵而勿失，不亦可乎？」惠帝曰：「善。君休矣！」〔註97〕

這段文字，切中曹參黃老思想中治術之要，帛書《經法‧君正》也說：

> 法度者，正之至也。而以法度治者，不可以亂也。而生法度者，不可亂也。精公無私而賞罰信，所以治也。〔註98〕

休養生息的需要在前，法令彰明的制度在後；主政者有清靜無爲之名，而國有法治之實，此司馬遷所謂：

> 參爲漢相國，清靜極言合道。然百姓離秦之酷後，參與休息無爲，故天下俱稱其美矣。〔註99〕

「蕭規曹隨」的故事，歷來美稱，良有以也。

在曹參以黃老思想爲治國之術後，漢朝施政方向基本不變，既使文帝朝時陳平爲相，亦謹守而勿失。陳平者，少即好黃帝、老子之術，但卻是漢初足智多謀的奇士，曾自言：「我多陰謀，是道家之所禁。」其生平「凡六出奇計，輒益邑，凡六益封」（《史記‧陳丞相世家》），對漢朝初年政局最大的功績，當是在劉邦死後隱忍，等呂后死亡後，與周勃等滅除諸呂。其輔助漢文帝治國之方略，亦可由《史記》窺見一二，〈陳丞相世家〉載：

> 居頃之，孝文皇帝既益明習國家事，朝而問右丞相勃曰：「天下一歲決獄幾何？」勃謝曰：「不知。」問：「天下一歲錢穀出入幾何？」

〔註97〕 見（日）瀧川龜太郎《史記會注考證》（出處見同前），世家第二十四，卷五十四，頁784。

〔註98〕 見北京國家文物局古文獻研究室：《馬王堆漢墓帛書（壹）》（精裝本）（出處見同前），第一篇，〈君正〉第三，頁104。

〔註99〕 出處同註97，世家第二十四，卷五十四，頁784。徐復觀也說：「《史記‧曹相國世家》所記曹參的作爲，及蓋公的『治道貴清靜而民自定』，只是在原有政治體制下，少管事，不擾民，而未曾涉及政治的基本問題；黃老之術，所以能在政治中形成一時風氣的原因在此。」見《兩漢思想史》（卷二）（臺北：臺灣學生書局，1976年6月），頁244。

勃又謝不知，汗出沾背，愧不能對。於是上亦問左丞相平。平曰：「有
主者。」上曰：「主者謂誰？」平曰：「陛下即問決獄，責廷尉；問
錢穀，責治粟內史。」上曰：「苟各有主者，而君所主者何事也？」
平謝曰：「主臣！陛下不知其駑下，使待罪宰相。宰相者，上佐天子
理陰陽，順四時，下育萬物之宜，外鎮撫四夷諸侯，內親附百姓，
使卿大夫各得任其職焉。」孝文帝乃稱善。右丞相大慚，出而讓陳
平曰：「君獨不素教我對！」陳平笑曰：「君居其位，不知其任邪？
且陛下即問長安中盜賊數，君欲彊對邪？」於是絳侯自知其能不如
平遠矣。居頃之，絳侯謝病請免相，陳平專為一丞相。〔註100〕

由陳平與周勃言談的對比可看出，陳平對於宰相的職責有很清楚的認識：「使
卿大夫各得任其職焉」。所謂「問決獄，責廷尉；問錢穀，責治粟內史」，丞
相不需親自處理政務，而要能督察百官是否盡責，這即是《十大經・名刑》
篇所云：

欲知得失，請必審名察刑（形）。刑（形）恆自定，是我俞（愈）靜。

事恆自施，是我無為。靜翳不動，來自至，去自往。〔註101〕

在漢承秦法、法令俱足的情況下，一切施政皆有主張，此時最忌諱者反而是
大張其鼓，甚至改弦易轍。所以，從曹參開始，漢朝初年的主政者的確清楚
認識到社會民生的需要，以黃老思想主導之治術，確實而有效地施行了。

第二節　《淮南子》道融儒法之說

論西漢之尊君學說，必對主導漢初政治七十年之黃老思想進行研究；而
集漢初黃老思想之大成，主要呈現於屬名劉安為作者的《淮南子》。對於是書
的重要性，高誘曾在《淮南子注・敘目》說：

其旨近《老子》，淡泊無為，蹈虛守靜，出入經道。言其大也，則燾
天載地；說其細也，則淪於無垠，及古今治亂存亡禍福，世間詭異
瓌奇之事。其義也著，其文也富，物事之類，無所不載。然其大較，
歸之於道。故夫學者不論《淮南》，則不知大道之深也。是以先賢通

〔註100〕見（日）瀧川龜太郎《史記會注考證》（出處見同前），世家第二十六，卷五
十六，頁794。
〔註101〕見北京國家文物局古文獻研究室：《馬王堆漢墓帛書（壹）》（精裝本）（出處
見同前），第二篇，〈名刑〉第十五，頁401。

儒、述作之士，莫不援采以驗經傳。〔註102〕

劉知幾也說：「昔漢世劉安著書，號曰《淮南子》。其書牢籠天地，博极古今，上自太公，下至商鞅。其書牢籠天地，博極古今，上自太公，下至商鞅。其錯綜經緯，自謂兼于數家，无遺力矣。其錯綜經緯，自謂兼於數家，無遺力矣。」(《史通‧內篇自敘》) 自書問世以來，學者皆對其在西漢學術上之指標性意義多有闡述。

就西漢政治情況而言，《淮南子》的完成所代表的意義是黃老思想即將退出政治的舞臺；然而在學術上，它卻是整合了自《黃老帛書》以來，包含了《呂氏春秋》、《文子》等之黃老思想。所以，本文所要嘗試的，是將《淮南子》思想中之尊君學說勾勒清楚，以期明瞭整體黃老思想中，有關尊君學說之要，並以此研究西漢前期尊君學說，由道法融合之傾向，一轉而爲董仲舒儒法融合的關鍵過程，以及爲何在整體思想已臻成熟的情況下，卻被西漢統治階層捨棄？其對後來儒家的尊君說有何影響與改變？針對以上所述，下即探討《淮南子》之尊君學說。

一、劉安其人及其書

《淮南子》，是繼呂不韋編寫《呂氏春秋》之後，由劉安召集賓客所撰成的另一部綜合百家之說的著作；對於是書的歸屬，歷來學者根據其特色而有不同稱謂。〔註103〕考察劉安編寫此書的目的，是爲了要總結漢初以來的黃老思想，提供武帝朝以後政治思想的指導；而淮南王劉安，自祖母、父親以來身世堪憐，實爲漢初政治傾軋之下的犧牲者。在探討《淮南子》之尊君學說前，本文先從以下兩個方面對是書作一個整體性的了解。

〔註102〕 本文採用【漢】劉安著、【漢】高誘注，劉文典集解：《淮南鴻烈集解》(臺北：臺灣商務印書館，1969 年)。以下引文僅注明篇章出處，詳細出版資料不再具引。

〔註103〕 牟鍾鑒稱其爲「秦漢道家」(《《呂氏春秋》與《淮南子》思想研究》〈序言〉(出處見同前)，頁 12。) 梁啓超稱爲「西漢道家」，他說：「《淮南鴻烈》爲西漢道家之淵府，其書博大而有條貫，漢人著述中之第一流也。」(《中國近三百年來學術史》(臺北：華正書局，1974 年)，頁 237。) 熊鐵基歸之於「秦漢新道家」(《秦漢新道家略論稿》(出處見同前)，第五章、十二章及十三章。) 陳德和則稱之爲「淮南道家」，他說：「雜家一名過於寬泛，終究不能貼切相應於《淮南子》，所以如果必也正名乎，就不可以再把《淮南子》劃歸爲雜家，也不可以含糊籠統地一概叫做秦漢新道家或黃老道家，而該當將它重新定位並稱之爲『淮南道家』，以明顯標示它特有的地位和風貌。」(《淮南子的哲學》(嘉義：南華管理學院，1999 年 2 月)，頁 46)。

（一）生平大略

劉安（179B.C.～122B.C.），其父乃劉邦幼子劉長，是趙王張敖進獻的美人（趙姬）所生。趙相貫高不滿劉邦對張敖無禮，密謀殺之，事敗，趙王等相關人物被捕，趙姬亦下獄，後生病自殺；劉長即出生在大獄中。事發後，趙姬之弟趙兼曾託辟陽侯審食其將其事報告呂后，呂后因嫉妒而隱瞞劉邦，趙姬自殺後，劉邦命呂后撫養。〔註104〕

高祖十一年（196B.C.），劉邦破黥布後封劉長爲淮南王，年約二歲。文帝即位後，劉長「有材力，力能扛鼎」，且「自以爲最親，驕蹇，數不奉法」，因對母親冤逝怨懟辟陽侯審食其，竟以袖藏「金椎」刺殺之。文帝因愛憐之而弗治，「當是時，薄太后及太子諸大臣皆憚厲王，厲王以此歸國益驕恣，不用漢法，出入稱警蹕，稱制，自爲法令，擬于天子」（《史記·淮南衡山列傳》）。由此文帝忌之，於文帝六年（174B.C.）召至長安治罪，以謀反罪流放蜀地，劉長性剛強，於途中絕食而死。

文帝八年（172B.C.）因憐淮南王，封淮南王四子爲侯，長子劉安被封爲阜陵侯。文帝十二年（168B.C.），民有作歌歌淮南厲王曰：「一尺布，尚可縫；一斗粟，尚可舂。兄弟二人不能相容。」文帝追悔，並追尊諡淮南王爲厲王。劉安於文帝十六年（164B.C.）封爲淮南王。景帝即位後三年（154B.C.），吳、楚七國皆反，劉安本欲發兵響應，賴有賢相將兵守城，不聽王而爲漢始得保全。〔註105〕，據《漢書》載：

> （劉安）爲人好書、鼓琴，不喜弋獵狗馬馳騁，亦欲以行陰德拊循
> 百姓，流名譽。招致賓客方術之士數千人，作爲《內書》二十一篇，

〔註104〕《史記·淮南衡山列傳》載：「淮南厲王長者，高祖少子也，其母故趙王張敖美人。高祖八年，從東垣過趙，趙王獻之美人。厲王母得幸焉，有身。趙王敖弗敢內宮，爲築外宮而舍之。及貫高等謀反柏人事發覺，並逮治王，盡收捕王母兄弟美人，系之河內。厲王母亦系，告吏曰：『得幸上，有身。』吏以聞上，上方怒趙王，未理厲王母。厲王母弟趙兼因辟陽侯言呂后，呂后妒，弗肯白，辟陽侯不強爭。及厲王母已生厲王，恚，即自殺。吏奉厲王詣上，上悔，令呂后母之，而葬厲王母眞定。眞定，厲王母之家在焉，父世縣也。」見（日）瀧川龜太郎《史記會注考證》（出處見同前），列傳第五十八，卷一百十八，頁1234。以下相關資料見此。

〔註105〕《史記·淮南衡山列傳》載：「淮南王欲發兵應之。其相曰：『大王必欲發兵應吳，臣原爲將。』王乃屬相兵。淮南相已將兵，因城守，不聽王而爲漢；漢亦使曲城侯將兵救淮南：淮南以故得完。」見（日）瀧川龜太郎《史記會注考證》（出處見同前），列傳第五十八，卷一百十八，頁1236。

《外書》甚眾，又有《中篇》八卷，言神仙黃白之術，亦二十余萬言。時武帝方好藝文，以安屬爲諸父，辯博善爲文辭，甚尊重之。每爲報書及賜，常召司馬相如等視草乃遣。初，安入朝，獻所作《內篇》，新出，上愛秘之。使爲《離騷傳》，旦受詔，日食時上。又獻《頌德》及《長安都國頌》。每宴見，談說得失及方技賦頌，昏莫然後罷。〔註106〕

後因劉安仍有反謀，武帝元狩元年（122B.C.），謀反事發，劉安自殺，「所連引與淮南王謀反列侯二千石豪傑數千人，皆以罪輕重受誅」、「王后荼、太子遷諸所與謀反者皆族。」〔註107〕本文認爲，若要論劉安敗亡的歷史成因，就要從文、景之後的漢朝中央與地方諸侯對峙的形勢著手。

劉邦消滅項羽、翦除異姓諸侯後，劉氏天下抵定，在未能完全推行郡縣制度的狀況下，初期的分封制得到理想的效果。〔註108〕但是，劉氏諸侯國的封地太大，很容易成爲漢朝中央政府的心腹大患，《史記·漢興以來諸侯王年表》載：

自雁門、太原以東至遼陽，爲燕、代國。常山以南，大行左轉，度河、濟，阿、甄以東至薄海，爲齊、趙。自陳以西，南至九疑，東帶江、淮、穀、泗，薄會稽，爲梁、楚、淮南、長沙國：皆外接於胡、越。而內地北距山以東盡諸侯地，大者或五、六郡，連城數十，置百官宮觀，僭於天子。〔註109〕

這些諸侯的設置，是漢王朝統治階層爲了鞏固國土東半部的安定而立，正如

〔註106〕 見〔漢〕班固撰，〔唐〕顏師古注：《漢書·淮南衡山濟北王傳》（出處見同前），卷四十四，傳第十四，頁 2195。

〔註107〕 以上事見《史記·淮南衡山列傳》，出處同註105，頁 1238。

〔註108〕 陳蘇鎮說：「秦以郡縣治東方，用秦史奉秦法『經緯天下』，移風『濯俗』，結果激起東方社會的反抗，其中楚人表現得最激烈，齊人、趙人次之，其間包含著區域文化的差異與衝突。而在劉邦重建帝業的過程中，這種區域文化的差異與衝突又一次顯現出來，且仍以楚、齊、趙三地最爲明顯。由此我們看到，在東西文化尚未充份融合、戰國時代的文化佈局仍然存在的情況下，劉邦建立漢家帝業，一方面必須『承秦』，包括承秦之制，另外一方面又必須尊重東方社會之習俗，特別是楚、齊、趙人之俗。這是歷史對劉邦的苛刻要求，也是漢初實行郡國並行制的深層背景。」《漢代政治與《春秋》學》（北京：中國廣播電視出版社，2001 年 3 月），頁 79。

〔註109〕 見（日）瀧川龜太郎《史記會注考證》（出處見同前），表第五，卷十七，頁 311。

司馬遷所說：

> 天下初定，骨肉同姓少，故廣彊庶孽，以鎮撫四海，用承衛天子也。

〔註110〕

班固亦云：

> 漢興之初，海內新定，同姓寡少，懲戒亡秦孤立之敗，於是剖裂疆
> 土，立二等之爵。功臣侯者百有餘邑，尊王子弟，大啓九國。〔註111〕

在廣立同姓諸侯王後，短時間內果眞獲得漢王朝的穩定，但在漢朝初年休養
生息後，各諸侯國的軍事、經濟、社會等有生力量得到復甦；各諸侯王自覺
到與漢王室之間，在政治權威上相差無幾，甚至在現實政治利益的考量下，
興起了取代漢王室的意圖，自然會設法擴大自己的勢力，與之對應的，即是
漢朝朝廷急欲翦除諸侯王勢力，集權中央。

　　是故，劉安之所以不容於武帝朝之因，就是漢朝力行中央集權。從文帝、
景帝開始，對於劉氏諸侯勢力即大加撻伐，降至武帝朝行推恩之法，其政治
目的十分明確。《漢書‧諸侯王表》又載：

> 然諸侯原本以大，末流濫以致溢，小者淫荒越法，大者睽孤橫逆，
> 以害身喪國。故文帝采賈生之議分齊、趙，景帝用晁錯之計削吳、
> 楚。武帝施主父之冊，下推恩之令，使諸侯王得分戶邑以封子弟，
> 不行黜陟。而藩國自析。自此以來，齊分爲七，趙分爲六，梁分爲
> 五，淮南分爲三。皇子始立者，大國不過十餘城。長沙、燕、代雖
> 有舊名，皆亡南北邊矣。景遭七國之難，抑損諸侯，減黜其官。武
> 有衡山、淮南之謀，作左官之律，設附益之法，諸侯惟得衣食稅租，
> 不與政事。〔註112〕

爲了維護漢朝中央皇權的利益，淮南王劉安的敗亡，即是不得不接受的命運。

〔註113〕

〔註110〕見《史記‧漢興以來諸侯王年表》，出處同前注，頁310。

〔註111〕見〔漢〕班固撰，〔唐〕顏師古注：《漢書‧諸侯王表》（出處見同前），卷十
　　　　四，表第二，頁391。

〔註112〕見〔漢〕班固撰，〔唐〕顏師古注：《漢書‧諸侯王表》（出處見同前），卷十
　　　　四，表第二，頁391。

〔註113〕王充《論衡‧書解》（四部叢刊本第二十二冊，臺北：商務印書館，1979年）
　　　　有云：「古以言爲功者多，以文爲敗者希。　呂不韋、淮南王以他爲過，不以書
　　　　有非，使客作書，不身自爲；如不作書，猶蒙此章章之禍。呂不韋、淮南王以
　　　　他爲過，不以書有非，使客作書，不身自爲；如不作書，猶蒙此章章之禍」。

（二）《淮南子》內容大要

與淮南王劉安有關的著作，據陳麗桂的研究，總共有十四種十五部，〔註114〕但只有《內書》二十一篇（即《淮南子》）流傳至今。關於成書之年代，《漢書‧淮南衡山濟北王傳》載：

初，安入朝，獻所作《內篇》，新出，上愛秘之。〔註115〕

另據司馬遷《史記》所言，劉安入朝事在武帝建元二年（139B.C.），則其成書最晚當在建元二年之前，而高誘《淮南子‧敘目》又曰：

初，安爲辨達，善屬文。皇帝爲從父，數上書，召見。孝文皇帝甚重之，詔使爲《離騷賦》，自旦受詔，日早食已。上愛而秘之。天下方術之士多往歸焉。於是遂與蘇飛、李尚、左吳、田由、雷被、毛被、伍被等八人，及諸儒大山、小山之徒，共講論道德，總統仁義，而著此書。〔註116〕

劉安封淮南王在文帝十六年（164 B.C.），故《淮南子》編撰當在文帝朝後期，經景帝、至武帝朝初。〔註117〕

《淮南子》本名《鴻烈》，又稱《淮南鴻烈》。《淮南子‧要略》稱述〈泰

〔註114〕 這十四種分別是：(1)《淮南王莊子略要》、《莊子后解》(2)《淮南兵書》(3) 淮南王草木譜 (4)《淮南王養蠶經》一卷 (5)《淮南王集》一卷 (6)《淮南八公相鵠經》(7)《成相篇》(8)《淮南王群臣賦》四十四篇 (9)《淮南王賦》八十二篇 (10)《淮南道訓》二篇 (11)《離騷傳》(12)《中篇》八卷 (13)《外書》三十三篇 (14)《內書》二十一篇。見氏著《淮南鴻烈思想研究》（臺灣師範大學國文所博論，1983 年），頁 31～51。
〔註115〕 見〔漢〕班固撰，〔唐〕顏師古注：《漢書‧淮南衡山濟北王傳》（出處見同前），卷四十四，傳第十四，頁 2195。
〔註116〕 見【漢】劉安著、【漢】高誘注，劉文典集解：《淮南鴻烈集解》，頁 1185。
〔註117〕 徐復觀說：「劉安招致賓客，大事著作，正在他二十七歲到四十歲之間這段年齡裡面」見《兩漢思想史》（出版處同前），卷二第二章，頁 272；牟鐘鑑說：「查劉安入朝在建元二年，把這一年定爲《淮南子》成書的年代是恰當的。當時劉安四十歲，他在自己封地上經營了幾十年，思想比較成熟，而且在學識上、資歷上具備了召集眾多賓客撰寫長篇的條件。從客觀條件看，自平息七國判亂到建元二年這十多年間較爲平靜，《淮南子》的寫作時間大約就是在這一時期的後半段，完成於劉安入朝前夕。」（見《《呂氏春秋》與《淮南子》思想研究》〈序言〉（出處見同前），第二部分第一節，頁 161。但熊禮匯認爲「《淮南子》的構思始於後元三年劉徹即位後，而正式動筆編寫則始於建元元年（西元前一四〇年）冬十月以後，在該年年底殺青。大約寫了十一個月。」（見《新譯淮南子》（臺北：三民書局，2001 年）導讀，頁 7）其論點較爲片面，本文備而不論。

族〉之大旨時云：「此《鴻烈》之〈泰族〉也。」高誘解釋說：「號曰《鴻烈》。
鴻，大也；烈，明也，以爲大明道之言也。」（《淮南子注·敍目》）西漢劉向、
劉歆父子始冠以「淮南」之名，班固在《漢書》本傳中稱爲「《內書》二十一
篇」，而在〈藝文志〉「諸子類雜家者流」稱爲「《淮南內》二十一篇」；《隋書·
經籍志》則稱其爲「《淮南子》二十一卷」，是書由此定名

　　分析《淮南子》成書之結構，從〈要略〉篇中可知，第一至第二十篇皆
各有一主旨，且各篇之內容皆有聯繫，劉安等人編寫此書，是經由詳細規劃
後才付諸實行，並非漫然獺祭而已。〔註118〕論其著述的動機，〈要略〉篇開宗
明義即說：

　　　夫作爲書論者，所以紀綱道德，經緯人事，上考之天，下揆之地，
　　　中通諸理。雖未能抽引玄妙之中才，繁然足以觀終始矣。總要舉凡，
　　　而語不剖判純樸，靡散大宗，懼爲人之惛惛然弗能知也；故多爲之
　　　辭，博爲之說，又恐人之離本就末也。故言道而不言事，則無以與
　　　世浮沉；言事而不言道，則無以與化游息。〔註119〕

劉安等作書立說，在於期望能統貫天道、地道、人道與帝王之術，高誘也說：

　　　其旨近《老子》，淡泊無爲，蹈虛守靜，出入經道。言其大也，則燾
　　　天載地；說其細也，則淪於無垠，及古今治亂存亡禍福，世間詭異
　　　瓌奇之事。其義也著，其文也富，物事之類，無所不載。然其大較，
　　　歸之於道。〔註120〕

而這正是黃老思想的特色。不論是班固所說的「雜家」「兼儒墨，合名法」，
還是司馬談論「道家」「採儒墨之善，撮名法之要」，皆顯示出黃老學說一貫
的綱領：以道德爲本，聯接天道與治道的帝王統治術。故〈要略〉篇又說：

　　　若劉氏之書，觀天地之象，通古今之事，權事而立制，度形而施宜，
　　　原道之心，合三王之風，以儲與扈冶。玄眇之中，精搖靡覽，棄其
　　　吟辝，斟其淑靜，以統天下，理萬物，應變化，通殊類，非循一跡
　　　之路，守一隅之指，拘系牽連之物，而不與世推移也。故置之尋常

〔註118〕如梁啓超說：「劉安博學能文，其書雖由蘇飛輩分纂，然宗旨及體例，計必先
　　　　行規定然後從事，或安自總其成亦未可知。」見《諸子考釋·漢書藝文志諸
　　　　子略考釋》（臺北：臺灣中華書局，1976 年 9 月），頁 105。
〔註119〕見同注 116，卷二十一，頁 1153。
〔註120〕見【漢】劉安著、【漢】高誘注，劉文典集解：《淮南鴻烈集解·敍目》，頁
　　　　1185。

－99－

而不塞，布之天下而不窕。〔註121〕

這「劉氏之書」四字，揭櫫了劉安編著此書的眞實動機：爲劉氏王朝的長治久安所作的治國指導思想。〔註122〕

《淮南子》既然是「原道之心，合三王之風」，以之用於今世，欲建立爲「置之尋常而不塞，布之天下而不窕」的永恆制度，那凡是可參考的各家學說，《淮南子》皆需海納虛藏，〈要略〉篇說：

> 故著書二十篇，則天地之理究矣，人間之事接矣，帝王之道備矣！
>
> 其言有小有巨，有微有粗，指奏卷異，各有爲語。〔註123〕

爲了要究天地之理，接人間之事，備帝王之道，《淮南子》融合諸子百家之書，是不得不然之舉。而對於《淮南子》所引用先秦諸子百家之書目，徐復觀曾歸納之，其曰：

> 《淮南子》除大量引用了《老子》、《莊子》、《呂氏春秋》外，尚引
> 用了《論語》、《墨子》、《子思子》、《公孫尼子》、《孟子》、《荀子》、
> 《商君書》、《列子》、《尸子》、《管子》、《慎子》、《孫子》、《韓非子》、
> 《晏氏春秋》、《戰國策》、《禮記》中引有〈檀弓〉、〈王制〉、〈樂記〉、
> 〈中庸〉、〈經解〉及《尚書大傳》、《楚辭·天問》等。〔註124〕

對於這種現象，或許我們可將之歸結爲作者群眾多，學術來源繁雜，〔註125〕

〔註121〕出處見同上，卷二十一，頁1155。

〔註122〕如陳德和說：「《淮南子》遠承稷下學風，近襲黃老治術，意在統合百學，以
立一家之言，俾爲鞏固劉家天下兒盡忠，這是因應大帝國統治的需要，也是
戰國末年民心學風的歸向。」見《淮南子的哲學》（出處見同前），頁194；
徐復觀也說：「劉安此書的目的，是爲統治天下的『劉氏』而作，故自稱爲『劉
氏之書』（〈要略〉）。他是希望皇帝能採用施行的；所以當武帝即位，而〈內
篇〉又新出，便趕在武帝即位後的第一次朝見時獻上。一經獻上，便成定篇。」
見《兩漢思想史》（出版處同前），頁179。此外，牟鍾鑒亦云：「呂不韋和劉
安寫書的志向都很遠大，都想憑藉學界集體力量，給先秦諸子文化作一次系
統全面的總結，並以此爲基礎進而構造一個能貫通天地人的龐大理論體系，
以便爲統一封建帝國提供較爲完備的理論學說與治國方案。」見《《呂氏春秋》
與《淮南子》思想研究·序言》（出版處同前），頁2。

〔註123〕見【漢】劉安著、【漢】高誘注，劉文典集解：《淮南鴻烈集解》（出版處同前），
卷二十一，頁1155。

〔註124〕見《兩漢思想史》（出版處同前），頁289。

〔註125〕《淮南子·敘目》又載：「於是遂與蘇飛、李尚、左吳、田由、雷被、毛被、
伍被等八人，及諸儒大山、小山之徒，共講論道德，總統仁義，而著此書。」
出處同註123，頁11847。

但歷來多有學者批評《淮南子》時，以此認為它駁雜混亂、體例不一，如羅光說：

> 劉安沒有創立一個思想系統，也沒有自己按照一個中心思想把全書修改，他尊重各篇作者的意見，全書便成了一本龐雜不純，道儒方術混合的書。〔註126〕

賀凌虛又說：

> 劉安當年裁定該書時，可能由於一心要包羅各種知識和學說，並不願落入任何一家窠臼，結果無法使這一部集體創作博而不蕪；加以他長於歌賦，亦可能特別著重各篇文字上的潤飾，而忽略了彼此間敘事的牴觸和重覆，也未可知。〔註127〕

本文認為，在《淮南子》書中，既秉持「無為」的價值觀，又有肯定「有為」論點；也對「道德」的定義同時屢雜儒家與道家的觀念，對「仁義」之說不知孰本孰末；也對「用法任勢」說有矛盾的衝突。種種內容不相融的狀況，的確會引起學者們的撻伐。但是，站在這部書最初編撰的出發點來看，劉安的用意是要能「天地之理究矣，人間之事接矣，帝王之道備矣！」融合兼取各家之長，以便帝王建立一套普遍適用的治國思想與制度，才是《淮南子》著力成一家之言的重點。就此點論《淮南子》，才能最接近是書的核心價值。誠如徐復觀說：

> 《淮南子》一書，是以精神的解放，與政治的理想，兩相配合，形成全書的兩大骨幹。〈泛論訓〉謂『百家殊業而皆務於治』；他們援百家以述作，當然也是『務於治』。〔註128〕

這不但是《淮南子》一書的特色，也是黃老思想根本的核心價值。

　　因為各學說的根本立場不一，會因本質屬性的不同而相牴觸，《淮南子》

〔註126〕見《中國哲學思想史》（臺北：臺灣學生書局，1981年6月），〈兩漢南北朝篇〉，頁550。

〔註127〕見《西漢政治思想論集》（臺北：五南圖書出版公司，1988年1月），頁181。持此意見者，尚有金春峰：「《淮南子》思想駁雜混亂，容納了儒家、法家等各家思想」，又說：「《淮南子》思想駁雜，沒有始終一貫的體系。」（《漢代思想史》（北京：中國社會科學出版社，1998年），頁228、232。）侯外廬則說：「劉安的這本書是招致賓客諸儒方士，集合許多人的意見寫成的，類於《呂氏春秋》，可以說是擇焉而不精。……其書意多雜出，文甚沿複。」（《中國思想通史》（北京：人民出版社，1991年2月）（第二卷），頁78。）

〔註128〕見《兩漢思想史》（出版處同前），頁244。

歷來有「雜家」之稱。關於「雜家」,《漢書‧藝文志》認爲「雜家」「兼儒墨,合名法」,明顯是司馬談論「道家」「採儒墨之善,撮名法之要」的內涵,〔註129〕胡適也說:

> 淮南之書是一個大混合折衷的思想集團,這就是司馬談說的『道家』。〔註130〕

此外,對於「雜」的解釋,劉文典則說:

> 夫雜者會也,蓋先以道德爲標的,既定綱紀品式,乃博采九流,網羅百氏,納于檢格之中,實能綜合方術之長,以成道術,非徒以鈔內羣言爲務者也。〔註131〕

這「雜」乃「廣」、乃「大」之意,方不負劉安著說之旨趣。

此外,在吸收諸子學說的特色上:《淮南子》有用法重勢的主張,卻無法家嚴刑峻法之苛刻;也主張節用薄喪、尚賢使能,反對儒家三年之喪的不近人情,有墨家的傳統;針對陰陽五行的觀念,書中〈覽冥〉篇、〈本經〉篇、〈泰族〉篇皆有論述,〈天文〉篇則有人副天數與災異等觀念。至於儒家思想的吸收,舉凡仁義道德、禮樂教化、勤學求知等主張,更與《淮南子》之道家本質相融相牴,是諸家學說中影響僅次於道家者,如牟鍾鑒說:

> 《淮南子》成書的時代,封建中央政權日趨鞏固,黃老之學在政治上暫居首席,道家思想極爲活躍。隨著封建宗法制度的加強,儒學加速經學化,成爲官學,其社會影響成倍增長。法家思想已被儒、道吸收,陰陽五行思想也大量滲入儒道兩家,都喪失了獨立地位。墨家不復存在。這種新的社會文化態勢反映到集體創作的《淮南子》書中,就表現爲道儒融合是主要傾向,同時也存在著道儒互牴。〔註132〕

〔註129〕如趙吉惠認爲:《漢書‧藝文志》中的「道家」是指老、莊等初期道家,而〈論六家要旨〉的「道家」在《漢書‧藝文志》中被分類成「法家」和「雜家」。見趙吉惠:〈論荀學是稷下黃老之學〉,《道家文化研究》第4輯(陳鼓應主編,上海:古籍出版社,1998年4月),頁105。

〔註130〕見氏著:《中國中古思想長編》(臺北:遠流出版公司,1988年9月)(下),頁66。

〔註131〕見許維遹集釋:《呂氏春秋集釋‧序》(臺北:世界書局,1966年),頁12。戴君仁亦認爲,此「雜」乃「融合的雜」,非「集合的雜」(《梅園論學集》(臺灣:開明書局,1970年4月),〈雜家與淮南子〉,頁275。陳麗桂也認爲《淮南子》的雜當爲「閎」雜、「博」雜,絕非拼湊之「雜」。(《淮南鴻烈思想研究》(出版處同前),頁60。)

〔註132〕見《《呂氏春秋》與《淮南子》思想研究‧序言》(出版處同前),頁17。

至於在道家本身方面，《淮南子》則多發揮莊子虛靜修養之道，如徐復觀說：

> 《淮南子·要略》『考驗乎老莊之要』，爲老莊並稱之始；且在書中
> 引用《莊子》一書之多，及發揮莊子思想之宏，古今未見其比。至
> 傳劉安有《莊子要略》及《莊子后解》兩書，今雖不可得見，亦不
> 難由此可知劉安及其賓客在思想上與莊子契合之深，成爲《淮南子》
> 在西漢思想中的突出地位。〔註133〕

《淮南子》既以此爲思想主幹，融攝各家學說於一爐，其尊君學說勢必有著不同的面貌；明乎其思想之來源，即可論述是書對各家思想批判與融合之要。

二、《淮南子》「道」體批儒融法之詮釋

站在「非循一跡之路，守一隅之指」且能「置之尋常而不塞，布之天下而不窕」（〈要略〉篇）的立場，《淮南子》對於流行於當時的諸家學說，有著融合與吸收的動作。但是，諸子之學九流十家，對於各家之說，想要完全兼容並蓄，達到各家比重相同或接近，這並不符合著作需要且近乎苛求，於是在《淮南子》中，對於本文所要探討的尊君之學，就呈現了以道家學說爲主，吸納儒、法二家之說爲輔的狀況。〔註134〕以下即分述之。人古今違屬，未必皆著作材知极也。

（一）「道」的繼承與陰陽「氣」化的吸收

在《淮南子》承繼道家學說的內涵中，主要仍是沿續黃老思想的系統，以「道」統攝一切，認爲「天道」與「治道」是一體貫通的。在此基礎上，《淮南子》發揚了將「道」具現於現實中之「氣」的探討，並透過對「氣」的論述來開展其思想。

在老子的學說中，對「道」有很大篇幅的描述，是其論說的核心，他說：

> 有物混成，先天地生。寂兮寥兮，獨立不改，周行不殆，可以爲天
> 下母。吾不知其名，強字之曰「道」，強爲之名曰大。大曰逝，逝曰
> 遠，遠曰返。〔註135〕

〔註133〕見《兩漢思想史》（出版處同前），頁185。

〔註134〕其他如陰陽家、墨家、名家、兵家等，或自戰國中晚期後被儒、道、法家學說吸收，或並非扣緊本文尊君說之旨要，故只在本文行文中討論，不別列章節。

〔註135〕見【魏】王弼 等注：《老子》（《四部要籍注疏叢刊》，北京：中華書局，1998年），上篇，〈二十五章〉，頁243。

乃「迎之不見其首，隨之不見其後」的「無狀之狀」、「無物之象」（〈十四章〉）。
而莊子對「道」的認識，亦是著力在其虛無、廣漠及萬物之源的形容，其曰：

> 夫道，有情有信，無爲無形；可傳而不可受，可得而不可見；自本
> 自根，未有天地，自古以固存；神鬼神帝，生天生地；在太極之先
> 而不爲高，在六極之下而不爲深，先天地生而不爲久，長於上古而
> 不爲老〔註136〕。

《淮南子》在「道」體性的領悟與描繪上，是更爲細緻與鋪衍的，〈原道〉篇載：

> 夫道者，覆天載地，廓四方，柝八極，高不可際，深不可測，包裹
> 天地，稟授無形；原流泉浡，沖而徐盈；混混滑滑，濁而徐清。故
> 植之而塞於天地，橫之而彌于四海；施之無窮，而無所朝夕。舒之
> 幎於六合，卷之不盈於一握。約而能張，幽而能明，弱而能強，柔
> 而能剛，橫四維而含陰陽，紘宇宙而章三光。甚淖而滒，甚纖而微。
> 〔註137〕

「道」覆蓋並承載天地，大能充滿一切的空間，小可讓人用手捲握，以之化
生萬有，能不死不生。

在《淮南子》二十篇論述中，有十二篇談論「道」，對「道」體的永恆與
根源性描述地比老子、莊子更爲鋪張閎肆，何以如此？〈要略〉篇說：

> 今專言道，則無不在焉，然而能得本知末者，其唯聖人也。今學者
> 無聖人之才，而不爲詳說，則終身顛頓乎混溟之中，而不知覺寤乎
> 昭明之術矣……夫道論至深，故多爲之辭，以抒其情；萬物至眾，
> 故博爲之說，以通其意。辭雖壇卷連漫，絞紛遠緩，所以洮汰滌蕩
> 至意，使之無凝竭底滯，卷握而不散也。〔註138〕

是故，對於「道」體的論述，《淮南子》極盡勾勒之能事，務求在大輪大廓地
具象下，將「道」體恍兮惚兮、不得聞見的本質，使學者容易辨識。〔註139〕

〔註136〕見【晉】郭象注、【唐】陸德明釋文、【唐】成玄英疏、【清】郭慶藩輯釋、王
　　　　孝魚點校：《莊子集釋》（北京：中華書局　2004年1月），內篇，〈大宗師〉
　　　　第六，頁122。

〔註137〕見【漢】劉安著、【漢】高誘注，劉文典集解：《淮南鴻烈集解》（出版處同前），
　　　　卷一，頁4。

〔註138〕出處見同上，卷二十一，頁1153。

〔註139〕對於「道」體的論述，自老子以來，與道家有關之思想家皆有談論，如莊子、
　　　　韓非（〈解老〉篇）、《黃老帛書》（〈道原〉篇）、《呂氏春秋》（〈大樂〉篇）等
　　　　都有相當的篇幅探討，本文茲不贅述。

在確認「道」體的意義後，《淮南子》進一步藉此建構出宇宙整體的模式，〈天文篇〉說：

> 天墜未形，馮馮翼翼，洞洞灟灟，故曰太始。太始生虛霩，虛霩生宇宙，宇宙生元氣。元氣有涯垠，清陽者薄靡而爲天，重濁者凝滯而爲地。清妙之合搏易，重濁之凝竭難，故天先成而地後定。天地之襲精爲陰陽，陰陽之專精爲四時，四時之散精爲萬物。積陽之熱氣久者生火，火氣之精者爲日；積陰之寒氣久者爲水，水氣之精者爲月；日月之淫氣精者爲星辰，天受日月星辰，地受水潦塵埃。〔註140〕

對於天地的行成，宇宙間的天體及其運行，以及推算天象以定歲時等天文學，自戰國時期已來，到漢武帝即位初年，內容最爲豐富與全面者當首推《淮南子》所載的天文之學。其說「道」體，乃宇宙創生的根源，由「馮馮翼翼，洞洞灟灟」的「太始」，然後「太始生虛霩，虛霩生宇宙，宇宙生元氣」；其中，元氣之「清陽者」爲天，「重濁者」爲地，天地陰陽合和而生四時，四時氣散而爲萬物。陰陽之氣積久而爲水、火；「火氣之精」爲日，「水氣之精」爲月，二者之氣過多則散爲星辰。《淮南子》的天文學觀念架構了一個完整的宇宙論型式，也成爲中國哲學最傳統的氣化宇宙論模式。

在這個氣化的宇宙中，無論是日月、星辰、風霜，和雨露等自然現象，都是因爲有「氣」而生成，〈天文篇〉又說：

> 天之偏氣，怒者爲風；天地之合氣，和者爲雨。陰陽相薄，感而爲雷，激而爲霆，亂而爲霧。陽氣勝則散而爲雨露，陰氣盛則凝而爲霜雪。〔註141〕

無論是風、雨、雷、霆，還是宇宙間的萬事萬有，皆是「元氣」所產生，即〈本經〉篇所謂：

> 天地之合和，陰陽之陶化萬物，皆乘一氣者也。〔註142〕

這是漢代氣化宇宙論之說，「氣」成爲宇宙組成最小的單位。至於「氣」與「道」之關係，〈齊俗〉篇說：

〔註140〕見【漢】劉安著、【漢】高誘注，劉文典集解：《淮南鴻烈集解》（出版處同前），卷三，頁100。
〔註141〕出處同上，卷三，頁102。
〔註142〕出處同上，卷八，頁343。

往古來今謂之宇，上下四方謂之宙，道在其間，而莫知其所。〔註143〕

「道」充滿整個宇宙空間，而「宇宙生元氣」（〈天文〉篇），以此知「氣」即是「道」在宇宙實體空間的落實，而「道」是「氣」形而上的精神根源，《淮南子》透過氣化的宇宙論，將老子形而上的「道」，轉化成黃老思想中形而下的「氣」，如此，「天道」與「治道」始可徹上徹下。早在《管子》中，「氣」與「道」即同爲一物，《管子‧心術上》說：

道在天地之間也，其大無外，其小無內，故曰不遠而難極也。〔註144〕

《管子‧內業》篇又說：

道滿天下，普在民所，民不能知也。一言之解，上察於天，下極於地，蟠滿九州。〔註145〕

「道」既然充滿天地之間，那「氣」之形容爲何？《管子‧內業》篇開頭即說：

氣，物之精，此則爲生，下生五穀，上爲列星。流於天地之間謂之鬼神，藏於胸中謂之聖人。〔註146〕

由此可知，「氣」與「道」同之論，《淮南子》是吸收《管子》之說以補充己論。

這種「道」即「氣」、「氣」即「道」的論點，在吸收了陰陽五行學說後，不但「天道」與「治道」相貫通，甚至「天」與「人」皆實爲一體。〈精神〉篇說：

古未有天地之時，惟像無形，窈窈冥冥，芒芠漠閔，澒蒙鴻洞，莫知其門。有二神混生，經天營地，孔乎莫知其所終極，滔乎莫知其所止息，於是乃別爲陰陽，離爲八極，剛柔相成，萬物乃形，煩氣爲蟲，精氣爲人。是故精神，天之有也；而骨骸者，地之有也。精神入其門，而骨骸反其根，我尚何存？〔註147〕

〔註143〕見【漢】劉安著、【漢】高誘注，劉文典集解：《淮南鴻烈集解》（出版處同前），卷十一，頁513。

〔註144〕見【唐】尹知章注、【清】戴望校正：《管子校正》（收錄於《新編諸子集成》第五冊，臺北：世界書局，1983），卷第十三，第三十六篇，頁557。

〔註145〕出處見同上，卷第十六，第四十九篇，頁786。

〔註146〕出處見同上，卷第十六，第四十九篇，頁784。又此據張舜徽校改，將「凡物之精」改作「氣，物之精」。見《先秦道論發微》（臺北：木鐸出版社，1983年9月），頁278。

〔註147〕見【漢】劉安著、【漢】高誘注，劉文典集解：《淮南鴻烈集解》（出版處同前），卷七，頁317。

宇宙從「惟像無形」，至「二神混生，經天營地」，再到「別爲陰陽，離爲八極」，最後「萬物乃形」。而人乃精氣所成，人之精神歸天、骨骸歸地所有，由此可看出人當以「精神」爲主，以形（骨骸）爲輔，且人既然歸本於天地，則當則天法地。〈精神〉篇又說：

> 故頭之圓也象天，足之方也象地。天有四時、五行、九解、三百六
> 十六日，人亦有四支、五藏、九竅、三百六十六節。天有風雨寒暑，
> 人亦有取與喜怒。故膽爲雲，肺爲氣，肝爲風，腎爲雨，脾爲雷，
> 以與天地相參也，而心爲之主。是故耳目者，日月也；血氣者，風
> 雨也。〔註148〕

人之形體乃是天地現象的顯現，而人的精神也與天地相通。正如〈本經〉篇說：

> 天地之合和，陰陽之陶化萬物，皆乘一氣者也。……由此觀之，天
> 地宇宙，一人之身也；六合之內，一人之刑也。〔註149〕

這種「人副天數」、「天人應徵」的論點，亦是由氣化的宇宙論所推衍的，可見《淮南子》雖然承繼了老子、莊子以來，道家對於「道」體的重視，但其學說的重心，已由對「道」體的闡發，轉而將注意力集中在「氣」論上。〔註150〕

（二）儒家思想的批判

在對待儒學的態度上，《淮南子》是站在既肯定又批判的立場：肯定儒學經典教化與思想的價值，批判不合道家思想的核心理論，藉以用道家系統來融攝應用其學說。以下即分述之。

1. 對儒學的引用

儒家思想，自先秦以來傳承不絕，但與道家流派明顯存有衝突，如揚雄《法言·君子》篇曾說：

> 淮南說之用，不如太史公之用也。太史公，聖人將有取焉；淮南、
> 鮮取焉爾。必也，儒乎！乍出乍人，淮南也。〔註151〕

〔註148〕出處見同上，卷七，頁318。

〔註149〕出處見同上，卷八，頁347。

〔註150〕羅光也說：「《淮南子》的宇宙觀念雖然抬舉『道』的觀念；但是，所注意的，乃是『氣』……萬物的化生，都因『氣』的功能」。見氏著：《中國哲學思想史·兩漢南北朝篇》（出版處同前），頁563。

〔註151〕見【漢】揚雄著、汪榮寶義疏：《法言義疏》（北京：中華書局，1997 年 10 月 1 版 3 刷），第十二卷，頁315。

揚雄的說法或可為我們證明，儒家與道家的立場確有扞格不入之處，但在《淮南子》中，其欲對儒家思想與經典融合與吸收的意念是確實存在的。〈泰族〉篇說：

> 五行異氣而皆適調，六藝異科而皆同道。溫惠柔良者，《詩》之風也；淳龐敦厚者，《書》之教也；清明條達者，《易》之義也；恭儉尊讓者，《禮》之為也；寬裕簡易者，《樂》之化也；刺幾辯義者，《春秋》之靡也。故《易》之失鬼，《樂》之失淫，《詩》之失愚，《書》之失拘，《禮》之失忮，《春秋》之失訾。六者，聖人兼用而財制之。失本則亂，得本則治。其美在和，其失在權。水、火、金、木、土、穀，異物而皆任，規、矩、權、衡、準、繩，異形而皆施，丹、青、膠、漆，不同而皆用，各有所適，物各有宜。輪圓輿方，轅從衡橫，勢施便也。驂欲馳，服欲步；帶不厭新，鉤不厭故，處地宜也。《關雎》興於鳥，而君子美之，為其雌雄之不乖居也；《鹿鳴》興于獸，君子大之，取其見食而相呼也；泓之戰，軍敗君獲，而《春秋》大之，取其不鼓不成列也；宋伯姬坐燒而死，《春秋》大之，取其不逾禮而行也。成功立事，豈足多哉？方指所言，而取一槩焉爾。〔註152〕

由上文可看出，《淮南子》對於儒家思想與經典理解十分深入，且自成一套系統，即是「六藝異科而皆同道」。《淮南子》認為六藝各有優點，如《詩》存溫惠柔良之風，《書》有淳龐敦厚之教，《易》具清明條達之義，《禮》包恭儉尊讓之為，《樂》形寬裕簡易之化，《春秋》多刺譏辯義之靡。然若偏用或應用不當也會有弊端發生，如《易》失之在鬼，《樂》失之在淫，《詩》失之在愚，《書》失之在拘，《禮》失之在忮，《春秋》失之在訾。是故，聖人當視其所宜，因勢施便，稱美〈關雎〉、〈鹿鳴〉、宋襄公、宋伯姬等皆是如此。〔註153〕

　　在儒家的經典中，《淮南子》特別稱美《易經》，〈要略〉篇說：

〔註152〕見【漢】劉安著、【漢】高誘注，劉文典集解：《淮南鴻烈集解》（出版處同前），卷二十，頁1038。

〔註153〕〈毛詩序〉說：「〈關雎〉樂得淑女以配君子，憂在進賢，不淫其色。哀窈窕，思賢才，而無傷善之心焉，是〈關雎〉之義也。」又說：「〈鹿鳴〉，燕群臣嘉賓也。既飲食之，又實幣帛筐篚，以將其厚意，然後忠臣嘉賓得盡其心矣。」至於宋、楚泓之戰，見《春秋》僖公二十二年，宋伯姬因火而死之事見《春秋》襄公三十年，《公羊》以襄公不鼓不成列來讚賞於前，且與《穀梁》以宋伯姬不踰禮而讚賞於後。

今《易》之《乾》、《坤》，足以窮道通義也，八卦可以識吉凶、知禍
福矣，然而伏羲爲之六十四變，周室增以六爻，所以原測淑清之道，
而才麔逐萬物之祖也。〔註154〕

《易經》受到重視，應該是它能窮通「道」之理，〈人間訓〉又說：

孔子讀《易》，至〈損〉、〈益〉，未嘗不憤然而歎，曰：『益損者，其
王者之事與！事或欲與利之，適足以害之；或欲害之，乃反以利之。
利害之反，禍福之門戶，不可不察也。』〔註155〕

《易》洞燭幽明、察機覺道，並能窮究萬物，加之劉安本身即有深厚的《易》
學素養，〔註156〕故《淮南子》置於諸經之上。

此外，《淮南子》將《詩》與《春秋》，合稱爲「學之美者」，〈氾論篇〉
說：

王道缺而《詩》作，周室廢，禮義壞，而《春秋》作。《詩》、《春秋》，
學之美者也，皆衰世之造也，儒者循之，以教導於世，豈若三代之
盛哉！以《詩》、《春秋》爲古之道而貴之，又有未作《詩》、《春秋》
之時。〔註157〕

對於二書的看法，大抵是孟子「王者之跡息而《詩》亡，《詩》亡然後《春秋》
作」意見的發揮。對於《詩》的看法，《淮南子》認爲有教化之功能，〈泰族〉
篇說：

今夫〈雅〉、〈頌〉之聲，皆發於詞，本於情，故君臣以睦，父子以
親……音不調乎〈雅〉、〈頌〉者，不可以爲樂。〔註158〕

至於《春秋》，是孔子褒貶善惡、論述博洽、不道鬼神、不敢專以己意的王道
之書，〈主術〉篇說：

〔註154〕見【漢】劉安著、【漢】高誘注，劉文典集解：《淮南鴻烈集解》（出版處同前），
　　　　卷二十一，頁1176。
〔註155〕出處見同上，卷十八，頁989。
〔註156〕見〔漢〕班固撰，〔唐〕顏師古注：《漢書・藝文志》（出處見同前）六藝略易
　　　　類下有《淮南道訓》二篇，班固注云：「淮南王安聘明《易》者九人，號九師
　　　　說。」，卷三十，志第十，頁1701。劉向《別錄》則載：「所校讎中《易傳淮
　　　　南九師道訓》，除重複定著二十篇。淮南王聘善爲《易》者九人，從之採獲，
　　　　故中書著曰《淮南九師言》」。
〔註157〕見【漢】劉安著、【漢】高誘注，劉文典集解：《淮南鴻烈集解》（出版處同前），
　　　　卷十三，頁653。
〔註158〕出處見同上，卷二十，頁1045。

《春秋》二百四十二年，亡國五十二，弒君三十六，采善鉏醜，以
成王道，論亦博矣。然而圍于匡，顏色不變，弦歌不輟，臨死亡之
地，犯患難之危，據義行理而志不懾，分亦明矣。然爲魯司寇，聽
獄必爲斷，作爲《春秋》，不道鬼神，不敢專己。〔註159〕

其肯定儒家經典的知識與功能，雖與道家思想相比處於附屬地位，但仍可看
出融匯儒學的用心。〔註160〕

此外，《淮南子》對於孔子的描述，常以多樣的聖人形象出現，並有將其
爲儒家的聖人轉爲道家聖人的傾向。如〈要略〉篇載：

孔子修成、康之道，述周公之訓，以教七十子，使服其衣冠，修其
篇籍，故儒者之學生焉。〔註161〕

除了肯定孔子是儒家學術的創始者外，《淮南子》還以「素王」的稱號來評價
其歷史的地位，如〈主術〉篇說：

孔子之通，智過於萇弘，勇服于孟賁，足躡效菟，力招城關，能亦
多矣。然而勇力不聞，伎巧不知，專行教道，以成素王，事亦鮮矣。

〔註162〕

孔子在《淮南子》的評論中，成爲不在其位的「素王」，是漢代典籍所首見。
且孔子亦是知禮之人，〈齊俗〉篇載：

魯國之法，魯人爲人妾於諸侯，有能贖之者，取金於府。子贛贖魯
人於諸侯，來而辭不受金。孔子曰：『賜失之矣！夫聖人之舉事也，
可以移風易俗，而受教順可施後世，非獨以適身之行也。今國之富
者寡而貧者眾。贖而受金，則爲不廉；不受金，則不復贖人。自今
以來，魯人不復贖人於諸侯矣。』孔子亦可謂知禮矣。〔註163〕

以上所述，尚能說孔子屬於儒家，但《淮南子》逐漸轉變孔子的立場，使其
亦符合道家聖人的標準。如孔子是見微知著、以近諭遠的聖人，〈氾論〉篇云：

〔註159〕出處見同上，卷九，頁394。
〔註160〕徐復觀說：「儒家思想，在《淮南子》一書中所佔的地位，深入的看，並不次
於道家。除了大量引用《詩》、《易》之外，《禮》、《樂》、《春秋》，皆爲其徵
引所及；且多發揮六經的微言大義。《春秋傳》遍及《公羊》、《穀梁》，更大
量援引《左氏》。」見氏著：《兩漢思想史》（出版處同前）（卷二），頁186。
〔註161〕見【漢】劉安著、【漢】高誘注，劉文典集解：《淮南鴻烈集解》（出版處同前），
卷二十一，頁1189。
〔註162〕出處見同上，卷九，頁394。
〔註163〕出處見同上，卷十一，頁514。

> 聖人因民之所喜而勸善，因民之所惡而禁姦，故賞一人而天下譽之，
> 罰一人而天下畏之。故至賞不費，至刑不濫。孔子誅少正卯而魯國
> 之邪塞，子產誅鄧析而鄭國之姦禁，以近諭遠，以小知大也。〔註164〕

能夠見微知明即是聖人，在《淮南子》中曾多次強調，如〈氾論〉篇說：「唯
聖人能見微以知明。」〈主術〉篇又說：「孔子學鼓琴於師襄，而論文王之志，
見微以知明矣。」再者，孔子也是知權的聖人，〈氾論〉篇說：

> 孝子之事親，和顏卑體，奉帶運履，至其溺也，則捽其髮而拯；非
> 敢驕侮，以救其死也。故溺則捽父，祝則名君，勢不得不然也。此
> 權之所設也。故孔子曰：『可以共學矣，而未可以適道也；可與適道，
> 未可以立也；可以立，未可與權。』權者，聖人之所獨見也。〔註165〕

能夠通權達變，最要緊的就是孔子亦掌握了「道」，而「道」即是萬有萬物之
「本」，〈齊俗〉篇又載：

> 夫性，亦人之斗極也。有以自見也，則不失物之情；無以自見，則
> 動而惑營。譬若隴西之游，愈躁愈沉。孔子謂顏回曰：『吾服汝也忘，
> 而汝服於我也亦忘。雖然，汝雖忘乎，吾猶有不忘者存。』孔子知
> 其本也。〔註166〕

如此，則「知本」的孔子聖人的地位，即貫通儒、道兩家，成為共同聖人的
標準。

2. 儒學失「大宗之本」

綜合觀之，《淮南子》對於儒家經典的意義，皆能站在儒家的立場予以理
解與應用，欲站在道家立場吸收儒學精華以成治道之書的意圖十分明確，但
二者的隔閡猶如涇、渭之明，勢必有無法相合之處。對於儒、道思想在書中
力圖融合與爭勝的情形，徐復觀也說：

> 全書捃摭廣博，然道家思想，究居於優勢。而老莊同為道家，有的是
> 互相發揮，有的是自分畛域。道家之外，則儒家思想，有的則起而與

〔註164〕出處見同上，卷十三，頁 720。又可參照〈齊俗〉篇，其曰：「子路撜溺而受
　　　　牛謝，孔子曰：『魯國必好救人於患。』子贛贖人而不受金於府，孔子曰：『魯
　　　　國不復贖人矣。』子路受而勸德，子贛讓而止善。孔子之明，以小知大，以
　　　　近知遠，通於論者也。」出處見同上，卷十一，頁 515。
〔註165〕見【漢】劉安著、【漢】高誘注，劉文典集解：《淮南鴻烈集解》（出版處同前），
　　　　卷十三，頁 656。
〔註166〕出處見同上，卷十一，頁 523。

道家抗衡，有的則儒道又想互相融合。有的以道家而想融合儒家及其他諸家。有的則以儒家為主而想融合道家及其他諸家。〔註167〕

儒、道學說間的衝突，《淮南子》立說之本意是計劃將之消弭的，如〈泰族篇〉說：

> 夫觀六藝之廣崇，窮道德之淵深，達乎無上，至乎無下，運乎無極，翔乎無形，廣于四海，崇於太山，富於江河，曠然而通，昭然而明，天地之間無所系戾，其所以監觀，豈不大哉。〔註168〕

其欲調和儒、道的企圖，達成「觀六藝之廣崇，窮道德之淵深」的目標，《淮南子》下了非常多的工夫牽引儒家經典與思想，卻在兩派學說的核心關鍵處發生牴觸，導致全書理論產生前後不一、自相矛盾的情況。

對於這種情況，站在道家立場的《淮南子》，不可避免地開始對儒學展開批評。〈俶眞篇〉云：

> 施及周室之衰，澆淳散樸，雜道以僞，儉德以行，而巧故萌生。周室衰而王道廢，儒墨乃始列道而議，分徒而訟，於是博學以疑聖，華誣以脅眾，弦歌鼓舞，緣飾《詩》、《書》，以買名譽於天下。繁登降之禮，飾絞冕之服，聚眾不足以極其變，積財不足以贍其費。於是萬民乃始慆雎離跂，各欲行其知僞，以求鑿枘於世而錯擇名利。是故百姓曼衍於淫荒之陂，而失其大宗之本。夫世之所以喪性命，有衰漸以然，所由來者久矣。〔註169〕

《淮南子》認為儒學起於周末王道衰廢之時，其設計博學以妄擬聖人，用華詞來誣騙世人，編撰《詩》、《書》來沽名釣譽，並訂定繁縟的禮樂服制以奢侈浪費，凡此種種皆不能救衰起弊，徒然造成世人機智巧術的產生。其癥結就在於儒學「失其大宗之本」。

所謂「大宗之本」，就是儒、道兩家對其學術核心的定位與解釋有著根本上的歧異。〈繆稱篇〉說：

> 道者，物之所導也；德者，性之所扶也；仁者，積恩之見證也；義者，比於人心而合於眾適者也。〔註170〕

〔註167〕見氏著：《兩漢思想史》（出版處同前）（卷二），頁190。

〔註168〕見【漢】劉安著、【漢】高誘注，劉文典集解：《淮南鴻烈集解》（出版處同前），卷二十，頁1054。

〔註169〕出處見同上，卷二，頁52。

〔註170〕見【漢】劉安著、【漢】高誘注，劉文典集解：《淮南鴻烈集解》（出版處同前），

就道家而言，其學說之核心歸之一字曰「道」；「道」不但是導引萬物的主宰，也是萬物的根源；「德」是「道」落實到「性」的實體，扶持著天性的發展，兩者具有根源性、普遍性的意義。至於「仁」與「義」，則是恩惠之累積與符合眾人要求的行為，是倫常之理。〈說山篇〉說：

> 升之不能大於石也，升在石之中；夜之不能修其歲也，夜在歲之中；
> 仁義之不能大於道德也，仁義在道德之包。〔註171〕

根源性、普遍性的「道」與「德」可含括一切，也涵蓋了倫理性的「仁」與「義」，在價值論的位階上「道」與「德」明顯是至高無上的。故「道德」與「仁義」，在《淮南子》認為，應該是「體」與「用」的關係，故〈俶眞篇〉說：

> 以道為竿，以德為綸，禮樂為鉤，仁義為餌，投之於江，浮之於海，
> 萬物紛紛，孰非其有。〔註172〕

「道德」是主體，「仁義禮樂」是應用，掌握了「道」，即可「萬物紛紛，孰非其有」了。

對於儒家而論，「仁」與「義」才是價值的核心，為治道的基礎。〈泰族篇〉載：

> 仁義者，治之本也，今不知事修其本，而務治於末，是釋其根而灌
> 其枝也……故仁義者，為厚基者也，不益其厚而張其廣者毀，不廣
> 其基而增其高者覆。〔註173〕

〈氾論篇〉則說：

> 仁以為經，義以為紀，此萬事不更者也。〔註174〕

〈主術篇〉也說：

> 國之所以存者，仁義是也。〔註175〕

至於〈脩務篇〉，高誘解釋其篇名，說：

> 脩，勉。務，趨。聖人趨時，冠歧弗顧，履遺不取，必用仁義之道
> 以濟萬民，故曰脩務，因以題篇。〔註176〕

卷十，頁465。
〔註171〕出處見同上，卷十六，頁834。
〔註172〕出處見同上，卷二，頁56。
〔註173〕出處見同上，卷二十，頁1049。
〔註174〕見【漢】劉安著、【漢】高誘注，劉文典集解：《淮南鴻烈集解》（出版處同前），
　　　　卷十三，頁654。
〔註175〕出處見同上，卷九，頁384。
〔註176〕出處見同上，〈敘目〉，頁1190。

這四篇可視爲《淮南子》中儒家「仁義」之說的代表，〔註177〕但與「道德」仍有意義上的差距，故〈俶眞篇〉說：

> 今夫積惠重厚，累愛襲恩，以聲華嘔符嫗掩萬民百姓，使知之訢訢然，人樂其性者，仁也。舉大功，立顯名，體君臣，正上下，明親疏，等貴賤，存危國，繼絕世，決嬛治煩，興毀宗，立無後者，義也。閉九竅，藏心志，棄聰明，反無識，芒然仿佯於塵埃之外，而消搖於無事之業，含陰吐陽，而萬物和同者，德也。是故道散而爲德，德溢而爲仁義，仁義立而道德廢矣！〔註178〕

這是老子關於「道德失而仁義立」（〈三十八章〉）主張的發揮，也可見《淮南子》批評儒家思想的根本立場。

這種「道德失而仁義立」的主張，在《淮南子》中曾多次強調，如：

> 道散而爲德，德溢而爲仁義，仁義立而道德廢矣。（〈俶眞篇〉）

> 故道滅而德用，德衰而仁義生。故上世體道而不德，中世守德而弗懷也，末世繩繩乎唯恐失仁義。（〈繆稱篇〉）

> 率性而行謂之道，得其天性謂之德。性失然後貴仁，道失然後貴義。是故仁義立而道德遷矣，禮樂飾則純樸散矣，是非形則百姓眩矣，珠玉尊則天下爭矣。凡此四者，衰世之造也，末世之用也……及至禮義之生，貨財之貴，而詐僞萌興，非譽相紛，怨德並行，於是乃有曾參、孝己之美，而生盜跖、莊蹻之邪。（〈齊俗篇〉）〔註179〕

是故，《淮南子》將道德失落的過程，在歷史的演進中分成上世、中世、衰世，甚至末世，以此來說明：若無法從根本處做起，則邪辟巧僞之行爲將一再產生，而人們會一再重新豎立新的道德，如此循環往覆，則邪辟巧僞將永不止息。

此外，在對於人心的安頓上，《淮南子》對儒學的評論，亦是其失「大宗之本」，也就是未能究極事物之根源。故儒家所訂定的制度再多，也不能使人

〔註177〕金春峰也說：「劉安的賓客中有諸儒大山小山之徒，所以在〈脩務訓〉、〈泰族訓〉、〈主術訓〉、〈氾論訓〉中又自相矛盾地宣揚儒家『仁義爲本』思想。」見氏著：《漢代思想史》（出版處同前），頁262。

〔註178〕出處同上註174，卷二，頁54。

〔註179〕見【漢】劉安著、【漢】高誘注，劉文典集解：《淮南鴻烈集解》（出版處同前），卷二、卷十、卷十一，頁52、頁467、頁516。在〈本經篇〉中有更詳細的推論，茲不贅述。

心得到安頓。〈精神篇〉說：

> 今夫儒者，不本其所以欲而禁其所欲，不原其所以樂而閉其所樂，是
> 猶決江河之源而障之以手也。夫牧民者，猶畜禽獸也，不塞其圍垣，
> 使有野心，系絆其足，以禁其動，而欲脩生壽終，豈可得乎！夫顏回、
> 季路、子夏、冉伯牛，孔子之通學也。然顏淵夭死，季路葅於衛，子
> 夏失明，冉伯牛爲厲。此皆迫性拂情而不得其和也。〔註180〕

儒學「迫性拂情」，不懂探求心的本原而反根歸本的道理，只是雕琢傷害心性，
違反真實的感情，禁制閉塞心性的結果就是「終身爲悲人」（〈精神〉）。〈精神
篇〉又載：

> 儒者非能使人弗欲，而能止之；非能使人勿樂，而能禁之。夫使天
> 下畏刑而不敢盜，豈若能使無有盜心哉！〔註181〕

真正的欲求得不到滿足，只靠外在的規定限定行爲，「欲脩生壽終，豈可得
乎！」那如何能得到內心的和樂？〈原道篇〉說：

> 吾所謂樂者，人得其得者也。夫得其得者，不以奢爲樂，不以廉爲
> 悲，與陰俱閉，與陽俱開……吾所謂得者，性命之情，處其所安也。
>
> 〔註182〕

能讓性命之情，都能放置到它感到安適的地方，就可得心安頓之所。那如何
能得心安頓之所？〈精神篇〉以子夏得道而肥，心戰而臞來說明，〔註183〕只
有「道」，才能安性命之情，而「得」心之所得者也。

3. 儒道之衝突

《淮南子》企圖以道家思想爲主幹，來匯通各家思想，以達〈要略篇〉
所說：

> 窺道開塞，庶後世使知舉錯取舍之適宜，外與物接而不眩，內有以
> 處神養氣，宴煬至和，而已自樂所受乎天地者也。〔註184〕

〔註180〕出處見同上，卷七，頁316。
〔註181〕見【漢】劉安著、【漢】高誘注，劉文典集解：《淮南鴻烈集解》（出版處同前），
　　　　卷七，頁317。
〔註182〕出處見同上，卷一，頁6。
〔註183〕〈精神〉篇載：「子夏見曾子，一臞一肥，曾子問其故，曰：『出見富貴之樂
　　　　而欲之，入見先王之道又說之，兩者心戰，故臞。先王之道勝，故肥。』」出
　　　　處見同上，卷七，頁317。
〔註184〕出處見同上，卷二十一，頁1164。

在能包涵一切的「道」中，對儒家思想期望能予以適合的歸納，最終卻因兩者理論根源的歧異，造成同爲一部典籍的論點卻前後衝突的狀況。其中，《淮南子》中儒道思想的最大衝突在於對「學」的看法。

　　從《論語》首章〈學而〉篇以來，儒家學說的特色之一就是重學。在《淮南子》中，儒家重學的思想主要集中在〈脩務〉與〈泰族〉兩篇。〔註185〕〈脩務〉篇推論「學」的重要，先從人的分類著手；是篇作者認爲人分三類：一是「身正性善」、「不待學問而合於道者」，如堯、舜等；二是「不可教以道、不可喻以德」，「弗能正」、「不能化者」，如丹朱、商均等；三是「上不及堯、舜，下不若商均」者。「學」，即爲第三種人而設。這類人佔全體大多數，並無古聖先王天性超人之能，若常人「欲棄學而循性，是謂猶釋船而欲蹍水也」。〔註186〕此外，「學」則有益，〈脩務篇〉又說：

　　夫純鈎、魚腸之始下型，擊則不能斷，刺則不能入，及加之以砥礪，摩其鋒鍔，則水斷龍舟，陸剸犀甲。明鏡之始下型，矇然未見形容，及其扢以玄錫，摩以白旃，鬢眉微豪可得而察……夫學，亦人之砥錫也，而謂學無益者，所以論之過。知者之所短，不若愚者之所脩；賢者之所不足，不若眾人之有餘。〔註187〕

透過學習，則人可增加才能，而〈泰族〉篇也有強調學習的主張，如：

　　孔子弟子七十，養徒三千人，皆入孝出悌，言爲文章，行爲儀錶，教之所成也。墨子服役者百八十人，皆可使赴火蹈刃，死不還踵，化之所致也。〔註188〕

儒有孝悌之徒，墨多赴火蹈刃之役者，都是教化學習的功效。且「學」增加

〔註185〕如牟鍾鑒說：「〈泰族訓〉稱道孔子和六藝，與《禮記·經解》同，又主張以禮樂化民成俗，以實行宗法等級制度爲治國綱紀。〈脩務訓〉發揮儒家教育思想，反覆強調後天教化的重要。此兩篇中，儒的成分多於道，而作者又將〈泰族訓〉放在書末，作爲對其他各篇的小結，給予極高的評價。」見氏著：《《呂氏春秋》與《淮南子》思想研究·序言》（出版處同前），頁16。

〔註186〕古聖先王超人特異的形象，〈脩務〉篇載曰：「堯眉八彩，九竅通洞，而公正無私，一言而萬民齊。舜二瞳子，是謂重明，作事成法，出言成章。禹耳參漏，是謂大通，興利除害，疏河決江。文王四乳，是謂大仁，天下所歸，百姓所親。皋陶馬喙，是謂至信，決獄明白，察於人情。啓生於石，契生於卵，史皇產而能書，羿左臂脩而善射。」見【漢】劉安著、【漢】高誘注，劉文典集解：《淮南鴻烈集解》（出版處同前），卷十九，頁1038。

〔註187〕出處見同上，卷十九，頁1038。

〔註188〕出處見同上，卷二十，頁1081。

己身能力，也能傳承積累智慧與文明，〈脩務〉篇也說：

> 周室以後，無六子之賢，而皆修其業；當世之人，無一人之才，而
> 知其六賢之道者何？教順施續，而知能流通。由此觀之，學不可已，
> 明矣！〔註189〕

六賢指的是「蒼頡作書，容成造曆，胡曹爲衣，后稷耕稼，儀狄作酒，奚仲
爲車」，無六賢之能，而能使六賢之學賡續發展，使文明得以演化發明，皆是
「學」的功用。

　　相對於《淮南子》中的儒家重「學」思想，繼承道家老子「絕學無憂」（〈二
十章〉）、「爲學日益，爲道日損」（〈四十八章〉）等主張的《淮南子》作者，
知識學問與教化學習，與「失其大宗之本」的「仁義」同屬被批評的對象，〈俶
眞〉篇說：

> 是故聖人之學也，欲以返性於初，而游心於虛也。達人之學也，欲
> 以通性於遼廓，而覺於寂漠也。若夫俗世之學也則不然，握德擾性，
> 內愁五藏，外勞耳目，乃始招蟯振繾物之毫芒，搖消掉捎仁義禮樂，
> 暴行越智於天下，以招號名聲於世。此我所羞而不爲也。〔註190〕

從〈俶眞〉篇強調聖人之學、達人之學，貶斥俗世之學的內容來分析，我們
可以知道，《淮南子》的道家思想對「學」的看法，是以尋求道性、安放道心
的內視修養之學，而非普通的智識學問，具有道家「反智」的傾向，〈主術〉
篇又說：

> 人知之於物也，淺矣。而欲以遍照海內，存萬方，不因道之數，而
> 專己之能，則其窮不達矣。故智不足以治天下也。〔註191〕

這又是認爲智識無法窮極變化多端的萬物，故主張持本以使末、執道以治世。
本文認爲，雖然智識無法窮極萬物之變，卻也無法否定追求知識與學習有正面
積極的意義與人類天生的需求，道家對「學」的態度，無疑是有偏差的。〔註192〕

　　再者，對於「三年之喪」的態度，也是《淮南》儒、道思想衝突的地

〔註189〕出處見同上，卷十九，頁1040。

〔註190〕見【漢】劉安著、【漢】高誘注，劉文典集解：《淮南鴻烈集解》（出版處同前），
　　　　卷二，頁57。

〔註191〕出處見同上，卷九，頁386。

〔註192〕徐復觀說：「〈脩務訓〉一篇，乃站在儒家立場全面對道家思想加以反擊，而
　　　　在學的問題上，多發揮《荀子·勸學》之旨，對道家反學的態度，提出正面
　　　　的批評。」《兩漢思想史》（出版處同前）（卷二），頁203。

方。儒家認為,「三年之喪」是本諸人情的,《論語‧陽貨》載:

> 子生三年,然後免於父母之懷。夫三年之喪,天下之通喪也。〔註193〕

儒家從對父母的孝順之情出發,認為子生三年而免父母之懷,故主張「三年之喪」。對此,〈齊俗〉篇云:

> 禮者,實之文也;仁者,恩之效也。故禮因人情而為之節文,而仁發怦以見容。禮不過實,仁不溢恩也,治世之道也。夫三年之喪,是強人所不及也,而以偽輔情也。三月之服,是絕哀而迫切之性也。夫儒、墨不原人情之終始,而務以行相反之制,五縗之服。悲哀抱於情,葬薶稱於養,不強人之所不能為,不絕人之所能已。度量不失於適,誹譽無所由生。〔註194〕

《淮南子》中之道家思想,批評儒家「三年之喪」不當,是「以偽輔情」者。因為「禮」是對實際內涵的文飾,要根據人的感情而加以修飾或節制,服喪三年,這是強迫用虛偽的行為來掩飾情感,很明顯地與儒家從父母的角度切入不同,是由子女的角度來看這件事的。那當秉持何種原則?〈齊俗〉篇又說:

> 義者,循理而行宜也;禮者,體情制文者也。義者宜也,禮者體也。〔註195〕

禮義之行必須名實兼顧,從實際的現狀著手考量,〈氾論〉篇則說:

> 聖人法與時變,禮與俗化,衣服器械各便其用,法度制令各因其宜。〔註196〕

在不同的時空環境,就該有不同的作法,只要不虛偽做作即可,故《淮南子》認為「三月之喪」才是切合人情的作法。就此點而言,儒家「三年之喪」確有虛偽不實之弊,〔註197〕但從另一方面而言,這種不由主政的國君所限定的

〔註193〕【魏】何晏注、【宋】邢昺疏、【清】阮元校勘:《論語》(《十三經注疏本》,台北:藝文印書館,1982年。),卷第十七,頁384。

〔註194〕見【漢】劉安著、【漢】高誘注,劉文典集解:《淮南鴻烈集解》(出版處同前),卷十一,頁516。〈本經〉篇也說:「夫三年之喪,非強而致之,聽樂不樂,食旨不甘,思慕之心,未能絕也。晚世風流俗敗,嗜欲多,禮義廢,君臣相欺,父子相疑,怨尤充胸,思心盡亡,被衰戴絰,戲笑其中,雖致之三年,失喪之本也。」卷八,頁345。

〔註195〕出處見同上,卷十一,頁516。

〔註196〕出處見同上,卷十三,頁656。

〔註197〕徐復觀也說:「他們(指《淮南子》)反對迂儒所言的禮。反對虛偽的禮,反

「禮」，實際上也反映出《淮南子》反對中央集權主張，故對「禮」的意義與內涵，亦須將此點納入考量。

（三）法家思想的融合

《淮南子》著作的立場，是要貫通天道、地道、人道與帝王之術，這是黃老思想一貫的特色。不論是司馬談論「道家」「採儒墨之善，撮名法之要」，還是班固所說的「雜家」「兼儒墨，合名法」，皆顯示出黃老學說一貫的綱領：以道德爲本，聯接天道與治道的帝王統治術。〔註198〕

當然，《淮南子》對於法家學說中基本的「法、術、勢」觀念皆有吸收，且集中在〈主術篇〉，其云「法」：

> 今夫權衡規矩，一定而不易，不爲秦、楚變節，不爲胡、越改容，
>
> 常一而不斜，方行而不流，一日刑之，萬世傳之，而以無爲爲之。

〔註199〕

「法」是公平無私的，強調其客觀性與穩定性，符合法家基本的精神。至於「以無爲爲之」，那是《淮南子》吸納此三者的橋樑；意即透過「無爲」，將法家思想融合。〈主術篇〉又說：

> 喜怒形於心者欲見於外，則守職者離正而阿上，有司枉法而從風，
>
> 賞不當功，誅不應罪，上下離心，而君臣相怨也。……是故君人者，
>
> 無爲而有守也，有爲而無好也。有爲則讒生，有好則諛起。〔註200〕

這是強調「術」的重要。所謂「有術則制人，無術則制於人」（〈主術篇〉）《淮南子》所強調的馭下術，與《韓非子》喜怒不形於外的君術相通，並以「無

對爲統治階級、特權階級所特享的禮，而特著重隨時隨俗，因人性的傾向、要求所制的上下、內外如一的禮」見《兩漢思想史》（出版處同前）（卷二），頁 272。

〔註198〕陳麗桂也說：「黃老思想基本上是道家思想的雜家化，尤其是法家化，它常常以法家觀點去轉化道家思想。道家推崇天道，提倡無爲；法家推崇治道，講求刑名與法治。到了黃老學家，這些通通統合起來。他們推崇天道，是爲了從中提煉出治道；他們崇尚自然無爲，是爲了替刑名、法政找尋一個高超的支撐理據。一切對道家思想的推闡，其終極目的，大多是在爲法家理論尋找出路。」見氏著：〈《淮南子》裡的黃老思想〉《秦漢時期的黃老思想》（出版處同前），頁 112）。

〔註199〕見【漢】劉安著、【漢】高誘注，劉文典集解：《淮南鴻烈集解》（出版處同前），卷九，頁 384。

〔註200〕見【漢】劉安著、【漢】高誘注，劉文典集解：《淮南鴻烈集解》（出版處同前），卷九，頁 384。

爲」貫串，以達「無不爲」，在「勢」的觀念上，〈主術篇〉說：

> 權勢者，人主之車輿；爵祿者，人臣之轡銜也。是故人主處權勢之
> 要，而持爵祿之柄，審緩急之度，而適取予之節，是以天下盡力而
> 不倦。夫臣主之相與也，非有父子之厚，骨肉之親也，而竭力殊死，
> 不辭其軀者，何也？勢有使之然也。〔註201〕

人主可視爲天下資源的分配者，以擁有分配的權勢，使群臣盡死力，則可「無
不爲」矣。

除了法家基本的觀念，基於一貫的黃老思想，《淮南子》也試圖將天道與
治道連繫起來，〈本經〉篇載：

> 帝者體太一，王者法陰陽，霸者則四時，君者用六律。太一者，牢
> 籠天地，彈厭山川，含吐陰陽，伸曳四時，紀綱八極，經緯六合。
> 覆露照導，普汜無私。蠉飛蠕動，莫不仰德而生。陰陽者，承天地
> 之和，形萬殊之體；含氣化物，以成埒類；贏縮卷舒，淪於不測；
> 終始虛滿，轉于無原。四時者，春生夏長，秋收冬藏；取予有節，
> 出入有時；開闔張歙，不失其敘；喜怒剛柔，不離其理。六律者，
> 生之與殺也，賞之與罰也，予之與奪也，非此無道也。故謹於權衡
> 準繩，審乎輕重，足以治其境內矣。〔註202〕

〈本經篇〉將人主分爲四等，並從帝、王、霸、君對「道」的體悟來分級，
而對「太一」、「陰陽」、「四時」與「六律」的描述，很明顯地見到從「天道」
一級一級地往下延伸至「地道」與「人道」。所謂「太一」者，是「牢籠天地，
彈壓山川，含吐陰陽，伸曳四時」；「陰陽」者，是「承天地之和，形萬殊之
體；含氣化物，以成埒類」，這是「天道」。而「四時」者，「春生夏長，秋收
冬藏；取予有節，出入有量」，這是「地道」。「六律」者，是「生之與殺也，
賞之與罰也，予之與奪也」，這是「人道」。與「天道」、「地道」、「人道」相
應，則有各自的「治道」。〈本經篇〉又說：

> 是故體太一者，明於天地之情，通于道德之倫，聰明燿於日月，精
> 神通於萬物，動靜調於陰陽，喜怒和於四時，德澤施于方外，名聲
> 傳於後世。法陰陽者，德與天地參，明與日月竝，精與鬼神總，戴
> 圓履方，抱表懷繩，內能治身，外能得人，發號施令，天下莫不從

〔註201〕出處見同上，卷九，頁384。
〔註202〕出處見同上，卷八，頁349。

風。則四時者，柔而不脆，剛而不鞼，寬而不肆，肅而不悖，優柔委從，以養群類，其德含愚而容不肖，無所私愛。用六律者，伐亂禁暴，進賢而退不肖，扶撥以爲正，壞險以爲平，矯枉以爲直，明於禁舍開閉之道，乘時因勢，以服役人心也。帝者體陰陽則侵，王者法四時則削，霸者節六律則辱，君者失準繩則廢。故小而行大，則滔窕而不親；大而行小，則狹隘而不容。貴賤不失其體，則天下治矣。〔註203〕

第一等的統治者明白天地的實情，精通道德的條理，他的明智、聰察比日月還要明亮，精神能與萬物相通；第二等的統治者，德行與天地相合爲一，智慧與日月同輝，精神與鬼神相合；第三等的統治者，柔軟而不脆弱，剛彊而不會折斷，寬和而不鬆緩，峻急而不逆亂，寬容而順從自然；第四等的統治者，能討伐作亂、禁止暴虐，能進用賢人而罷黜不正，更能趁著時機，依順形勢來指揮人民。這四等統治者各自依據「天道」衍生的層次，而各有相對應的「治道」，若施政違反了與自身相等級的「道」，或「侵」、或「削」、或「辱」、或「廢」，小則招辱，大則取敗。這種「天道」、「治道」相通的模式，與《黃老帛書》的概念十分相同。帛書《經法・四度》篇云：

日月星辰之期，四時之度，〔動靜〕之立（位），外內之處，天之稽也。高〔下〕不敝（蔽）其刑（形），美亞（惡）不匿其請（情），地之稽也。君臣不失其立（位），士不失其處，任能毋過其長，去私而立公，人之稽也。〔註204〕

日月四時有序，此爲天道；地勢貧瘠有定，此爲地道；君臣賢愚有位，此爲人道，與《淮南子》的觀念大抵一致。

但值得注意的是，帛書中對「法」的來源，強調是來自「聖人」對「天道」的領悟，君主取法天地之道，以制定各種律令政策，是其尊君思想的根基。《淮南子》雖也循法家的思想，強調尊君卑臣、君上臣下之論，但對於「法」的觀念，則吸收儒家思想而有所演化。

對於尊君卑臣之論，《淮南子》多以人君如根、人臣如枝爲喻，如〈主術篇〉云：

〔註203〕見【漢】劉安著、【漢】高誘注，劉文典集解：《淮南鴻烈集解》（出版處同前），卷八，頁349。
〔註204〕見《馬王堆漢墓帛書（壹）》（精裝本）（出版處同前），第一篇，〈四度〉第五，頁155。

枝不得大於幹，末不得強於本，則輕重大小有以相制也。若五指之
屬於臂，搏援攫捷，莫不如志，言小以屬大也。〔註205〕

君本臣末、君主臣副，上下嚴格的分際也代表著君逸臣勞、君虛臣實，似乎
仍是延續法家君權說的傳統，但是，《淮南子》對「法」產生的看法，已非如
前述《黃老帛書》之聖人體天道而制定，而是吸收儒家之說，將人君之行爲
也納入「法」的規範。〈主術篇〉說：

法者，天下之度量，而人主之準繩也。縣法者，法不法也。法定之
後，中程者賞，缺繩者誅。尊貴者不輕其罰，而卑賤者不重其刑，
犯法者雖賢必誅，中度者雖不肖必無罪，是故公道通而私道塞矣。
古之置有司也，所以禁民使不得自恣也；其立君也，所以劀有司、
使無專行也。法籍禮儀者，所以禁君，使無擅斷也。〔註206〕

雖然，法家及黃老思想，也有人君不當知法犯法之論，但高舉立法之因，乃
是爲限制國君的權利，這就不得不讓人意識到，《淮南子》在以「道」融「法」
的同時，也正視人君絕對的權威下所產生的弊病，並提出改正以挽救此缺陷
的用心。此外，〈主術篇〉又說：

法生於義，義生於眾適，眾適合於人心，此治之要也。〔註207〕

「法」生於眾適，眾適即民心，且「法」可制君，君又以之制臣，臣又以之
制民，使得《淮南子》在發揮法家學說時，無嚴刻峭峻之弊，反而呈現溫潤
厚澤的光輝。

在「道」與「法」融合之下，《淮南子》對嚴刑峻法展開批評，如〈覽冥〉
篇說：

今若夫申、韓、商鞅之爲治也，捽拔其根，蕪棄其本，而不窮究其
所由生，何以至此也？鑿五刑，爲刻削，乃背道德之本，而爭於錐
刀之末，斬艾百姓，殫盡太半，而忻忻然常自以爲治，是猶抱薪而
救火、鑿竇而止水。〔註208〕

對法家指標性人物如申不害、韓非、商鞅之說提出質疑，直指他們的嚴刑峻

〔註205〕見【漢】劉安著、【漢】高誘注，劉文典集解：《淮南鴻烈集解》（出版處同前），
卷九，頁387。
〔註206〕出處見同上，卷九，頁387。
〔註207〕見【漢】劉安著、【漢】高誘注，劉文典集解：《淮南鴻烈集解》（出版處同前），
卷九，頁387。
〔註208〕出處見同上，卷六，頁279。

法只會越治越亂，〔註209〕因爲「法者，治之具也，而非所以爲治也。」（〈泰族〉訓）可見《淮南子》在融合法家學說之餘，對法家君權過大與嚴刑峻法的流弊，有直接而深刻的認識。

三、《淮南子》政治學說之要

《淮南子》在整體思想上的特色是以「道」的觀念，融匯其他諸家的學說，具有典型黃老學派的特色。但另一方面，《淮南子》的政治思想卻顯示出反對中央集權的傾向，這當與淮南王劉安的地方諸侯身分有關。以下即說明之。

（一）絕對君權的歧出

漢朝初年分封同姓諸侯的政治考量，與周代「封建親戚，以蕃屏周」（《左傳・僖公二十四年》）的統制思維如出一轍。劉氏王朝在當時東方社會未能全面推行郡縣制的狀況下，採取了避免像秦朝強硬實施其制而暴亡的政策，主動調和了封建制與郡縣制，冀望以同姓諸侯國爲屏障來「承衛天子」。漢王室中央僅僅有除錯諸侯王國丞相之權，而諸侯王擁有廣大的封地，除了能建置自己獨立的軍隊外，更能擁有獨立的租稅權與行政自主權，漢王室除了以道德層面要求各諸侯王確實安守其藩國外，其餘竟無任何具有強制而有效的約束力，故最終必走上以武力解決此一矛盾的道路。〔註210〕

〔註209〕〈泰族〉訓也說：「趙政晝決獄而夜理書，御史冠蓋接於郡縣，覆稽趨留，戍五嶺以備越，築脩城以守胡，然奸邪萌生，盜賊群居，事愈煩而亂愈生。」出處見同上，卷二十，頁1094。

〔註210〕漢初劉氏同姓諸侯與中央政府的關係等同於周代初年實行至東周戰國時的封建制度。封建制度，在本文指秦以前的「封建制」，與之後的「郡縣制」相對，但有些學者解釋有異於此，故不得不先爲說明。自陶希聖、郭沫若以來，多以社會主義的角度解釋之，稱吾人所稱「封建」爲「奴隸主社會」，「郡縣制」則名爲「封建社會」，本文探究的重點不在此名詞之差異，故記而識之。關於二者的差異，可參考何懷宏：〈「封建社會」概念的由來〉（香港：二十一世紀雙月刊，1995年6月號，總第29期），頁73。在秦始皇統一六國後，關於奠定國家政治體制的方向時，曾有過一番爭論。《史記・秦始皇本紀》載：「丞相綰言：『諸侯初破，燕、齊、荊地遠，不爲置王，毋以填之。請立諸子，唯上幸許』。始皇下其議於群臣，群臣皆以爲便。廷尉李斯議曰：『周文、武所封子弟、同姓甚眾，然後屬疏遠，相攻擊如仇讎，諸侯更相誅伐，周天子弗能禁止。今海內賴陛下神靈一統，皆爲郡縣，諸子功臣以公賦稅重賞賜之，甚足，易制，天下無異議，則安寧之術也。置諸侯不便』。始皇曰：『天下共苦戰鬥不休，以有王侯。賴宗廟，天下初定，又復立國，是樹兵也，而求其

　　漢王朝的同姓諸侯王，在漢朝初年間確實在替置異姓諸侯王與鎮守藩屬領地時發揮穩定劉氏王朝基業的功效，但在漢朝初年休養生息後，各諸侯國的軍事、經濟、社會等有生力量得到復甦，各諸侯王自覺到與漢王室之間，在政治權威上相差無幾，甚至在現實政治利益的考量下，興起了取代漢王室的意圖，自然會設法擴大自己的勢力。是故，隨著諸侯勢力與權力互相盤旋攀升，漢王室與東方諸侯間的矛盾越形尖銳，成為漢朝中期前，在政治上極需解決的問題。劉邦在楚漢爭霸後，奠定漢朝國家政權體制，採取封建郡縣並行，也就是郡國並行制。除了考量秦王朝覆滅如此迅速之因外，歷史思維的影響與現實條件使然也是決定此一國策的重要成因。

　　漢王朝與秦王朝最大的不同，是漢王朝乃劉邦及其麾下功臣透過戰爭所得之軍功所共同創造，並非如秦王朝有著長遠的歷史傳承與血緣世襲。所以，漢王朝是建立在大小功臣與劉邦所共同建構的巨大利益之上，相對於劉氏集團的追隨者，劉氏王朝所得之部分是最大的。這種「有限皇權」的論點，〔註211〕可從劉邦獲得天下的過程中找到證據。在楚漢爭霸期間，劉邦為分化瓦解項羽勢力，除了拉攏項羽所封的諸侯王，如九江王英布、燕王臧荼、趙王張耳與衡山王吳芮外，對左右戰局有莫大影響者，尚以土地懸賞之。〔註212〕所以，

　　　　寧息，豈不難哉！廷尉議是』。分天下為三十六郡，郡置守、尉、監。」從丞
　　　　相王綰的提議與諸大臣同聲贊同來看，周代實行八百餘年的封建制度，在秦
　　　　王朝的統治階層中，仍是普遍且容易接受的政治思惟；但也因實施封建制，
　　　　在東周造成群雄並起，戰國紛亂的國際形勢。故李斯從封建制度的弊端切入，
　　　　直指封建制將造成諸侯坐大、不利於統一控制，果然打動秦始皇，使秦王朝
　　　　實行郡縣制。見（日）瀧川龜太郎《史記會注考證》（出版項見同前），本紀
　　　　第六，卷六，頁105。
〔註211〕如李開元說：「劉邦作皇帝一事，不過是劉邦集團基於共天下的理念和歷史，
　　　　根據個人的功勞公平分配天下權益的一部份而已。得天下之權益的絕大部
　　　　分，是由構成漢初軍功受益階層的劉邦集團的廣大成員基於同一原則和理
　　　　念，在同一分配運動中獲得並所有了。不難看出，由這種理念和歷史所規定
　　　　的劉邦之皇權，並非是如秦始皇所擁有的那種絕對的專制皇權，而是一種新
　　　　型的相對性有限皇權。」見氏著《漢帝國的建立與劉邦集團：軍功受益階層
　　　　研究》（出版項見同前），頁250。
〔註212〕《史記·項羽本紀》載：「漢五年，漢王乃追項王至陽夏南，止軍，與淮陰侯
　　　　韓信、建成侯彭越期而擊楚軍。至固陵，而信、越之兵不會。楚擊漢軍，大
　　　　破之。漢王復入壁，深塹而自守。謂張子房曰：『諸侯不從約，為之奈何？』
　　　　對曰：『楚兵且破，信、越未有分地，其不至固宜。君王能與共分天下，今可
　　　　立致也。即不能，事可知也。君王能自陳以東傅海，盡與韓信；睢陽以北至
　　　　穀城，以與彭越：使各自為戰，則楚易敗也。』漢王曰：『善。』…使者至，

異姓諸侯對於成就劉氏王朝的根基，有其決定性的功蹟。然而，本文尚要進一步探究的是，在剪除諸異姓諸侯王之後，劉邦本可如秦王朝一般乘勢實行郡縣制，爲何仍要採取不利於中央統治的郡國並行制呢？是因爲歷史思維的影響？還是現實條件不允許？睽諸史實，這當是因爲當時現實環境之條件，尚不允許漢王朝全面實行郡縣制，貿然施行，恐怕重導秦朝覆轍。

從高祖五年（202B.C.）至十二年（195B.C.），劉邦所封異姓諸侯王，除了長沙王吳芮因地小勢弱反得保全外，〔註213〕其餘諸侯王皆被翦除殆盡。以下即表列以清眉目。

表 3-3　劉邦所封異姓諸王表〔註214〕

國　名	王　名	出身階層	始封時間	終封時間	附　註
燕	臧荼	燕平民	漢元年　二月	高五年　九月殺	
韓	韓信	韓王族	漢二年十一月	高七年　十月亡	高十一年春殺
淮南	英布	楚平民	漢四年　七月	高十二年殺	
趙	張耳	魏官僚	漢四年十一月	高五年　薨	子（張敖）高九年廢
楚	韓信	楚平民	高五年　正月	高六年　十二月廢	高十年殺
梁	彭越	魏平民	高五年　二月	高十一年　三月殺	
燕	盧綰	楚平民	高五年　九月	高十二年亡	惠帝元年死
長沙	吳芮	楚官僚	高五年　正月	高五年　六月死	

在誅除異姓諸侯王的過程中我們可以得知，這些諸侯王並非全部預存反叛漢王朝的思想，如楚王韓信於楚漢爭霸時，因劉邦知遇之恩而未反，趙王張敖阻止趙相貫高、趙午謀害劉邦卻受牽連，韓王信因懼漢責讓有二心才反，梁王彭越亦拒絕其部屬扈輒勸說謀反而被殺，淮南王英布因楚王信、梁王越被誅事，懼而謀反，燕王盧綰亦因諸侯王被翦除殆盡而動搖與劉邦深厚的情誼。可見在漢王朝猜忌與清除帝國隱患的既定政策下，各諸侯王因恐慌疑懼的心理所做的種種自保手段，逐漸被引導成爲叛亂的事實。

韓信、彭越皆報曰：『請今進兵。』」見（日）瀧川龜太郎《史記會注考證》，本紀第七，卷七，頁 134。

〔註213〕據《史記·惠景閒侯者年表》，長沙王國計傳五世，歷四十六年，至漢文帝後元十年（157B.C.），因無嗣而國除，頁 360。

〔註214〕此表參照《史記·漢興以來諸侯王年表》與《史記》諸傳所列。

　　但自另一方面而言，漢初翦除異姓諸侯王，實有助於漢王朝的長治久安，其軍事行動因時間甚短，所引發的社會動盪相對較小，整體國家與人民的負擔並不多，對於維持長遠的社會與政治秩序來說，確為一成功的治國手段。與此同時，漢王朝與異姓諸侯間的爭鬥結束，卻掀啓另一政治角力劇場的幕帷，那就是劉氏統治集團與同姓諸侯間的鬥爭，而這種情況是與漢王朝治國基本政策的訂定與方向息息相關。

　　從《史記‧秦始皇本紀》「山東郡縣少年苦秦吏」之記載可見，秦王朝在推行秦法制度及文化時，山東諸國原本接受程度就不高，這種現象的原因，就在於秦地之風俗文化與山東各國有顯著的不同。《史記‧淮陰侯列傳》載：「齊僞詐多變，反覆之國也。」〈吳王濞列傳〉載：「吳太子師傅皆楚人，輕悍，又素驕。」〈貨殖列傳〉載：「齊、趙設智巧，抑機利。」司馬遷在〈淮南衡山列傳〉中也說：「夫荊楚僄勇輕悍，好作亂，乃自古記之矣。」由於秦領地治下，已習於秦法，故統一六國後在故秦地推行郡縣制並無衝突，而山東六國與秦文化存在的巨大差異，使得這些地區抗爭不斷。﹝註215﹞從《史記‧秦楚之際月表》中記載可知，在楚漢爭霸期間，韓信與張耳在井陘之役後滅趙後，便已設置趙、代二郡，但顯然趙人並未能接受這一制度，因為參見〈淮陰侯列傳〉記載，韓信後來建議立張耳為趙王以「鎮撫其國」；而韓信平定齊國後，齊人多有反叛，故等韓信改為楚王後，齊廢為郡，曹參歸漢相印，但仍繼續留下「平齊未服者」（《史記‧曹相國世家》）。至於楚地，在韓信被廢為淮陰侯後，劉邦即直接封同姓子弟為荊、楚之王（《史記‧漢興以來諸侯王年表》），這些情況都是因為當地的風俗民情與久行郡縣制的秦地不同所導致。

　　高祖六年（201B.C.）十二月，劉邦僞遊雲夢、執楚王韓信後，田肯提出分封親子弟為齊王的奏議。田肯說：

﹝註215﹞陳蘇鎮也說：「秦以郡縣治東方，用秦吏奉秦法『經緯天下』，移風『濯俗』，結果激起東方社會的反抗，其中楚人表現得最激烈，齊人、趙人次之，其間包含著區域文化的差異與衝突。而在劉邦重建帝業的過程中，這種區域文化的差異與衝突又一次顯現出來，且仍以楚、齊、趙三地最為明顯。由此我們看到，在東西文化尚未充份融合、戰國時代的文化佈局仍然存在的情況下，劉邦建立漢家帝業，一方面必須『承秦』，包括承秦之制，另外一方面又必須尊重東方社會之習俗，特別是楚、齊、趙人之俗。這是歷史對劉邦的苛刻要求，也是漢初實行郡國並行制的深層背景。」見氏著《漢代政治與《春秋》學》（出版項見同前），頁79。

陛下得韓信，又治秦中。秦，形勢之國，帶山河之險，縣隔萬裏，
持戟百萬，秦得百二焉。地埶便利，其以下兵於諸侯，譬猶居高屋
之上見瓴水也。夫齊，東有琅邪、即墨之饒，南有泰山之固，西有
濁河之限，北有勃海之利。地方二千里，持戟百萬，縣隔千里之外，
齊得十二焉。故此東西秦也。非親子弟，莫可使王齊矣。〔註216〕

田肯分析齊地具有高度的戰略位置與經濟力量，力主非劉氏親子弟不得為
王，劉邦果真接納此一奏議，正式分封同姓子弟為王，《漢書・高帝紀》載劉
邦應田肯之詔曰：

齊，古之建國也，今為郡縣，其復以為諸侯。將軍劉賈數有大功，
及擇寬惠脩絜者，王齊、荊地。〔註217〕

後在此建議的推波助瀾下，除了立從父子劉賈為荊王，又立弟劉交為楚王，
兄劉仲（喜）為代王，庶長子劉肥為齊王。這不僅代表的是劉氏王朝正式分
封同姓親子弟諸侯的開端，也宣告了漢王朝初期的國家制度的形成——郡國
並行制。此種政治形態，造成了漢初諸侯王國與中央政府間千絲萬縷又衝突
對立的關係。

　　自此，劉邦從高祖六年到十二年間，共分封了九個同姓諸侯國，而這九
國的格局，基本上延續了惠帝、呂後、文帝、至景帝，中間雖有變動，但其
規模卻是此時期奠定的，其具體形勢則表列如下。

表 3-4 劉邦所封同姓諸侯表〔註218〕

國　名	王　名	身　分	始封時間	終封時間	附　註
荊	劉賈	從父子	高祖六年	高十一年殺	分楚王信地後封
楚	劉交	劉邦弟	高祖六年	文帝元年死	分楚王信地後封
齊	劉肥	劉邦子	高祖六年	惠帝六年死	廢齊郡後封王
代	劉喜 劉如意 劉恒	劉邦兄 劉邦子 劉邦子	高祖六年 高祖七年 高祖十一年	高祖七年廢為侯 高九年徙為趙王 呂後八年為文帝	廢趙郡後封王 繼劉喜而立 代相陳豨反後封

〔註216〕見（日）瀧川龜太郎《史記會注考證・高祖本記》（出版項見同前），本紀第
　　　　八，卷八，頁154。
〔註217〕見〔漢〕班固撰，〔唐〕顏師古注：《漢書》（出處見同前），卷一下，紀第一
　　　　下，頁55。
〔註218〕此表參照《史記・漢興以來諸侯王年表》與《史記》諸傳所列。

趙	劉如意	劉邦子	高祖九年	高祖十二年殺	趙王張敖廢後改立
淮南	劉長	劉邦子	高祖十一年	文帝六年遷死	淮南王布反封
燕	劉建	劉邦子	高祖十一年	呂後七年死	燕王琯反後封
淮陽	劉友	劉邦子	高祖十一年	惠帝元年徙趙王	徙韓王信後封
吳	劉濞	劉邦兄子	高祖十二年	景帝三年殺	襲劉賈故地後改稱
梁	劉恢	劉邦子	高祖十二年	呂後七年徙趙王	梁王越反後封

這九個同姓諸侯王的封地，佔有漢王朝東半部大部分地區，《史記‧漢興
以來諸侯王年表》載：

> 自雁門、太原以東至遼陽，爲燕、代國。常山以南，大行左轉，度
> 河、濟，阿、甄以東至薄海，爲齊、趙。自陳以西，南至九疑，東
> 帶江、淮、穀、泗，薄會稽，爲梁、楚、淮南、長沙國；皆外接於
> 胡、越。而內地北距山以東盡諸侯地，大者或五、六郡，連城數十，
> 置百官宮觀，僭於天子。〔註219〕

這些諸侯的設置，是漢王朝統治階層爲了鞏固國土東半部的安定而立，正如
司馬遷所說：

> 天下初定，骨肉同姓少，故廣疆庶孽，以鎮撫四海，用承衛天子也。
> 〔註220〕

班固亦云：

> 漢興之初，海內新定，同姓寡少，懲戒亡秦孤立之敗，於是剖裂疆
> 土，立二等之爵。功臣侯者百有餘邑，尊王子弟，大啓九國。〔註221〕

在廣立同姓諸侯王後，短時間內果真獲得漢王朝的穩定，異姓諸侯王除了長
沙王吳臣外，〔註222〕皆已被翦除殆盡。

劉氏王朝在當時東方社會未能全面推行郡縣制的狀況下，採取了避免像
秦朝強硬實施其制而暴亡的政策，主動調和了封建制與郡縣制，冀望以同姓
諸侯國爲屏障來「承衛天子」。這種統治思維直到漢武帝劉徹時仍然存在，《史

〔註219〕見（日）瀧川龜太郎《史記會注考證》（出版項見同前），表第五，卷十七，
　　　　頁313。

〔註220〕見同上，表第五，卷十七，頁314。

〔註221〕見〔漢〕班固撰，〔唐〕顏師古注：《漢書‧諸侯王表》（出處見同前），卷十
　　　　四，表第二，頁392。

〔註222〕吳臣乃故長沙王吳芮子。《史記‧漢興以來諸侯王年表》：「高祖子弟同姓爲王者
　　　　九國，唯獨長沙異姓，而功臣侯者百有餘人。」（出版項見同前），表第五，卷
　　　　十七，頁310。

記‧三王世家》載霍去病統群臣上書，曰：

> 古者裂地立國，並建諸侯以承天子，所以尊宗廟重社稷也……高皇
> 帝撥亂世反諸正，昭至德，定海內，封建諸侯，爵位二等。皇子或
> 在襁褓而立爲諸侯王，奉承天子，爲萬世法則，不可易。〔註223〕

後武帝果立皇子閎、旦、胥爲諸侯王。這些現象皆顯示封建諸侯的觀念根深蒂固地存在於漢朝統治階層的政治思維裡，在郡縣制上未能全面施行的狀況下，漢王朝中央與地方諸侯的關係確實有如周代初年政治的重置。《史記‧漢興以來諸侯王年表》載當時漢王朝中央直接統轄的區域：

> 漢獨有三河、東郡、穎川、南陽，自江陵以西至蜀，北至雲中至隴
> 西，與內史凡十五郡，而公主列侯頗食邑其中。〔註224〕

在「內地北距山以東盡諸侯地，大者或五、六郡，連城數十，置百官宮觀，僭於天子」的形勢下，漢王朝中央與地方諸侯的關係，也如同周代王室與諸侯，僅僅只是位階高低不同的政治實體，並無絕對的上下隸屬關係，成爲漢王朝初年最重大的隱患。〔註225〕

　　漢王朝初年在不得已的條件下實行郡國並行制，針對異姓諸侯，用同姓諸侯來替置劉氏集團中相對性的不穩定成份，取得了相當大的成果。由於漢王朝是諸功臣與劉邦等共同取得的成果，皇權相對於秦王朝是較小的，與周代初年相似。而在避免了同秦王朝敗亡之速後（封建同姓子弟爲王），面對周王朝後期各諸侯國不聽周王室的亂政之源（封建同姓子弟爲王），漢王朝亦採取因應的政治措施，但這些舉錯皆是消極性的。《史記‧五宗世家》載司馬遷之言，曰：

> 高祖時諸侯皆賦，得自除內史以下，漢獨爲置丞相，黃金印。諸侯
> 皆自除禦史、廷尉正、博士、擬於天子。〔註226〕

《漢書‧高五王傳》中，班固亦曰：

〔註223〕見同注219，世家第三十，卷六十，頁817。

〔註224〕見（日）瀧川龜太郎《史記會注考證》（出版項見同前），表第五，卷十七，頁315。

〔註225〕袁俊傑說：「西漢雙重地方行政組織系統並存，並行郡縣制與分封制，因此，儘管漢初實行的地方行政制度本質上還是郡縣制，但是，由於諸侯王國的存在，使西漢的郡縣制形成爲兩個系統：一個是皇帝直屬的漢郡及其轄縣，一個是王國所屬的支郡及其轄縣。兩個系統互相平行，總統於中央。」李玉潔主編《中國早期國家性質》（臺北：雲龍出版社，2003年2月），頁559。

〔註226〕見同注224，世家第二十九，卷五十九，頁811。

（高祖）時諸侯得自除御史大夫群卿以下眾官，如漢朝，漢獨爲置
丞相。〔註227〕

漢王室中央僅僅有除錯諸侯王國丞相之權，而諸侯王擁有廣大的封地，除了
能建置自己獨立的軍隊外，更能擁有獨立的租稅權與行政自主權，漢王室除
了以道德層面要求各諸侯王確實安守其藩國外，其餘竟無任何具有強制而有
效的約束力。〔註228〕

　　爲解決諸侯王越形膨脹的勢力，有識之士皆欲提出解決之方案，如文帝
時劉安之父劉長素驕橫，袁盎諫曰：「諸侯大驕必生患，可適削地。」後劉長
死，文帝復封劉長四子爲列侯，賈誼亦以此諫曰：「諸侯或連數郡，非古之制，
可稍削之。」並以「眾建諸侯以少其力」建議文帝；景帝時，晁錯則主張直
接削除諸侯封地以入漢爲郡；武帝時，則有主父偃推恩分封諸侯子弟〔註229〕。

　　在此情形下，漢朝中央與諸侯王的衝突越形激烈。景帝朝時，終因晁錯
的削地之策，導致吳楚七國之亂的爆發。晁錯說：

昔高帝初定天下，昆弟少，諸子弱，大封同姓，故王孽子悼惠王王
齊七十餘城，庶弟元王王楚四十餘城，兄子濞王吳五十餘城。封三
庶孽，分天下半。今吳王前有太子之隙，詐稱病不朝，於古法當誅。
文帝弗忍，因賜几杖，德至厚。不改過自新，乃益驕溢，公即山鑄
錢，煮海水爲鹽，誘天下亡人謀作亂逆。今削之亦反，不削之亦反。
削之，其反亟，禍小；不削，其反遲，禍大。」〔註230〕

景帝採納其議，削吳、趙、膠西諸王數郡，吳、楚等七國遂於景帝三年（154B.C.）

〔註227〕見〔漢〕班固撰，〔唐〕顏師古注：《漢書》（出處見同前），卷三十八，傳第
　　　　八，頁1987。

〔註228〕袁俊傑說：「西漢雙重地方行政組織系統並存，並行郡縣制與分封制，因此，
　　　　儘管漢初實行的地方行政制度本質上還是郡縣制，但是，由於諸侯王國的存
　　　　在，使西漢的郡縣制形成爲兩個系統：一個是皇帝直屬的漢郡及其轄縣，一
　　　　個是王國所屬的支郡及其轄縣。兩個系統互相平行，總統於中央。」李玉潔
　　　　主編《中國早期國家性質》（臺北：雲龍出版社，2003年2月），頁559。

〔註229〕參見（日）瀧川龜太郎《史記會注考證》（出處見同前）〈袁盎晁錯列傳〉、〈屈
　　　　原賈生列傳〉與《漢書·諸侯王表》，且〈諸侯王表〉云：「然諸侯原本以大，
　　　　末流濫以致溢，小者淫荒越法，大者睽孤橫逆，以害身喪國。故文帝采賈生
　　　　之議分齊、趙，景帝用晁錯之計削吳、楚。武帝施主父之策，下推恩之令，
　　　　使諸侯王得分戶邑以封子弟，不行黜陟，而藩國自析。」

〔註230〕見（日）瀧川龜太郎《史記會注考證》（出處見同前），《史記·吳王濞列傳》，
　　　　傳第四十六，卷一百六，頁1128。

起兵反漢。

　　吳王濞等以誅晁錯爲名起兵後，各諸侯王間並不團結，如齊王將閭反悔，飲藥自殺；濟北王志不發兵；淮南王安本欲響應，但淮南相將兵守城而不得發兵；廬江王賜亦不發兵；衡山王勃則堅守無二心。景帝則得梁王劉武大力支持下，迅速平定了吳王濞、楚王戊、趙王遂、膠西王卬、濟南王辟光、菑川王賢、膠東王雄渠的叛亂。

　　平定七國之亂後，諸侯國封地大爲縮減，已再無和漢王朝中央抗衡的基礎了，《史記·漢興以來諸侯王年表》載：

> 吳楚時，前後諸侯或以適削地，是以燕、代無北邊郡，吳、淮南、長沙無南邊郡，齊、趙、梁、楚支郡名山陂海咸納於漢。諸侯稍微，大國不過十餘城，小侯不過數十里，上足以奉貢職，下足以供養祭祀，以蕃輔京師。而漢郡八九十，形錯諸侯閒，犬牙相臨，秉其阨塞地利，彊本幹，弱枝葉之勢，尊卑明而萬事各得其所矣。〔註231〕

後至武帝朝，諸侯王的勢力又再一次受到打擊，《漢書·諸侯王表》云：

> 武帝施主父之策，下推恩之令，使諸侯王得分戶邑以封子弟，不行黜陟，而藩國自析。自此以來，齊分爲七，趙分爲六，梁分爲五，淮南分爲三。皇子始立者，大國不過十餘城。長沙、燕、代雖有舊名，皆亡南北邊矣。景遭七國之難，抑損諸侯，減黜其官。武有衡山、淮南之謀，作左官之律，設附益之法，諸侯惟得衣食稅租，不與政事。〔註232〕

由此可知，諸侯王與漢王朝中央的權力鬥爭，在漢景帝三年後得到正式的分界；意即在景帝三年後，諸侯王已無叛亂成功的可能。而在武帝朝後，諸侯王更進一步無發展勢力的可能，故司馬遷才有「諸侯貧者或乘牛車」（《史記·五宗世家》）之嘆了。〔註233〕

〔註231〕見（日）瀧川龜太郎《史記會注考證》（出處見同前），表第五，卷十七，頁310。

〔註232〕見〔漢〕班固撰，〔唐〕顏師古注：《漢書》（出處見同前），卷十四，表第二，頁394。

〔註233〕李開元亦認爲如此，他說：「總的來說，七國之亂以後，漢之王國數量較文帝時期並無大的變化，但王國之領土大爲縮小，一般限於一郡，或僅相當於漢初一郡之部份，如楚國僅有彭城一郡，齊國僅有臨淄一郡，淮南僅有九江一郡等，而由諸侯王國收歸漢之郡，則犬牙交錯於諸侯王國之間。同時，諸侯王國之王系中，景帝直系的皇子急遽增加，共領有十國，佔了一半。至此，

　　淮南王劉安與其賓客身處於漢王朝中央與諸侯王角力最嚴峻的時期，尤其劉安本人更是地方諸侯，亦經歷七國之亂，對於漢王朝中央欲削減諸侯封地以求集權中央的手段當深有所感，故《淮南子》書中，對君主的權力主張要有一定的限制。我們可從《淮南子》主張各家思想皆有價值，反對思想統一看起。〈俶眞篇〉說：

> 百家異說，各有所出，若夫墨、楊、申、商之於治道，猶蓋之一橑，而輪之一輻，有之可以備數，無之未有害於用也。己自以爲獨擅之，不通於天地之情也。〔註234〕

《淮南子》思想的宗旨，是以「道」統攝諸家學說，故在「道」之下，各家學說皆有自己的位置。若認爲某家可獨自涵蓋一切學問，是「不通天地之情」。而「道」會針對世異時變，來修正自身運作之方向，那《淮南子》所認可的政治制度爲何？〈主術篇〉說：

> 故有道之主，滅想去意，清虛以待；不伐之言，不奮之事；循名責實，官使自司。任而弗詔，責而弗教。以不知爲道，以奈何爲實。如此，則百官之事各有所守矣。……故枝不得大於幹，末不得強於本，則輕重大小有以相制也。若五指之屬於臂，搏援攫捷，莫不如志，言小以屬大也。〔註235〕

君主持「道」清虛於上，臣下循名責實，官使自司，且幹大於枝，本強於末，若以此配合劉安身處的政治形勢，《淮南子》所要表達的是對當時的郡國並行制極力擁護，並以此保存諸侯國的勢力。〔註236〕

　　此外，對於漢帝國中央的「君」，《淮南子》主張要限制君權，〈主術篇〉又說：

可以說，漢朝主要是從領土之削減和皇室直系之增加（以親制疏）兩方面去抑制諸侯王國。」見《漢帝國的建立與劉邦集團：軍功受益階層研究》（北京：三聯書局，2000 年 3 月），頁 101。

〔註234〕見【漢】劉安著、【漢】高誘注，劉文典集解：《淮南鴻烈集解》（出版處同前），卷二，頁 57。

〔註235〕出處見同上，卷九，頁 386。

〔註236〕林聰舜也說：「《淮南子》中屬於消極性的『無爲』觀念對現實政治有跡近否定的態度；一些反對法家的言論也含有對現實政治的影射；至於反對思想定於一尊，反對中央定於一的禮制，也表達了對中央過度干預諸侯的不滿。」見《西漢前期思想與法家的關係》（臺北：大安出版社，1991 年 4 月），頁 150。

> 古之置有司也，所以禁民使不得自恣也；其立君也，所以劊有司、
> 使無專行也。法籍禮儀者，所以禁君，使無擅斷也。〔註237〕

前文曾提及，《淮南子》吸收儒家的學說，將「國君」亦置於「法」的規範，所謂「法籍禮義者，所以禁君，使無擅斷也。」而「法」生於眾適，眾適即民心，故「法」可制君，君又以之制臣，臣又以之制民，〈主術篇〉又說：

> 法生於義，義生於眾適，眾適合於人心，此治之要也。〔註238〕

《淮南子》將「法」歸之於「眾適」之所生，與商鞅、韓非等先秦法家學者將立法權歸之於國君不同。〔註239〕傳統法家思想皆將立法權歸之國君，至於《黃老帛書》，《經法·論篇》也說：

> 人主者，天地之〔稽〕也，號令之所出也，〔為民〕之命也。不天天
> 則失其神。不重地則失其根。不順〔四時之度〕而民疾。不處外內
> 之立（位），不應動靜之化，則事窘於內，而舉窘於外。八正皆失，
> 與天地離。……八正不失，則與天地總矣。〔註240〕

君主取法天地之道，以制定各種律令政策；然《淮南子》繼承黃老思想，卻在國君威權最根本之處與之歧異，本文認為，是劉安為了自身諸侯勢力的延續，故鼓吹此削弱君權的說法，但確也降低了君權的專制性與獨裁性。

若明瞭《淮南子》此一立場，對其站在因時制宜的角度，反對漢王朝中央定於一尊的禮制，也就能有一全面性的了解。〈齊俗篇〉說：

> 今世之為禮者，恭敬而忮；為義者，布施而德；君臣以相非，骨肉
> 以生怨，則失禮義之本也，故撟而多責。〔註241〕

禮若虛，則貌似恭敬而心懷怨恨；義若偽，就靠施捨財物來顯示恩德。詐偽之情，使得君臣不和、骨肉離心，那政治與社會就會瓦解。這可看出劉安等人，對於漢王朝中央文攻武嚇、軟硬兼施的推恩削地等政策的反感，〈原道篇〉說：

〔註237〕見【漢】劉安著、【漢】高誘注，劉文典集解：《淮南鴻烈集解》（出版處同前），卷九，頁396。
〔註238〕見【漢】劉安著、【漢】高誘注，劉文典集解：《淮南鴻烈集解》（出版處同前），卷九，頁396。
〔註239〕對於法家將立法權歸於國君，批評者不絕，如梁啟超說：「法家最大的缺點，在立法權不能正本清源。彼宗固力言吾主當『置法以自治，立儀以自正』，力言人君『棄法好行私謂之亂』。然問法何自出，誰實制之？則仍曰君主而已」。見《先秦政治思想史》（臺北：東大圖書公司，1987年4月）第十六章，頁473。
〔註240〕見《馬王堆漢墓帛書（壹）》（精裝本），第一篇，〈論〉第六，頁179。
〔註241〕見同註238，卷十一，頁526。

故天下神器，不可爲也，爲者敗之，執者失之。〔註242〕

天下臣民是不能用強力統治的，強力的統治與控治一定會失敗，且「四夷之禮不同，皆尊其主而愛其親，敬其兄」「豈必鄒、魯之禮之謂禮乎！」強調各地禮俗皆有相同的價值，又何必由中央定於一尊，若「今握一君之法籍，以非傳代之俗，譬猶膠柱而調瑟也。」〔註243〕由此可見劉安《淮南子》中對於君權的認知，爲何較其他學說呈現出反對君主集權的傾向了。

（二）「無為」之君道說

在還原了《淮南子》創作的時代背景後，我們可以理解劉安所規劃的漢王朝理想藍圖，與當時中央王權的企求有所衝突。是故，雖然《淮南子》整合並完成了自先秦以來黃老與儒、法思想集大成之作，卻並不符合漢朝中央王權的需求，但其成熟的政治智慧，的確是完備帝王之道的治國之書，而劉氏治世之書的核心觀念，就是〈主術篇〉所說：「無爲者，道之宗」也。〔註244〕

道家、乃至黃老學家，皆將「道」視爲一切的根源，故「道」的內容就成爲政治制度與人事行爲的最高準則，〈原道篇〉載：

> 泰古二皇，得道之柄，立於中央。神與化遊，以撫四方。是故能天運地滯，轉輪而無廢，水流而不止，與萬物終始。風與雲蒸，事無不應。雷聲雨降，並應無窮。鬼出電入，龍興鸞集，鈞旋轂轉，周而複匝；已雕已琢，還反於樸。無爲爲之而合於道，無爲言之而通乎德，恬愉無矜而得於和，有萬不同而便於性。〔註245〕

上古伏羲、神農掌握「道」的根本特點，以「無爲爲之而合於道」，可以精神與造化同在，與萬物同始同終。故可知，由形而上的「道」落下成爲具體的政治之術，就是「無爲」。至於《淮南子》「無爲」的具體內容，〈原道篇〉又說：

〔註242〕見同注238，卷一，頁36。

〔註243〕以上皆〈齊俗篇〉，見【漢】劉安著、【漢】高誘注，劉文典集解：《淮南鴻烈集解》（出版處同前），卷一一，頁541。

〔註244〕《淮南子》的「無爲」說主要是源自《老子》。如「聖人處無爲之事，行不言之教」（〈二章〉）、「道常無爲而無不爲，侯王若能守之，萬物將自化」（〈三十七章〉）、「爲學者日益，爲道者日損。損之又損，以至於無爲，無爲而無不爲。」（〈四十八章〉）

〔註245〕見【漢】劉安著、【漢】高誘注，劉文典集解：《淮南鴻烈集解》（出版處同前），卷一，頁39。

是故聖人內修其本，而不外飾其末；保其精神，偃其智故；漠然無
為而無不為也，澹然無治也而無不治也。〔註246〕

「無為」者，由帝王內心整治根本，保全自我的精神，捨棄外在的巧智；寂
然不動好像什麼都不做，卻沒有什麼事情不會成功、沒有什麼問題處理不好。
所謂的「無為」，是說不在事物之前先去行動；所謂「無不為」，講的是按照
事物發展的趨勢去行動。這種「不改變自然，順應事物自然而然的特點去行
動」，就是「無為」。《原道篇》又說：

昔舜耕於曆山，朞年，而田者爭處墝埆，以封畔肥饒相讓；釣於河
濱，朞年，而漁者爭處湍瀨，以曲隈深潭相予。當此之時，口不設
言，手不指麾，執玄德於心，而化馳若神。使舜無其志，雖口辯而
戶說之，不能化一人。是故不道之道，芒乎大哉！夫能理三苗，朝
羽民，徒裸國，納肅慎，未發號施令而移風易俗者，其唯心行者乎？
法度刑罰，何足以致之也？〔註247〕

《淮南子》的「無為」內容，乃上至君主，下至萬民，皆消解人為的造作，
以復歸自然的本性，對於「無為」境界的描述，有相當多的形容。如〈俶真
篇〉說：

古之人有處混冥之中，神氣不蕩於外，萬物恬漠以愉靜，攙搶衡杓
之氣莫不彌靡，而不能為害。當此之時，萬民猖狂，不知東西，含
哺而遊，鼓腹而熙，交被天和，食於地德，不以曲故，是非相尤，
茫茫沈沈，是謂大治。於是在上位者，左右而使之，毋淫其性；鎮
撫而有之，毋遷其德。是故仁義不布，而萬物蕃殖；賞罰不施，而
天下賓服。其道可以大笑興，而難以算計舉也。〔註248〕

古之「大治」之世，是人民肆意率性、不分東西，且口含食物，拍打肚皮遊
樂。而君主掌握「道」的要領，是不施仁義、不用刑罰，順其本性自然。由
此可看出《淮南子》之「無為」，與《老子》之說的相似度。〔註249〕但若如此，

〔註246〕見【漢】劉安著、【漢】高誘注，劉文典集解：《淮南鴻烈集解》（出版處同前），
　　　　卷一，頁29。

〔註247〕出處見同上，卷一，頁49。

〔註248〕出處見同上，卷二，頁69。

〔註249〕此「無為」的具體內容，按照《老子》所載，「是以聖人之治，虛其心，實其
　　　　腹，弱其志，強其骨。常使民無知無欲。使夫智者不敢為也。為無為，則無
　　　　不治。」（〈三章〉）、「聖人無常心，以百姓心為心。」（〈四十九章〉）、並「致
　　　　虛極，守靜篤。萬物並作，吾以觀復。」（〈十六章〉）這是一種否定人為做作，

《淮南子》「無爲」之說與現實的社會、政治制度明顯有相當的距離，那又如何能成爲治道之書？

對於這個問題，〈脩務篇〉開頭就點出說：

> 或曰：「無爲者，寂然無聲，漠然不動，引之不來，推之不往。如此者，乃得道之頃。」吾以爲不然。嘗試問之矣：「若夫神農、堯、舜、禹、湯，可謂聖人乎？」有論者必不能廢。以五聖觀之，則莫得無爲，明矣。〔註250〕

〈脩務篇〉否定無所作爲的「無爲」論，認爲「此五聖者，天下之盛主，勞形盡慮，爲民興利除害而不懈」，「且夫聖人者，不恥身之賤，而愧道之不行；不憂命之短，而憂百姓之窮」（〈脩務篇〉）。以五位聖人爲天下奔走的情操，來論證無所作爲的「無爲」論沒有價值，顯然，《淮南子》必須將「無爲」說擴大解釋，故〈脩務篇〉又說：

> 若吾所謂「無爲」者，私志不得入公道，嗜欲不得枉正術，循理而舉事，因資而立，權自然之勢，而曲故不得容者。事成而身弗伐，功立而名弗有。非謂其感而不應、迫而不動者。〔註251〕

《淮南子》將「無爲」擴大內涵：凡私心不能混入公正，嗜欲不能歪曲公道，按照事物的規律行事來建立功績，不含巧詐，且事成不誇耀、立功而不佔名譽。這就可將「無爲」的範圍與儒、法思想所追求的治道給連接起來，因爲只要是以自己的主觀願望來做事，違背自然規律的才是被貶斥的「有爲」，至於在水上用船、在沙地上行走小鳩、在泥濘的路上用輴、上山用樏、因高爲田、因下爲池等等，皆屬於「無爲」。

但若「無爲」說內涵僅是如此，並無法解釋如何成爲「無不爲」，〈主術篇〉說：「無爲者，非謂其凝滯而不動也，以言其莫從己出也。」「無爲」並非只是消極地不專主、不自以爲是，那與大有爲的作爲仍有相當的差距，故〈原道篇〉又說：

> 所謂無爲者，不先物爲也；所謂無不爲者，因物之所爲。所謂無治者，不易自然也；所謂無不治者，因物之相然也。〔註252〕

　　使人民自化、自樸，強調「小國寡民」的政治。

〔註250〕出處同注238，卷一九，頁1040。

〔註251〕見【漢】劉安著、【漢】高誘注，劉文典集解：《淮南鴻烈集解》（出版處同前），卷一九，頁1042。

〔註252〕出處見同上，卷一，頁29。

在《淮南子》擴大解釋的「無爲」說中，「因」物之自然，乃觀物而爲，應物而動，尊重自然物性與律則的存在，不但包含了天地萬物的本性，還包括了萬物的精神。〈原道篇〉又說：

> 九疑之南，陸事寡而水事眾，於是民人被髮文身，以像鱗蟲；短綣不綺，以便涉遊；短袂攘卷，以便刺舟；因之也。雁門之北，北狄不穀食，賤長貴壯，俗尚氣力；人不馳弓，馬不解勒；便之也。故禹之裸國，解衣而入，衣帶而出；因之也。今夫徙樹者，失其陰陽之性，則莫不枯槁。故橘樹之江北則化而爲橙，鴝鵒不過濟，貈渡汶而死，形性不可易、勢居不可移也。是故達於道者，反于清靜；究於物者，終於無爲。〔註253〕

萬事萬物的活動變化，都是本其天性、因勢而爲，至此，我們可以了解《淮南子》以「因」做爲「無爲」說之核心，〔註254〕是故，「因」可使「無爲」成就「無不爲」，「能因，則無敵於天下」（〈原道〉）。

如此一來，《淮南子》的「無爲」有了不同道家老子的意義。〈原道篇〉所說的、看似動作上的靜止狀態：

> 聖人內修其本，而不外飾其末；保其精神，偃其智故；漠然無爲而無不爲也，澹然無治也而無不治也。〔註255〕

轉而爲〈主術篇〉君主喜怒不形於色的馭下之術：

> 有道之主，滅想去意，清虛以待；不伐之言，不奮之事；循名責實，官使自司。任而弗詔，責而弗教。以不知爲道，以奈何爲實。〔註256〕

在違背自然之性、造作行爲的「有爲」外，一切的行爲皆可解釋成「無爲」。

〔註253〕見【漢】劉安著、【漢】高誘注，劉文典集解：《淮南鴻烈集解》（出版處同前），卷一，頁31。

〔註254〕陳麗桂說：「大禹治水是『因水以爲詩』，神農播穀是『因苗以爲教』（詳〈原道〉），后稷墾殖是『因地之勢』（詳〈泰族〉），湯武取天下是『因民之欲』，聖王設禁是『因鬼神機祥而爲之』；因麃爲尋常家畜，易得之物，故崇爲『饗高大』之『上牲』；因裘爲『難得貴賈之物』，『無益於死者而足以養生』，故立『葬死人者裘不可以藏』的俗禁；爲恐「以刃相戲，過失相傷」，因小事而蹈刑戮，故有『相戲以刃，太祖軵其肘』之禨祥；因恐陰陽風氣，從窗戶入侵，招致疾病，故申教戒：「枕戶橉而臥，鬼神履其首」（詳〈氾論〉）。凡此，莫不因人情俗性而爲之。」《秦漢時期的黃老思想》（出處見同前），頁100。

〔註255〕出處見同註243，卷一，頁29。

〔註256〕出處見同上，卷九，頁374。

〔註257〕將「無爲」的範圍與意義擴大修正後,《淮南子》得以展開其政治學說,而其理想的政治型態,〈泰族篇〉形容說:

> 聖主在上,廓然無形,寂然無聲,官府若無事,朝廷若無人,無隱士,無軼民,無勞役,無冤刑,四海之內莫不仰上之德,象主之指,夷狄之國重譯而至,非戶辯而家說之也,推其誠心,施之天下而已矣。〔註258〕

對於「無爲」境界的達成,《淮南子》認爲要靠君主以至精至誠之心,推之於天下;而「廓然無形,寂然無聲」,就是君主滌蕩嗜欲後,靜漠恬淡的「無爲」脩養。是故,君主成爲《淮南子》「無爲」說能否實行的重心,而能體「道」之「無爲」的君主,其「無爲」君道的內容,〈主術篇〉云:

> 人主之術,處無爲之事,而行不言之教;清靜而不動,一度而不搖;因循而任下,責成而不勞。是故心知規而師傅諭道,口能言而行人稱辭,足能行而相者先導,耳能聽而執正進謀。是故慮無失策,舉無過事;言爲文章,行爲儀表;進退應時,動靜循理;不爲醜美好憎,不爲賞罰怒喜;名各自名,類各自類,事猶自然,莫出於己。〔註259〕

有「道」之君治國的策略及方法,應該是依純任自然的原則處理事情、實行政令,並拋棄知規之心、能言之口、能行之足、能聽之耳而不用,以發揮臣下的作用。這種類似《韓非子‧主道篇》〔註260〕所說的君主虛靜馭下之術,就是以「無爲」爲綱,以法家「法、術、勢」之思想爲目,所改造化納的尊君學說。

此主「道」的尊君學說,其特色是「柔弱」爲用的,所謂「清靜者,德之至也;而柔弱者,道之要也。」(〈原道篇〉)《淮南子》發揮《老子》「弱之

〔註257〕林聰舜也說:「《淮南子》的『無爲』政治觀主要可分爲兩種,一種是消極的無爲,另一種是與有爲結合的無爲。大抵前一種無爲與先秦道家較接近,後一種無爲只是假無爲之名,與先秦道家的無爲有相當距離。」見《西漢前期思想與法家的關係》(出版項同前),頁140。

〔註258〕見【漢】劉安著、【漢】高誘注,劉文典集解:《淮南鴻烈集解》(出版處同前),卷二十,頁1085。

〔註259〕出處見同上,卷九,頁398。

〔註260〕《韓非子‧主道篇》載:「道在不可見,用在不可知,虛靜無事,以闇觀疵,見而不見,聞而不聞,知而不知」。見【周】韓非、【清】王先慎注:《韓非子》(出版項同前),第一卷,第五篇,頁74。

勝強，柔之勝剛」的哲學，並與《老子》相同，皆對「道」的具體化身——
「水」，有全面的闡發與解釋。〈原道篇〉說：

> 天下之物，莫柔弱于水。然而大不可極，深不可測；修極於無窮，
> 遠淪於無涯，息耗減益，通於不訾；上天則爲雨露，下地則爲潤澤，
> 萬物弗得不生，百事不得不成。大包群生，而無私好；澤及蚑蟯，
> 而不求報，富贍天下而不既，德施百姓而不費；行而不可得窮極也，
> 微而不可得把握也；擊之無創，刺之不傷，斬之不斷，焚之不然，
> 淖溺流遁，錯繆相紛而不可靡散，利貫金石，強濟天下。動溶無形
> 之域，而翱翔忽芒之上；邅回川谷之間，而滔騰大荒之野；有餘、
> 不足，與天地取與，稟授萬物而無所前後。是故無所私而無所公，
> 靡濫振蕩，與天地鴻洞；無所左而無所右，蟠委錯紾，與萬物始終。
> 是謂至德。〔註261〕

「水」能大、能深、能修、能遠，且行而不可極，微而不能握；又擊不創、
斬不斷、焚不燃，且潤澤萬物而不求報。君道無爲而守柔，使臣下有爲而用
事，這種「柔弱勝剛強」的哲學，是黃老思想一脈相承的，〔註262〕且「守柔」
並非消極地等待，在《老子》中以寓有積極的意義，〈三十六章〉載：

> 將欲歙之，必故張之；將欲弱之，必故強之；將欲廢之，必故興之；
> 將欲奪之，必故與之。是謂微明。柔弱勝剛強。〔註263〕

柔弱到最後，將寓弱於強，《淮南子》發揮此一觀點，〈原道篇〉又說：

> 故得道者志弱而事強，心虛而應當。所謂志弱而事強者，柔毳安靜，
> 藏於不敢，行於不能，恬然無慮，動不失時，與萬物回周旋轉，不
> 爲先唱，感而應之。是故貴者必以賤爲號，而高者必以下爲基。托
> 小以包大，在中以制外，行柔而剛，用弱而強，轉化推移，得一之
> 道，而以少正多。……積於柔則剛，積於弱則強……先唱者，窮之
> 路也；後動者，達之原也。〔註264〕

〔註261〕見【漢】劉安著、【漢】高誘注，劉文典集解：《淮南鴻烈集解》（出版處同前），
　　　　卷一，頁32。
〔註262〕如《黃老帛書》《十大經·順道》有云：「安徐正靜，柔節先定。……刑於女
　　　　節，所生乃柔。□□□正德，好德不爭。立於不敢，行於不能。單（戰）視
　　　　（示）不敢，明執不能。守弱節而堅之，胥雄節之窮而因之。若此者其民勞
　　　　不〔侵〕，幾（饑）不飴（怠），死不宛（怨）。」
〔註263〕見【魏】王弼 等注：《老子》（出版項同前），上篇，頁156。
〔註264〕出處見同註251，卷一，頁18。

《淮南子》對於剛柔之間的轉化，提出了「積於柔則剛，積於弱則強」的論點，顯而易見的，與消極、無所作爲的柔弱是大相逕庭的，然而守柔持後，如何轉而爲強？對此，《淮南子》強調重「時」與「變」。〈原道篇〉說：

> 夫執道理以耦變，先亦制後，後亦制先。是何則？不失其所以制人，人不能制也。時之反側，間不容息，先之則太過，後之則不逮。夫日回而月周，時不與人游，故聖人不貴尺之璧，而重寸之陰，時難得而易失也。禹之趨時也，履遺而弗取，冠掛而弗顧，非爭其先也，而爭其得時也。

原來「守柔待後」，並非消極無所作爲，而是爲了等待「時機」。事物的發展有一定的過程與時效，在過程的發展與時間的流失下，一切的成效將逐漸成爲過去，一但時效消去，情勢便會逆轉。掌握「道」的君主，自然知道掌握「時機」。然而，光掌握「時機」尚不能轉弱爲強，故要求「變」。〈氾論篇〉云：

> 故聖人制禮樂，而不制於禮樂。治國有常，而利民爲本；政教有經，而令行爲上。苟利於民，不必法古；苟周於事，不必循舊。夫夏、商之衰也，不變法而亡；三代之起也，不相襲而王。故聖人法與時變，禮與俗化。衣服器械各便其用，法度制令各因其宜。故變古未可非，而循咎未足多也。〔註265〕

有「道」的君主可因應時代的需要來大膽地變法。這是因爲治理國家、制定法令最重要的原則是對人民有利；如果對人民有利，當然可就事情的實際情況來應變，拘泥不通反而不合「道」的要求。很明顯地，《淮南子》重時與變的主張，與法家思想關係密切，與儒家「有爲」的要求一樣，皆置於「無爲」說之下。

　　綜合以上，我們可歸納出《淮南子》「無爲」君道學說的內容，是君主理解「道之要」，乃「順應事物自然而然的特點去行動」，並以「廓然無形，寂然無聲」的「無爲」架馭臣下，依憑「法、術、勢」的功用，重「時機」而求「變化」，如此，則能「無爲」而「無不爲」。本文爲此君道下最後的解釋，即是君主僅守虛無之道，因應萬物變化之機，不爭先、不逞強，容納外在之一切，則天下無能有與之爭者。

〔註265〕見【漢】劉安著、【漢】高誘注，劉文典集解：《淮南鴻烈集解》（出版處同前），卷一三，頁 698。

第四章　西漢前期儒家尊君學說（上）：
漢初儒士的思想與期待

　　在漢初黃老學術當道的政治環境下，儒家思想並非主流，卻也在黃老思想兼容并蓄的學術性格下自我成長。儒家思想與經典的傳承賡續不絕，並逐漸在穩定的社會狀態下，吸收其他學說中突出的理論以補充自身的涵養，並在漢朝政治與社會取得愈來愈重的影響力。我們可由黃老治術集大成之作的《淮南子》中得到顯而易見的證明。在《淮南子》中，以「道」爲綱，以儒、法、陰陽等其他思想爲緯的成書結構中，「儒家」思想與典籍引用的比重是最多的，甚至在某些篇章中，出現了以「儒家」思想來修正「黃老」思想的狀況（如〈主術篇〉、〈泰族篇〉等），此皆顯示出，儒家的學術活動與影響力，正以新興之勢，如火燎原般地成長。有鑑於此，本文選論從漢初以來，在學術與政治活動的互動關係上，皆有重要地位的兩位儒士——陸賈與賈誼，來論說漢初儒學的發展。其中，陸賈提醒漢高祖劉邦仁義治國的重要，「馬上得之，寧可以馬上治之？」誠爲金石之言；而賈誼不僅以仁義之說說漢文帝，並對東方諸侯王坐大提出「眾建諸侯少其力」等實際政策，皆在政治活動中留下深刻的影響。且二人亦有著述傳世，使本文得以窺知漢初儒學思想的面貌，並希望以此成爲研究西漢前期儒家尊君學說的基礎，故有其論述的意義。

第一節　陸賈儒學思想及其影響

　　漢初學術衰弱，蓋因秦朝欲行愚民政策以圖久治，秦始皇三十四年

（213B.C.）李斯建議焚書，三十五年（212B.C.）又下令坑儒，〔註1〕此誠爲中國學術之災難。其後楚漢相爭，兵禍連結，學術亦無由得以復甦。直到劉邦統一，政治步上軌道，生活日趨安定，文化事業才能延續。漢惠帝四年（191B.C.）廢除挾書律，至此，因秦暴政而不敢公開的學術活動始可正式化暗爲明。除了中央政府之外，漢初諸侯王也都能共襄盛舉，最著名者當是河間獻王。《漢書·景十三王》載：

> 河間獻王德以孝景前二年立。修學好古，實事求是。從民得善書，
> 必爲好寫與之，留其眞，加金帛賜以招之。繇是四方道術之人不遠
> 千里，或有先舊書，多奉以奏獻王者，故得書多，與漢朝等。〔註2〕

漢朝政府蒐集圖書的措施，爲學術的復興奠定了良好的基礎。對於儒學而言，則是在秦朝禁絕的情況下，轉爲開放支持，意義不可謂之不大。更重要的是，在學術風氣尙未開放之下，儒學已經師徒相受、賡續不絕，〔註3〕黃老之學雖是漢王朝中央的主流思想，儒學在社會與民間的傳習並未因此而消失或停滯，《史記·儒林列傳》載：

> 天下並爭於戰國，儒術既絀焉，然齊魯之閒，學者獨不廢也。……
> 夫齊魯之閒於文學，自古以來，其天性也。故漢興，然後諸儒始得
> 修其經藝，講習大射鄉飲之禮。〔註4〕

值得注意的是，齊、魯二地雖同以儒學興盛著稱，但因風俗習慣的差異，也會照成二者儒學學術面貌的差異。具體而言，鄒魯地區儒學淳厚，而齊地則較爲博雜。《漢書·地理志》載：

> 周興，以少昊之虛曲阜封周公子伯禽爲魯侯，以爲周公主。其民有
> 聖人之教化，故孔子曰：『齊一變至於魯，魯一變至於道』，言近正
> 也。瀕洙泗之水，其民涉度，幼者扶老而代其任。俗既益薄，長老
> 不自安，與幼少相讓，故曰：『魯道衰，洙泗之間齗齗如也。』孔子
> 閔王道將廢，乃修六經，以述唐虞三代之道，弟子受業而通者七十

〔註1〕見（日）瀧川龜太郎《史記會注考證·秦始皇本紀》（出處見同前），本紀第六，卷六，頁110。

〔註2〕見〔漢〕班固撰，〔唐〕顏師古注：《漢書》卷五十三、列傳第二十三，頁965。

〔註3〕關於漢初儒家經典流傳的狀況，可參考皮錫瑞：《經學歷史》（臺北：學海出版社，1985年6月），頁27。

〔註4〕見（日）瀧川龜太郎《史記會注考證·秦始皇本紀》（出處見同前），列傳第六十一，卷一百二十一，頁1253。

有七人。是以其民好學，上禮義，重廉恥。〔註5〕

魯地因為自古有聖人之教化，其尚禮之風醇厚，故《史記·儒林列傳》又載：

> 陳涉之王也，而魯諸儒持孔氏之禮器往歸陳王。於是孔甲為陳涉博士，卒與涉俱死。陳涉起匹夫，驅瓦合適戍，旬月以王楚，不滿半歲竟滅亡，其事至微淺，然而縉紳先生之徒負孔子禮器往委質為臣者，何也？以秦焚其業，積怨而發憤于陳王也。

秦因以法為教的政策要求下，曾經焚毀儒家典籍，魯地諸儒深痛惡絕，故陳涉初反秦，魯地儒生就往而為臣；且楚漢爭霸後，項羽兵敗，劉邦平楚地時，獨魯不下，更是魯地特重禮義之證，《史記·項羽本紀》載：

> 項王已死，楚地皆降漢，獨魯不下。漢乃引天下兵欲屠之，為其守禮義，為主死節，乃持項王頭視魯，魯父兄乃降。〔註6〕

但是，黃老思想在漢初有很高的政治地位，無為而治的基本國策一直奉行至漢武帝劉徹初年，這是有其特殊的歷史背景——在秦末動亂之下，百廢待舉的帝國急需休養生息。在文景以前的統治者，莫不恪遵道家清淨無為的要旨，《史記·呂太后本紀》載：

> 太史公曰：孝惠皇帝、高后之時，黎民得離戰國之苦，君臣俱欲休息乎無為，故惠帝垂拱，高后女主稱制，政不出房戶，天下晏然。
> 刑罰罕用，罪人是希。民務稼穡，衣食滋殖。〔註7〕

黃老學說清淨無為的主張，無法為日益繁複的西漢帝國定立詳細、可行的行政程序，在其放任自由的政策下，政治與社會問題日益加深，可行之一時，卻無法行之久遠。與之相比，儒學在統一的政治氛圍與安定的社會環境下，吸收各家優秀的論點，逐漸脫穎而出，成為統治者賴以維繫帝國運作的最佳選擇。基於這樣的背景，一代大儒董仲舒對漢武帝明確地建議「罷黜百家、獨尊儒術」，他說：

> 今師異道，人異論，百家殊方，指意不同。是以上亡以持一統，法制數變。下不知所守。臣愚以為不在六藝之科孔子之術者，皆絕其道，勿使並進。邪僻之說滅息，然後統紀可一而法度可明，民知所

〔註5〕見〔漢〕班固撰，〔唐〕顏師古注：《漢書》卷二十八、志第八上，頁1523。

〔註6〕見（日）瀧川龜太郎《史記會注考證·秦始皇本紀》（出處見同前），本紀第七，卷七，頁135。

〔註7〕見《史記會注考證·秦始皇本紀》（出處見同前），本紀第六，卷六，頁177。

眾矣。〔註8〕

漢初政治上指導思想的轉換，當非一朝一夕之功，其中陸賈在漢高祖與漢惠帝時期相當活躍，曾對劉邦陳述「非馬上」治國之道，在當時政治與學術的互動關係上，占有極其重要的地位，而從其極力稱引《詩》、《書》來看，可知與儒家關係相當密切，其影響甚為深遠，在論及漢初儒學之先導時，不可不論陸賈之思想。

一、陸賈生平及著作

（一）生平大略

陸賈（230～176B.C.）〔註9〕生平事蹟在《史記》中只舉其大者概述，其曰：

> 陸賈者，楚人也。以客從高祖定天下，居左右，常使諸侯。〔註10〕

不聞其生卒年與里籍。〔註11〕高帝十一年（196B.C.），趙佗平南越，因王之，陸賈受命前去賜印，趙佗椎結箕倨，甚不禮遇，陸賈對他曉以大義，說：

> 足下中國人，親戚昆弟、墳墓在真定。今足下反天性、弃冠帶，欲以區區之越，與天子抗衡，為敵國。禍且及身矣。……天子憐百姓新勞苦，固且休之，遣臣授君王印，剖符通使。君王宜郊迎，北面稱臣。迺欲以新造未急之越，屈彊於此。漢誠聞之，掘燒王先人冢，夷滅宗族，使一偏將將十萬眾臨越，則越殺王降漢，如反覆手耳。〔註12〕

陸賈言詞犀利、一針見血，使得趙佗蹶然起坐，不敢造次，稱臣北向。太史公評曰：「結言通使，約懷諸侯；諸侯咸親，歸漢為藩輔。」〔註13〕可見陸賈甚具戰國遊說遺風。更在劉邦死後，諸呂坐大、劉氏危急之際，與陳平策劃

〔註8〕 見〔漢〕班固撰，〔唐〕顏師古注：《漢書‧董仲舒傳》（出處見同前），卷五十六、列傳第二十六，頁1269。

〔註9〕 據王更生老師考定，陸賈約生於秦始皇十七年（230B.C.），卒於漢孝文帝四年（176B.C.），得年約五十四歲。見〈陸賈及其學術思想之探究〉，《師大學報》第22期（1977年10月），頁305。

〔註10〕 見（日）瀧川龜太郎《史記會注考證‧酈生陸賈列傳》（出處見同前），列傳第三十七，卷九十七，頁1072。

〔註11〕 司馬貞《史記索隱》（景印文淵閣四庫全書，台北：台灣商務印書館，1986年）卷二十三，引《陳留風俗傳》載：「陸氏，春秋時陸渾國之後。晉侯伐之，故陸渾子奔楚。賈其後。」頁913。

〔註12〕《史記‧酈生陸賈列傳》（出處見同前），列傳第三十七，卷九十七，頁1073。

〔註13〕《史記‧太史公自序》列傳第七十，卷一百三十，頁1332。

謀弱諸呂：

> 呂太后時王諸呂。諸呂擅權，欲劫少主危劉氏。右丞相陳平患之，力不能爭。……陸生曰：「天下安，注意相；天下危，注意將。將相和調，則士務附。士務附，天下雖有變，即權不分。為社稷計，在兩君掌握耳。臣常欲謂太尉絳侯。絳侯與我戲，易我言。君何不交驩太尉、深相結？」為陳平畫呂數事……及誅呂立孝文帝，陸生頗有力焉。〔註14〕

誅除外戚，擁護劉氏王朝，陸賈功績不可謂小。後來在文帝元年（179B.C.）再次出使南越，令南越「去黃屋稱制，令比諸侯。」〔註15〕在當時政壇上可稱得上是中流砥柱。

　　但他最引人注意的事蹟，當是對劉邦陳述治國要道，《史記》載：

> 陸生時時前說稱《詩》、《書》。高帝罵之曰：「迺公居馬上而得之，安事《詩》、《書》！」陸生曰：「居馬上得之，寧可以馬上治之乎？且湯、武逆取而以順守之，文武並用，長久之術也。昔者吳王夫差、智伯極武而亡；秦任刑法不變，卒滅趙氏。鄉使秦已并天下，行仁義，法先聖，陛下安得而有之？」高帝不懌而有慚色，迺謂陸生曰：「試為我著秦所以失天下，吾所以得之者何？及古成敗之故。」陸生迺粗述存亡之徵，凡著十二篇。每奏一篇，高帝未嘗不稱善，左右呼萬歲，號其書曰「新語」。〔註16〕

陸賈強調《詩》、《書》的功用，是本身在面對儒家經典時所產生的儒者的意識，但此時陸賈並沒有建構一套能行之久遠的思想體系的認識，他所面對的是儒家經典如何為當時政治所資用的問題，但就此點而言，吾人已可將他視為西漢儒學昌盛的先驅者無疑。

（二）著作概述

　　陸賈的著作，計有《新語》、《楚漢春秋》和三篇賦作。但《漢書・藝文志》所載的三篇賦作均已亡佚，故不論。〔註17〕

〔註14〕見同註 10，頁 1075。

〔註15〕見同註 10，頁 1073。

〔註16〕見（日）瀧川龜太郎《史記會注考證・酈生陸賈列傳》（出處見同前），列傳第三十七，卷九十七，頁 1072。

〔註17〕見〔漢〕班固撰，〔唐〕顏師古注：《漢書》（出處見同前），卷三十、志第十，頁 784。

1.《楚漢春秋》

《漢書・司馬遷傳贊》載：

> 司馬遷據《左氏》、《國語》，采《世本》、《戰國策》，述《楚漢春秋》，
> 接其後事，訖於大漢。〔註18〕

可知其書在司馬遷修《史記》時爲重要參考資料。《漢書・藝文志・六藝略》將書歸之於《春秋》，著錄九篇；《隋書・經籍志》〔註19〕、《新唐書・藝文志》〔註20〕均云九卷。《文獻通考・經籍考》已無著錄，推知是書約當亡於南宋。司馬貞《史記索隱》云：

> 《楚漢春秋》，漢大中大夫楚人陸賈所撰，記項氏與漢高祖初起，及
> 說惠、文間事。

又《隋書・經籍志》載：

> 陸賈作《楚漢春秋》，以述誅除秦、項之事。〔註21〕

由此可知《楚漢春秋》乃記秦漢間發生之史事，與陸賈思想較無關聯。

2.《新語》〔註22〕

《史記・酈生陸賈列傳》載：

> 陸生迺粗述存亡之徵，凡著十二篇。每奏一篇，高帝未嘗不稱善，
> 左右呼萬歲，號其書曰『新語』。〔註23〕

《漢書・陸賈傳》記載相同，但〈藝文志〉不著此書，卻是在〈諸子略〉儒家中有《陸賈》二十三篇，此《陸賈》當包括《新語》及其他論著。

那《陸賈》二十三篇中，內容篇目爲何？個人認爲當包括《新語》及後人僞託陸賈所著的論述。《漢書・藝文志》著錄〈兵書略〉的兵權謀家，有十三家二百五十九篇，本注載：

〔註18〕出處見同上，卷六十二、列傳第三十二，頁1345。

〔註19〕見【唐】魏徵等撰：《隋書》（四部備要本，台北：台灣中華書局，1966年），卷三十三、志第二十八，〈經籍〉二，頁889。

〔註20〕見【宋】歐陽脩：《新唐書》（四部備要本，台北：台灣中華書局，1966年），卷五十八、志第四十八，〈藝文〉二，雜史類，頁1321。

〔註21〕見（日）瀧川龜太郎《史記會注考證・酈生陸賈列傳》（出處見同前），列傳第三十七，卷九十七，頁1072。

〔註22〕本文採用《四部叢刊》初編本，上海商務印書館編印江南圖書館藏明覆宋刊本（台北：台灣商務印書館，1967年），與王利器注的《新語校注》（北京：中華書局，1986年8月）。

〔註23〕同註21。

省《伊尹》、《太公》、《管子》、《孫卿子》、《鶡冠子》、《蘇子》、《蒯通》、《陸賈》、《淮南王》三百五十九種，出《司馬法》入《禮》也。〔註24〕

從〈兵書略〉所省的《陸賈》當入〈諸子略〉儒家，亦即有《新語》及有關陸賈兵書謀略的篇章。故《四庫全書總目》云：

《漢書‧藝文志》儒家《陸賈》二十七篇，蓋兼他所論述計之。

〔註25〕

本文以爲此二十七篇較不可考。嚴可均《鐵橋漫稿‧新語敘》亦云：

〈藝文志〉作二十三篇，疑兼他所論譔計之。〔註26〕

當以二十三篇爲是。故本文當以《史》、《漢》所載較爲可靠的《新語》，作爲陸賈學術思想的主要依據。其篇章大要如下：

表4-1

篇　名	要　義
道基第一	仁者以治親，義者以利尊。萬世不亂，仁義之所也。
術事第二	書不必起仲尼之門，藥不必出扁鵲之方，合之者善，可以爲法，因世而權行。
輔政第三	聖人居高處上，則以仁義爲巢；乘危履傾，則以聖賢爲杖。
無爲第四	寂若無治國之意，寞若無憂民之心，然天下治。
辨惑第五	夫君子直道而行，知必屈辱而不避也。
慎微第六	夫建大功於天下者，必先修於閨門之內；垂大名於萬事者，必先行之於纖微之事。
資執第七	質美者，以通爲貴；才良者，以顯爲能。
至德第八	天地之性，萬物之類，懷道者眾歸之，恃刑者民畏之。
懷慮第九	聖人執一政以繩百姓，持一概以等萬民，所以同一治而明一統也。
本行第十	《詩》、《書》、《禮》、《樂》爲得其所，乃天道之所立，大義之所行也。
明誡第十一	夫持天地之政，操四海之綱，□□不可以失度，動作不可以離道。
思務第十二	君子廣思而博聽，進退循法，動作合度，聞見欲眾，而采擇欲謹。

〔註24〕見〔漢〕班固撰，〔唐〕顏師古注：《漢書》（出處見同前），卷三十、志第十，頁897。

〔註25〕見【清】永瑢等著：《四庫全書總目提要》（臺北：臺灣商務印書館，1983年）子部一、儒家類一，頁769。

〔註26〕嚴可均《鐵橋漫稿‧新語敘》卷五，《續修四庫全書》本（顧廷龍主編，上海：古籍出版社，1995年），頁1786。

二、陸賈「儒融道、法」的尊君思想

秦末大亂，漢王朝在一連串的烽火戰爭中從無到有地建立，靠得是劉邦武裝集團斬將搴旗的武士，這些在爭戰中攻城掠地的功臣，是漢初統治階層的核心人物。但漢初權力的核心人物，包括漢高祖劉邦，大多都來自平民階層，《史記·平津侯主父列傳》中，嚴安曾說：

> 秦皇帝崩，天下大叛。陳勝、吳廣舉陳，武臣、張耳舉趙，項梁舉吳，田儋舉齊，景駒舉郢，周市舉魏，韓廣舉燕，窮山通谷豪士並起，不可勝載也。然皆非公侯之後，非長官之吏也。無尺寸之勢，起閭巷，杖棘矜，應時而皆動，不謀而俱起，不約而同會，壤長地進，至於霸王，時教使然也。〔註27〕

這種社會階層的變動，是建立在以軍事功勞分配所得一切利益之上，故司馬遷說：

> 自漢興至孝文二十餘年，會天下初定，將相公卿皆軍吏。〔註28〕

班固亦云：

> 漢興二十餘年，天下初定，公卿皆軍吏。〔註29〕

在戰時為將帥，戰後成公卿的狀況，是武裝集團奪得政權的報酬，故在叔孫通降漢，其弟子對叔孫通不向劉邦薦進儒生的作法頗有微詞時，叔孫通說：

> 漢王方蒙矢石爭天下，諸生寧能鬥乎？故先言斬將搴旗之士。〔註30〕

此任勇鬥力而不問學術文化背景的狀況，即是在軍功分配上所產生的現象。〔註31〕

漢初中央政府的核心人士既然是以軍功獲得尊位，對於典章制度及文化

〔註27〕見（日）瀧川龜太郎：《史記會注考證》（出處見同前），列傳第五十二，卷一百十二，頁1183。

〔註28〕出處見同上〈張丞相列傳〉，列傳第三十六，卷九十六，頁1065。

〔註29〕見〔漢〕班固撰，〔唐〕顏師古注：《漢書·張周趙任申屠傳》（出處見同前），卷四十二、列傳第十二，頁2093。

〔註30〕見（日）瀧川龜太郎：《史記會注考證·劉敬叔孫通列傳》（出處見同前），列傳第三十九，卷九十九，頁1083。

〔註31〕李開元說：「由政治軍事集團通過戰爭建立政權，這就是說，政治權力和政權機構起源於戰爭和軍事，換言之，這就是關於權力來源和結構的軍事起源論。由奪取了政權的政治軍事集團轉化而來的軍功受益階層，利用政權全面地支配社會總財富和國家生活的各個方面，意味著產生於武力的政治權力支配著國家和社會的所有其他方面。」《漢帝國的建立與劉邦集團：軍功受益階層研究》（出處見同前），頁256。

建設以講求實際效用爲主。高祖劉邦本人無特定學術傾向，諸公卿大臣如蕭何「以文無害爲沛主吏掾」（《史記・蕭相國世家》），並「攗摭秦法，取其宜於時者，作律九章。」（《漢書・刑法志》）；曹參，「秦時爲沛獄掾」，且「其治要用黃老術」（《史記・曹相國世家》）；陳平「少時家貧，好讀書，治黃帝、老子之術。」（《漢書・張周趙任申屠傳》），或主申商之刑名法術，或修黃老無爲主道之學，在此種只重現實的狀況下，漢朝初年的學術背景，主要是發展對治國安民之術的典章制度，而較無探討學理的文化建設，故《史記・太史公自序》云：

> 漢興，蕭何次律令，韓信申軍法，張蒼爲章程，叔孫通定禮儀，則
> 文學彬彬稍進，《詩》《書》往往閒出矣。〔註32〕

《漢書・高帝紀下》載：

> 初，高祖不脩文學，而性明達，好謀，能聽，自監門戍卒，見之如
> 舊。初順民心作三章之約。天下既定，命蕭何次律令，韓信申軍法，
> 張蒼定章程，叔孫通制禮儀，陸賈造《新語》。〔註33〕

劉知幾在《史通・雜說・中》說：「劉氏初興，書惟陸賈而已。」〔註34〕西漢初年文化低落可見一斑，幸有陸賈繼儒家於百廢之際，開啓漢初儒學兼容並蓄之先聲。

（一）君道當以仁義為本

陸賈《新語》屢稱《詩》《書》，實爲漢初儒之大者。漢承秦弊之後，對於氣吞六和、不可一世的秦王朝，在短短數年內土崩瓦解，實深具警惕。在反覆推論秦之所以亡之後，無論是漢朝統治者或是思想家，皆對儒家的「仁義」之說深表認同，視爲是國家常治久安的不易之教。〈道基篇〉云：

> 夫謀事不竝仁義者後必敗，殖不固本而立高基者後必崩。故聖人防
> 亂以經，藝公正曲以準繩，德盛者威廣，力盛者驕眾。齊桓公尚德
> 以霸，秦二世尚刑而亡，故虐行則怨積，德布則功興。〔註35〕

秦王朝之所以得天下後十五年而亡，並非無高城固池、堅甲利兵，而是不知

〔註32〕見同注30，列傳第七十，卷一百三十，頁 1332。

〔註33〕見【漢】班固撰，〔唐〕顏師古注：《漢書》（出處見同前），卷一上、紀第一上，頁 28。

〔註34〕見【唐】劉知幾：《史通・雜說・中》（臺北：錦繡出版社，1992 年），卷十七，頁 486。

〔註35〕見【漢】陸賈：《新語》，《四部叢刊初編本》（出處見同前），卷上，第一篇。

仁義爲政治之本；沒有仁義之本，徒恃嚴刑峻法，這是齊桓公尊王攘夷而能霸，而強秦一統天下竟速亡的分別。

因此陸賈屢次強調「仁義」爲本，〈道基〉篇云：「仁者以治親，義者以利尊。萬世不亂，仁義之所也。」〈輔政〉篇云：「仗仁者霸，仗義者強。」〈本行〉篇載：「行以仁義爲本。」〈思務〉：「仁者在立而仁人來，義者在朝而義士至。」如此之言不勝枚舉，進而以此制訂一套進退有序的社會制度。〈至德〉篇云：

> 在朝者忠於君，在家者孝於親。於是賞善罰惡而潤色之，興辟雍庠序而教誨之。然後賢愚異義，廉鄙異科，長幼異節，上下有差，強弱相扶，大小相懷，尊卑相承。〔註36〕

盡忠盡孝、賞善罰惡、注重教育、親親尊尊、扶老攜幼以及寡病有養，這不正是儒家所重視推行的願景？仁義之所能彰顯的最大效用，是陸賈所強調的目標，但這目標並非遙不可及、高不可攀，那就是可藉由「聖人」所編定的「經典」，成爲落實仁義之治的基礎。

在〈道基〉篇中，陸賈推衍人類歷史與仁義道德互相演進的歷程，以三階段區分。第一階段：

> 先聖乃仰觀天文，俯察地理，圖畫乾坤，以定人道，民始開悟，知有父子之親，君臣之義，夫婦之別，長幼之序。於是百官立，王道乃生。〔註37〕

「仰觀天文、俯察地理、圖畫乾坤」，知「先聖」者爲伏羲氏，依萬物運作而劃八卦，引人民出無知茫昧，導之以人倫之理，知父父子子、君君臣臣之義，從而有王道政治的發生。當世移事異，人民無禮而畏法時，中聖周公繼之而起，〔註38〕闡明禮教，是爲第二階段：

> 民知畏法，而無禮義；於是中聖乃設辟雍庠序之教，以正上下之儀，明父子之禮，君臣之義，使強不凌弱，眾不暴寡，棄貪鄙之心，興清潔之行。〔註39〕

針對不明禮義的現象，中聖以教育養化爲立場提出改善的措施；透過禮樂的

〔註36〕見【漢】陸賈：《新語》，《四部叢刊初編本》（出處見同前），卷下，第八篇。
〔註37〕出處見同上，卷上，第一篇。
〔註38〕周公制禮作樂，孔子稱美，據此可知。大陸學者王利器則認爲，中聖當指文王與周公二人。見《新語校注》（出處見同前），頁17。
〔註39〕出處見同上，〈道基篇〉，卷上，第一篇。

教化，使得上下階級不徒具形式，更得到實質的精神、人文的化成。這是徒恃法令者最失敗的地方，他說：

> 夫法令所以誅暴，故曾、閔之孝，夷、齊之廉，此寧畏法教而爲之者哉？故堯、舜之民，可比屋而封，桀、紂之民，可比屋而誅，何者？化使其然也。〔註40〕

禮樂教化（或禮義教化）實爲人文的菁華，非嚴刑峻法所能比。但當禮樂教化遭到崩解時，所幸尚有「後聖」挽狂瀾於既倒，是爲第三階段：

> 禮義不行，綱紀不立，後世衰廢；於是後聖乃定五經，明六藝，承天統地，窮事察微，原情立本，以緒人倫；宗諸天地，纂脩篇章，垂諸來世，被諸鳥獸，以匡衰亂；天人合策，原道悉備，智者達其心，百工窮其巧，乃調之以管絃絲竹之音，設鐘鼓歌舞之樂，以節奢侈，正風俗，通文雅。〔註41〕

孔子既將先聖先賢要義集編成五經，其用意就是要行禮義、立綱紀，重建祥和仁義的社會。正因爲經典「承天統地，窮事察微，原情立本，以緒人倫」（〈道基〉），是聖人窮道、化仁，後載諸簡策而爲書，由「道（仁義）」──「聖人」──「經典」上下貫通，成爲陸賈思想中的核心價值。

聖人已矣，但經典成爲鴻刊之治道，持國之仁方；即國家可因依據經典施政而達長治久安之效。〈道基〉篇云：

> 〈鹿鳴〉以仁求其群，〈關雎〉以義鳴其雄，《春秋》以仁義貶絕，《詩》以仁義存亡，〈乾〉、〈坤〉以仁和合，八卦以義相承，《書》以仁敘九族，君臣以義制忠，《禮》以仁盡節，《樂》以禮升降。〔註42〕

若能通過經典，使聖人仁義之道彰顯，則天下何愁不治？故陸賈曰：「君子握道而治，據德而行，席仁而坐，仗義而彊」。（〈道基〉篇）

（二）以「無爲」匯通諸家

先秦諸子學說各立山頭、壁壘分明，以儒家而言亦是以保持自家學術的純粹爲己任，孔子曰：「攻乎異端，斯害也已。」〔註43〕對於不同論點的學說，保持著不與之相混的態度。而這種情況，到了孟子時代，對於「異端」言論，

〔註40〕見【漢】陸賈：《新語》，《四部叢刊初編本》（出處見同前），卷上，第四篇。
〔註41〕出處見同上，卷上，第一篇。
〔註42〕出處見同上。
〔註43〕《論語・爲政》篇，據楊伯峻解釋爲「不正確的議論」。見《論語譯注》（台北：華正書局，1988年6月），頁37。

批評更爲辛辣，《孟子·滕文公下》云：

> 楊墨之言不息，孔子之道不著，是邪說誣民，充塞仁義也…我亦欲
> 正人心，息邪說，距詖行，放淫辭…能言距楊墨者，聖人之徒也。

又說：

> 楊子爲我，是無君也；墨子兼愛，是無父也。無父無君，是禽獸也。
> 〔註44〕

見亞聖口出惡言近於謾罵，當可想見當時學術界傾軋嚴重的情況。

到了戰國中晚期之後，隨著天下一統的態勢漸漸成型，學術界也隱隱有匯通諸家學說，以補本身不足處的情況，如《莊子·天下》云：

> 不該不偏，一曲之士也。判天地之美，析萬物之理，察古人之全。
> 寡能備於天地之美，稱神明之容。是故內聖外王之道，闇而不明，
> 鬱而不發，天下之人，各爲其所欲焉以自爲方，悲夫。百家往而不
> 反，必不合矣。後世之學者，不幸不見天地之純，古人之大體，道
> 術將爲天下裂。〔註45〕

這時各家除了批評其他家的說法之法，已漸有借鑒和汲取「異端」思想內容，來豐富自家學說。儒家戰國晚期的代表人物——荀子就是如此，《荀子·天論》篇載：

> 慎子有見於後，無見於先；老子有見於詘，無見於信；墨子有見於
> 齊，無見於畸；宋子有見於少，無見於多。〔註46〕

從此可看出荀子已肯定諸家學說中優秀之處，初步進入學術與學術間互相交流的情況。

到了西漢初年，陸賈以將儒學經世致用爲目標，其態度是取諸家說法來闡明儒道的，〈道基〉篇云：

> 苞之以六和，羅之以紀綱，改之以災變，告之以貞祥，動之以生殺，
> 悟之以文章。〔註47〕

這種開放多元的胸襟，使他以各家學說中精妙高超處來充實儒學內容，計有

〔註44〕見【漢】趙岐注、【宋】孫奭疏、【清】阮元校勘：《孟子注疏》（出版項同前），頁113。

〔註45〕見【晉】郭象注、【唐】陸德明釋文、【唐】成玄英疏、【清】郭慶藩輯釋、王孝魚點校：《莊子集釋》（出版項同前），頁1065。

〔註46〕見【清】王先謙：《荀子集解》（出版項同前），頁220。

〔註47〕見【漢】陸賈：《新語》，《四部叢刊初編本》（出處見同前），卷上，第一篇。

道、法、陰陽諸家，黃朴民亦言：

> 稍加推敲，可知『苞之以六合』，接近『道家』的認識。『羅之以紀綱』，乃是儒家的原則。『改之以災變，告之以貞祥』，體現的是陰陽家的特色。『動之以生殺』，則與法家的東西似有聯系。〔註48〕

試分述如下：

1. 黃老思想

諸家學說中，陸賈融會道家學說最多，但道家演化至戰國中期後，早已非原始老子之學，而是以嶄新面貌應世的「黃老學說」。〔註49〕陸賈匯通道家順應自然，無為乃天地的本質，承接到儒家仁義之本，〈無為〉篇云：

> 道莫大於無為，行莫大於謹敬，何以言之？昔虞舜治天下，彈五弦之琴，歌〈南風〉之詩，寂若無治國之意，寞若無憂民之心，然天下治；周公制禮作樂，郊天地，治山川，師旅不設，刑格法懸，而四海之內，奉供來臻，越掌之君，重譯來朝，故無為者乃有為也。
>
> 〔註50〕

虞舜與周公乃儒家聖人，但因體現「道」乃天地之本、仁義之源，持本以仁義之心守之，而行「無為」之教，自然四方無事，天下自化，「故無為者乃有為」。

儒道會通的思想實佔陸賈《新語》中最重要的部份。又如〈至德〉篇云：

> 是以君子之為治也，塊然若無事，寂然若無聲，官府若無吏，亭落若無民。閭里不訟於巷，老幼不愁於庭。近者無所議，遠者無所聽，郵無夜行之卒，鄉無夜召之征。犬不夜吠，雞不夜鳴。〔註51〕

具體而言，陸賈認為「君道」就是「無為」，「君子握道而治，據德而行，席仁而坐，仗義而彊，虛無寂寞，通動無量。」（〈道基〉篇）這種不作為的態度，是行當行之行，不做無益之事，與原始道家學說追求自性自由有所不同，故陸賈反對不積極面對世務的道家學說。〈慎微〉篇云：

〔註48〕見黃朴民《董仲舒與新儒學》第一章〈學術思想的對峙、交流與董氏學說形成之關係〉（台北：文津出版社，1992年7月），頁35。

〔註49〕見（日）瀧川龜太郎《史記會注考證・老子韓非列傳》（出處見同前）：「申子之學，本於黃老，而主刑名。…韓非喜刑名法術之學，而其歸本於黃老。…慎道，趙人；田駢、接子，齊人；環淵，楚人，皆學黃老道德之術。」可證黃老之學乃是戰國中期以後，道、法合流的學說，頁832。

〔註50〕見同註47，卷上，第四篇。

〔註51〕見【漢】陸賈：《新語》，《四部叢刊初編本》（出處見同前），卷下，第八篇。

夫播布革，亂毛髮，食木實。視之無優游之容，聽之無仁義之辭。
忽忽如獨痴，推之不經，引之不來，當世不蒙其功，後代不見其
才，君傾而不扶，國危而不持，寂寞而無鄰，寥廓而獨寐，可謂
避世，而非懷道者也。故殺身而避難則非計也，懷道而避世則不
忠也。〔註52〕

面對實際現實的問題，陸賈反對固守於道家中老子退守閉塞的態度，主張積
極地面對人世間種種紛擾，訂定出合宜的秩序，這也是黃老之學與先秦道家
不同之處。

2. 法家

陸賈學說既著眼於實際國家治理問題之上，又吸收黃老之學，自然對法
家中重現實、法後王的主張有所採擷。其中，對君主的地位之論述，講求「威
勢」，強調「權力」。〈辨惑〉篇云：

夫言道因權而立，德因勢而行。不在其位者，則無以齊其政，不操
其柄者，則無以制其剛。《詩》云：『無斧有柯』，言何以治之也。
〔註53〕

君主不操權柄，則政令不行，可知法學學說中的「尊君」說，亦在陸賈思想
中萌芽。至於因時制宜、與時俱進，更是陸賈思想通權達變的表現。〈術事〉
篇中說：

制事者因其則，服藥者因其良。書不必起仲尼之門，藥不必出扁鵲
之方，合之者善，可以為法，因世而權行。〔註54〕

不專主一家，因應局勢而變化，「道近不必出於久遠，取其致要而有成」（〈術
事〉篇），又說：「世俗以為自古而傳之者為重，以今之作者為輕，淡於所見，
甘於所聞，惑於外貌，失於中情。」這是拘泥於儒家舊說者所不取，實為陸
賈學說中對儒學之貢獻。

3. 陰陽家

據《史記·孟子荀卿列傳》：

鄒衍…乃深觀陰陽消息，而作怪迂之變，終始大聖之篇，十餘萬言。…
稱引天地剖判以來，五德轉移，治各有宜，而符應著茲；以為儒者

〔註52〕見同上，卷上，第六篇。
〔註53〕見【漢】陸賈：《新語》，《四部叢刊初編本》（出處見同前），卷上，第五篇。
〔註54〕見同上，卷上，第二篇。

所謂中國者，於天下乃八十一分居其一分耳。〔註55〕

陰陽五行的基本概念，本是對宇宙萬物構成的解釋，「陰」與「陽」，可視爲宇宙構成的元素，至鄒衍時，配合「金」、「木」、「水」、「火」、「土」、五星運動變化，與人世政權產生聯想，而有「五德轉移」之說。「陰陽五行」說實際上就是以天文或是覘斷來推測現世的一種學問。

在《新語》中，陰陽五行思想首先被用來解釋宇宙的生成。〈道基〉篇云：

> 故曰張日月、列星辰，序四時、調陰陽，布氣治性，次置五行。春
> 生夏長，秋收冬藏，陽生雷電，陰成雪霜，養育群生，一茂一亡。
> 潤之以風雨，曝之以日光，溫之以節氣，降之以殞霜，位之以眾星，
> 制之以斗衡。〔註56〕

儒家學說對宇宙生成較無論述，陰陽家的思想正好彌補這塊空白。值得注意的是，陸賈認爲人與天地之間可透過「氣」的交感來相互感應。如〈道基〉載：

> 跂行喘息，蜎飛蠕動之類，水生陸行，根著葉長之屬，爲寧其心而
> 安其性，蓋天地相承，氣感相應而成者也。〔註57〕

「氣」是萬物構成的元素，故人可透過「氣」與天地交感，即是秉持天地之道──「仁義」。〈慎微〉篇云：

> 若湯武之君，伊呂之臣，因天時而行罰，順陰陽而運動。上瞻天文，
> 下察人心，以寡服眾，以弱制強。〔註58〕

透過「調氣養性」（〈道基〉篇）的功夫修養，陸賈將人事與天道合而唯一，「性藏於人，則氣達於天。」（〈術事〉篇）正是董仲舒天人相感說的濫觴。除了天人以氣相感外，《新語》中還有陰陽家的災異之說。〈明戒〉篇載：

> 惡政生惡氣，惡氣生災異。螟蟲之類，隨氣而生；虹蜺之屬，因政
> 而見。治道失於下，則天文變於上；惡政流於民，則螟蟲生於野。
>
> 〔註59〕

這套天人災異相感之說，在陸賈發端之後，董仲舒將之發揚光大，成爲兩漢

〔註55〕見（日）瀧川龜太郎《史記會注考證·老子韓非列傳》（出處見同前），列傳
　　　　第十四，卷七十四，頁1386。

〔註56〕見【漢】陸賈：《新語》，《四部叢刊初編本》（出處見同前），卷上，第一篇。

〔註57〕見同上。

〔註58〕見同上，卷上，第六篇。

〔註59〕見同上，卷下，第十一篇。

儒學中最獨特的存在。

　　總而言之，陸賈的尊君說以儒學匯通諸家，在思想深度上明顯不足，與黃老思想幾無差異，在漢初只有宣傳儒學的功效，並未能在政治與學術上取得絕對的地位。儒家的尊君學說至此尚有發展的空間。

三、陸賈《新語》揚儒之意義

　　一九七三年在湖南省長沙馬王堆漢墓第三號出土的《老子》甲乙卷中，〈經法〉、〈十六經〉、〈稱〉、〈道原〉四篇古逸書附於乙卷前，此書被稱爲《黃老帛書》，視爲研究黃老思想的依據。〔註60〕「漢初黃老之學極盛」，〔註61〕《漢書‧循吏傳》載：

> 漢興之初，反秦之敝，與民休息，凡事簡易，禁罔疏闊，而相國蕭、曹以寬厚清靜爲天下帥，民作『畫一』之歌。孝惠垂拱，高后女主，不出房闥，而天下晏然，民務稼穡，衣食滋殖。至於文、景，遂移風俗。〔註62〕

陸賈生當此一時期，獨倡「仁義」之大蠹，其意義必有特別之處。以下即分述之。

（一）維繫儒學於不墜

　　陸賈闡揚儒家學說時，常稱引經典、廣喻經義，五經之中，《詩經》、《春秋》引用最多，《易經》、《書經》次之，《禮》僅一見其名。王師更生云：

> 言五經、六藝，或簡稱『經、藝』的計五次。引『詩』二次，引『易』四次，引『穀梁春秋』義九次。詩書並稱的五次。至於引論語的地方，多達十一次。〔註63〕

由運用經典及內容之頻繁，除表明陸賈身爲儒者的意識外，更顯示出建立儒家經典的權威性與正當性的企圖心。〔註64〕今以稱引經典多寡之順序，說明《新語》中儒家經典的意義。

〔註60〕 參考唐蘭〈馬王堆出土《老子》乙本卷前古逸書的研究〉，《考古學報》1975年第 1 期，頁 7～16。

〔註61〕 王鳴盛《十七史商榷》（北京：中華書局，1985 年）卷六，頁 234。

〔註62〕 見《漢書》卷八十九、列傳第五十九，頁 1134。

〔註63〕 見〈陸賈及其學術思想之探究〉，《師大學報》（1977 年第 22 期），頁 317。

〔註64〕 陳麗桂云：「全書至少兩崇五經，四稱《詩》，三推《易》，三舉《書》，再引《穀梁春秋》，凡此皆明白顯示陸賈的儒家立場。」見〈融合道、法兼採陰陽的漢儒——陸賈〉《中國學術年刊》（1996 年第 17 期），頁 134。

1.《詩經》

《新語》中引《詩》凡三處：

表 4-2

篇　名	引　文	出　處
〈術事〉	式訛爾心，以蓄萬邦。	《詩・小雅・節南山》
〈輔政〉	讒人罔極，交亂四國。	《詩・小雅・甫田・青蠅》
〈辨惑〉	有斧有柯	今本《毛詩》無

　　考陸賈稱引《詩經》之意，在於以「仁義」詮釋經典，如〈道基〉篇云：「〈鹿鳴〉以仁求其群，〈關雎〉以義鳴其雄…《詩》以仁義存亡…」顯見其以政教觀點解經的詮釋系統，這與西漢今文《魯詩》學的四始說有相合之處。

　　《史記・孔子世家》記載《魯詩》四始之說：「〈關雎〉之亂以爲「風」始，〈鹿鳴〉爲「小雅」始，〈文王〉爲「大雅」始，〈清廟〉爲「頌」始。」〔註65〕《史記》以爲是孔子刪詩的體例，闡明政教治亂的要義，與陸賈的「詩教」所強調的〈關雎〉篇、〈鹿鳴〉篇的仁義說前後輝映。

2.《春秋》

《新語》引《春秋》之文或文義之處

表 4-3

篇　名	《新語》內文
道基	1. 春秋以仁義貶絕。 2. 穀梁傳曰：仁者以治親，義者以利尊，萬事不亂，仁義之所也。
術事	《春秋》上不及五帝，下不至三王，述齊桓、晉文之小善，魯之十二公，至今之爲政，足以知成敗之效，何必於三王？
輔政	故堯放驩兜，仲尼誅少正卯。
無爲	昔者周襄王不能事後母，出居於鄭，而下多叛其親…齊桓公好婦人之色，妻姑姐妹，而國中多淫於骨肉。
辨惑	魯定公之時，與齊侯會於夾谷。
資執	昔宮之奇爲虞公畫計，欲辭晉獻公璧馬之賂。

〔註65〕見（日）瀧川龜太郎《史記會注考證・孔子世家》（出處見同前），世家第十七，卷四十六，頁725。

至德	1. 故宋襄死於泓水之戰，三君弑於臣子之手，皆輕用師而尙威力，以至於斯，故春秋重而書之。 2. 魯莊公一年之中，以三時興築作之役，規固山林草澤之利，與民爭田魚薪采之饒… 3. 故《春秋‧穀》（闕文）
懷慮	聖人執一政以繩百姓，持一概以等萬民，所以同一治而明一統也。
明誠	1. （缺）鶂之退飛，治五石之所隕… 2. 故春秋書衛侯之弟鱄出奔晉…

　　陸賈於〈資質〉篇有言：「鮑丘之德行，非不高於李斯、趙高也。」，鮑即包，包又與浮通，鮑丘即浮丘也。《漢書‧儒林傳》載：

　　瑕丘江公受《穀梁春秋》及《詩》於魯申公……漢興，高祖過魯，
　　申公以弟子從師入見于魯南宮。呂太后時，浮丘伯在長安，楚元王
　　遣子郢與申公俱卒學。〔註66〕

浮丘伯所傳當是《穀梁春秋》，陸賈與之身處同時同地，所學當以《穀梁春秋》爲本，余嘉錫《四庫提要辨證》亦持相同看法。〔註67〕

　　今所見《新語》中兼引三傳，如〈道基〉篇言「春秋以仁義貶絕」，即《公羊傳‧昭公元年》載：「《春秋》不待貶絕而罪惡見者，不貶絕以見罪惡也。貶絕然後罪惡見者，貶絕以見罪惡。」〔註68〕又〈資執〉篇引《左傳‧僖公二年》宮之奇諫假道之事，強調重仁義輕財貨之論，皆是陸賈經世致用思想的反應，如〈術事〉篇云：「《春秋》上不及五帝，下不至三王，述齊桓、晉文之小善，魯之十二公，至今之爲政，足以知成敗之效，何必於三王？」準此可知陸賈詮釋《春秋》經之態度。

　　3.《易經》

　　《新語》中於〈道基〉、〈辨惑〉、〈愼微〉、〈明誠〉、〈思務〉篇多次引用《易》，但除了〈思務〉篇引〈豐卦〉上六爻辭：「豐其屋，蔀其家，闚其戶，

〔註66〕見【漢】班固撰，〔唐〕顏師古注：《漢書》（出處見同前），卷八十八、列傳第五十八，頁1543。

〔註67〕余氏云：「漢儒諸經師說雖多亡逸，然其遺文，散見諸書者，多可裒集；惟《穀梁春秋》，以後人治之者鮮，漢儒之說幾希殆絕，賈書幸而存其說，由在申公、瑕丘江公之前，去著竹帛時未遠，微言大義，皆有所售，治經者宜若何寶重之乎？有清一代，經學極盛，而於賈之《穀梁》義，鮮稱述之者，豈非爲《提要》不根之說所惑耶？」見《四庫提要辨證‧子部一‧儒家類一》（台北：藝文印書館，1979年。），頁1126。

〔註68〕見《春秋‧公羊傳》，頁771。《十三經注疏》，台北：藝文印書館，1982年。

闕其無人（缺）」，以示「善惡不空出，福禍不妄作」之理，其餘皆引《易經‧繫辭傳》傳文，來佐證陸賈以仁義爲本的證據，茲不贅引。〈道基〉篇云：「〈乾〉、〈坤〉以仁和合，〈八卦〉以義相成。」可見與秦王朝將《易》視爲卜筮之書的觀點有很大不同，開漢代以義理說《易》之先聲。〔註69〕

4.《書》與《禮》經

《書》與《禮》經，《新語》中未明確徵引，只有在〈道基〉篇有：「禹治洪水」及「中聖設辟雍庠序之教」二句可見《書‧堯典》行仁義「以親九族」之意。〔註70〕又有「《禮》以仁盡節」句，由陸賈「時時前說《詩》、《書》」可知，二經當與《詩經》以仁義觀點詮釋相同。

陸賈以仁義觀點詮釋諸經的立場一貫，爲彰顯其標榜儒家經典的意識，故《新語》篇末皆援引經典或聖人之言，王師更生云：「在諸子百家中，陸賈又選擇了孔子做爲師範的中心，五經、六藝爲教學的內容，所以《新語》十二篇，爲了加強論証而引『孔子曰』或『孔子行事』的計十次，或稱『仲尼』，或稱『夫子』甚或尊爲『聖人』的計七次。」〔註71〕可見在維繫儒學傳遞的過程中，陸賈能發揚儒家經典，繼承由孔子、孟子、荀子傳下的道統，實大有功於儒學。

（二）顯揚仁義於當代

陸賈以《詩》、《書》說漢高祖以逆取而順守、行仁義之道，劉邦感悟而令賈生作《新語》，乃「秦所以失天下，劉氏何以得之？及古成敗之故。」可見劉氏政權創立之初，取向便因陸賈申明仁義之道而底定，造成此一取向之因，更在於秦王朝的覆滅給予西漢初年的統治者很大的震撼，正如賈誼在〈過秦論〉中所說：

> 然秦以區區之地，致萬乘之權，招八州而朝同列，百有餘年矣；然後以六合爲家，殽函爲宮，一夫作難而七廟墮，身死人手，爲天下笑者，何也？仁義不施，而攻守之勢異也。〔註72〕

〔註69〕如皮錫瑞說漢初言《易》皆主義理，如賈誼《新書》、劉安《淮南子》、董仲舒《春秋繁露》、劉向《說苑》等。見《經學通論‧易經》（出版項同前），頁16～18。

〔註70〕徐復觀亦持同樣看法。見其著《中國經學史的基礎》（臺北：台灣學生書局，1982年5月），頁114。

〔註71〕見〈陸賈及其學術思想之探究〉，《師大學報》（出版項同前），頁317。

〔註72〕見【漢】賈誼：《新書》（《叢書集成》初編本，北京：中華書局，1985年），卷一，頁2。

當劉氏王朝建立後，所亟欲探討的，便是從秦朝享國短促的歷史教訓中，建立可長可久的治國之道。陳麗桂亦云：

> 取代嬴秦而起的劉漢朝廷，一統之後，所急急要做的，是和崇刑法、賤德義的嬴秦劃清界線，其明顯的動作便是反覆地數落秦的苛法重刑。這一目標由開國初祖高帝對陸賈公開而明白地提了出來，以後便成了漢代思想家發政論時的普遍動作，在漢代思想家的理論中少有不著秦失的，詆秦、罵秦成了漢代學著發論的普遍風氣。由是而崇道的主清靜無爲，尚儒的講仁義道德，而迎著高帝的要求，陸賈理所當然地成了這一風氣動作的總開啓，貫誼的〈過秦論〉則是其中最具代表性的一個。〔註73〕

站在批判強秦所以滅亡的角度上，陸賈《新語》中多有論述其因，如〈道基〉篇：「秦二世尚刑而亡」，〈輔政〉篇云：「秦以刑罰爲巢，故有覆巢破卵之患。」等，有鑑於此，故陸賈有以仁義輔政的思想綱領，而以省刑和教化兩項措施在政治層面上予以落實。省刑者如〈無爲〉篇載：

> 君子尚寬舒以苞身，行中和以統遠。民畏其威而從其化，懷其德而歸其境，美其治而不敢違其政。民不罰而畏罪，不賞而歡悅，漸漬於道德，被服於中和之所致也。〔註74〕

又如〈至德〉篇云：

> 設刑者不厭輕，爲德者不厭重，行罰者不患薄，布賞者不患厚，所以親近而致遠也。〔註75〕

省刑是《新語》中消極的措施，旨在與民休養生息，穩定因秦朝暴政而遠去的民心。而教化則是新時代的事業，漢朝欲長治久安，必得藉助能創造新氣象的措施。如〈無爲〉篇云：

> 夫法令所以誅暴，故曾、閔之孝，夷、齊之廉，此寧畏法教而爲之者哉？故堯、舜之民，可比屋而封，桀、紂之民，可比屋而誅，何者？化使其然也。〔註76〕

而教化的具體內容，即是本文所提及的儒家經典。

〔註73〕見〈融合道、法兼採陰陽的漢儒──陸賈〉《中國學術年刊》第 17 期（1996年 5 月），頁 137。

〔註74〕見【漢】陸賈：《新語》，《四部叢刊初編本》（出處見同前），卷上，第四篇。

〔註75〕見同上，卷下，第八篇。

〔註76〕見同上，卷上，第四篇。

在陸賈提倡仁義之道的影響下，漢初政治可說受其影響甚大，眾所皆知的「約法三章」，即可視為陸賈省刑主張的影響。此外，徐復觀認為《漢書‧高帝紀》中的〈罷兵賜復詔〉〈求賢詔〉、《漢書‧刑法志》的〈疑獄詔〉等，都有受到陸賈的影響。〔註77〕可見在漢初仍渾沌不明的政治狀況下，陸賈秉持原儒大道，為人民抒發心聲，故應給予其正面的評價。

（三）開展儒學之新聲

漢初黃老之學極盛於一時，但在政治情況日益複雜、社會經濟越形繁榮的情況下，已不符現實需要。文景之後，劉徹即位為武帝，初期雖仍在竇太后主導之下，卻已看出劉氏王朝的新氣象。《漢書‧武帝紀》載建元元年（140B.C.）十月，詔丞相、御史、列侯、中二千石、二千石、諸侯相舉賢良方正直言極諫之士，衛綰奏曰：「所舉賢良，或治申、商、韓非、蘇秦、張儀之言，亂國政，請皆罷。」〔註78〕從罷斥法家、縱橫家而拔擢儒學之士如趙綰、王臧之屬，〔註79〕可見尊儒運動已逐步開展起來。

但初步的尊儒行動卻因竇太后阻撓而停滯，《史記‧儒林傳》云：

> 太皇竇太后好老子言，不說儒術，得趙綰、王臧之過以讓上，上因
> 廢明堂事，盡下趙綰、王臧吏，後皆自殺。〔註80〕

雖然儒學復興的行動暫時受挫，但漢帝國政治的形勢已不得不變，故竇太后在建元六年（135B.C.）崩逝後，武帝即在元光元年（134B.C.）下賢良詔書，董仲舒、公孫弘等人進用，儒學從此走上獨尊的局面。

儒學獨尊後，其思想體系受董仲舒所影響甚大，他導引陰陽五行、四時災異等觀念詮釋儒學，建構一套完整宏大的儒家哲學，影響中國後代近兩千年。徐復觀說：

> 兩千餘年，陰陽五行之說，深入社會，成了廣大的流俗人生哲學，
> 皆可追溯到董仲舒的思想上去。他是意識地發展《呂氏春秋‧十二
> 紀紀首》，以建立無所不包的哲學系統，並把他所傳承的《公羊春
> 秋》乃至《尚書》的〈洪範〉組入此一系統中去，以促成儒家思想

〔註77〕見《兩漢思想史》卷二（出版項同前），頁103～104。

〔註78〕見《漢書‧武帝紀》（出版項同前），卷六、帝紀第六，頁103。

〔註79〕見《史記‧儒林列傳》（出版項同前）：「趙綰、王臧之屬明儒學」，列傳第六十一，卷一百二十二，頁1544。

〔註80〕見同上。

的轉折。〔註81〕

董仲舒的思想與地位如此重要，影響中國思想史甚鉅，陸賈雖與他無直接淵源，但其思想實已開儒學融會諸家之先聲，啓蒙兩漢儒術發展之端源。

例如陸賈汲取道家思想最多，儒道匯通的成分很大，〈道基〉篇云：

君子握道而治，據德而行，席仁而坐，仗義而彊，虛無寂寞，通動無量。〔註82〕

諸如此類者在前文述之已詳，故不贅述。而董仲舒亦對道家及漢初黃老之學有所認識，如《春秋繁露‧立元神》篇云：

是故為人君執無源之慮，行無端之事，以不求奪，以不聞問。〔註83〕

《春秋繁露‧保位權》篇又云：

為人君者，居無為之位，行不言之教。寂然無聲，靜而無形，執一無端，為國源泉。〔註84〕

對黃老之學「無為而無不為」之說深得箇中之三昧。

至於法家的部份，董仲舒主要表現在對尊君學說與循名責實系統上，如《春秋繁露‧陽尊陰卑》載：

是故《春秋》君不名惡，臣不明善，善皆歸於君，惡皆歸於臣。臣之義，比於地，故為人臣者，視地之事天也。〔註85〕

《春秋繁露‧考功名》又曰：

考績黜陟，計事除廢。有益者謂之公，無益者謂之煩。挈名責實，不得虛言。有功者賞，有罪者罰。〔註86〕

皆可見到董仲舒學術中汲取諸家精華的證據。至於陰陽家地思想，實為董子學說中突出之處，陸賈於此相對地闡發較少，如「蓋天地相承，氣感相應而成者也。」（〈道基〉篇）強調「調氣養性」的休養功夫，和「惡政生惡氣，惡氣生災異。」的陰陽災異說，雖只初發融會儒家與陰陽五行說的端源，但錢穆先生說：

可知董仲舒治《春秋》，通之陰陽，下迄劉向治《穀梁》而志五行，

〔註81〕見《兩漢思想史》卷二（出版項同前），頁296。
〔註82〕見【漢】陸賈：《新語》，《四部叢刊初編本》（出處見同前），卷上，第一篇。
〔註83〕見《春秋繁露》（台北：台灣商務印書館，1984年）卷六，頁384。
〔註84〕見《春秋繁露》（出版項同前）卷六，頁385。
〔註85〕見《春秋繁露》（出版項同前）卷十一，頁542。
〔註86〕見《春秋繁露》（出版項同前）卷七，頁422。

其風遠自漢初，有其端緒矣。〔註87〕

此即說明陸賈開啓儒學融匯諸家思想之證，誠可信也。

《史記・酈生陸賈列傳》載：

> 沛公不好儒，諸客冠儒冠來者，沛公則解其冠，溲溺其中。與人言，
> 常大罵。未可以儒生說也。〔註88〕

《史記・鯨布列傳》又云：

> 項籍死，天下定，上置酒。上折隨何之功，謂何爲腐儒，爲天下安
> 用腐儒。〔註89〕

從漢朝初年的記載來看，陸賈身處的政治環境，對儒者並不友善，這或許是因爲當時某部分儒生墨守成規、拘泥不通，如漢宣帝認爲「俗儒不達時宜，好是古非今，使人眩於名實，不知所守，何足委任。」〔註90〕與陸賈同時的叔孫通亦稱其時固守之儒生「若眞鄙儒，不知時變。」〔註91〕可見陸賈在漢初統治集團中之處境。而這是有其歷史因素的。司修武分析漢初實行黃老學術之因時，曾說明當時劉氏週遭的統治成員的背景：

> 第一點，教育水準低落，接不上儒家系統的《詩》《書》文化。第二
> 點，習染道家思想的人物多，故而道家色彩濃厚。第三點，多頑鈍
> 無恥之人，少廉節方正之士。第四點，高級官吏都是粗獷驕橫的軍
> 人。〔註92〕

所以陸賈的仁義說在漢初僅具宣示的意義，因爲當時需要的是馬上能實用的政治理論，黃老道德之術因具有反智、簡易的特色，故較爲當時統治集團所接受。但從文化發展的進程來看，陸賈思想已觸及到大一統政府所需的大一統思想之上，正如李景明所說：

> 劉邦態度的轉變，與叔孫通、陸賈都有關係。叔孫通通過制定禮儀，
> 以直觀的形式使劉邦君臣認識到儒生、儒學（主要是禮儀層次的學
> 問）的作用，而陸賈則通過稱說《詩》、《書》，以儒學理論使劉邦君
> 臣從治理天下的高度意識到儒生、儒家經典、儒家學說的作用，使

〔註87〕見錢穆〈讀陸賈新語〉，《中國學術思想史論叢》（三）（出版項同前），頁5。

〔註88〕見《史記・儒林列傳》（出版項同前），列傳第三十七，卷九十七，頁1544。

〔註89〕見《史記》（出版項同前），列傳第三十一，卷九十一，頁1032。

〔註90〕見《漢書・元帝紀》（出版項同前），卷九，頁112。

〔註91〕見《漢書・叔孫通傳》（出版項同前），卷四十三、列傳第十三，頁1344。

〔註92〕見《黃老學說與漢初政治平議》（臺北：臺灣學生書局，1992年），頁60。

儒學後來逐漸得到官方支援，以至於成爲官方意識形態。〔註93〕
當漢代統治階層與社會皆有所變化時，儒家這一套深入並且全面的學說，即
可一躍而上來一執牛耳，陸賈身處蒙昧渾沌的環境中，提倡儒學仁義之道，
確有不可忽略之大功。

第二節　賈誼禮法思想的建構與意義

在陸賈之後，漢文帝時嶄露頭角卻又悒鬱早卒的賈誼，在政治與學術上
皆有重要的地位。如提出眾建諸侯以少其力的建議，並益廣梁國、淮陽領土
等防範諸侯王，並有養大臣以禮，強調尊君之術，其影響涵蓋了文、景時期，
以下`即分述之。

一、平生抱負及著作

賈誼（200～168B.C.）雒陽人，年十八時以能誦詩屬書聞名於郡中，河南
守吳公召誼爲門下，後文帝即帝位，徵曾師事李斯的吳公爲廷尉；吳公以誼
頗通諸子百家之書而薦之，文帝召以爲博士。賈誼進入政壇後一鳴驚人，每
詔令議下，諸老先生不能言，賈誼盡爲之對，文帝說之，一年中超遷誼至太
中大夫。深受器重的賈誼，凡律令的更定，及列侯就國，其說皆由誼所發，
故文帝欲與賈誼公卿之位，但絳侯周勃、灌嬰、東陽侯張相如、御史大夫馮
敬等人，卻訾賈誼，說：「雒陽之人，年少初學，專欲擅權，紛亂諸事。」後
文帝竟因此疏遠並謫賈誼爲長沙王太傅。〔註94〕漢文帝六年（174B.C.），賈誼
爲長沙王傅五年後，文帝復召之，於宣室問鬼神之事，〔註95〕後拜爲梁懷王
太傅。其間曾數度上疏建言政事，後因梁王揖墜馬死，賈誼自傷爲傅無狀，
常哭泣，竟天不假年而死，年三十三。〔註96〕

〔註93〕見《中國儒學史・秦漢卷》（出版項同前），頁 57。
〔註94〕據《史記》、《漢書》所載，賈誼未獲公卿之位，乃因絳、灌等人譖害，但應
　　　劭則提出不同看法，認爲是文帝寵幸鄧通所致，《風俗通義・孝文帝》載：「大
　　　中大夫鄧通以佞幸見愛，擬於至親。是時誼與通俱侍中同位，誼又惡通爲人，
　　　數廷譏之，由是疏遠，遷爲長沙太傅。」見《風俗通義》第二卷（四部備要・
　　　子部，臺北：中華書局，1971 年。）
〔註95〕唐・李商隱有詩評之，曰：「宣室求賢訪逐臣，賈生才調更無倫；可憐夜半虛
　　　前席，不問蒼生問鬼神。」見李商隱〈賈生詩〉。
〔註96〕有關賈誼生平，本文參考《史記・屈原賈生列傳》、《漢書・賈誼傳》而鋪衍。
　　　賈誼死後，後人評價語多感慨，認爲其與屈原皆抑鬱不得志的有道之士，王

自西漢以來，賈誼皆被視為儒家的傑出人物，劉向曾說：

> 賈誼言三代與秦治亂之意，其論甚美，通達國體，雖古之伊、管，
> 未能過也。使時見用，功化必盛。〔註97〕

對於漢初政治，賈誼有許多具體地改革思想，其中，最重要的是讓漢朝跟秦朝之施政作一清楚的區隔。自漢朝以來，史學界早就公認「漢承秦制」，《漢書·地理志》載：

> 漢興，因秦制度，崇恩德，行簡易，以撫海內。〔註98〕

由於漢王朝基本上是承襲了秦王朝一統天下的格局，甚至基礎比秦王朝更為淺薄，這代表了漢王朝在制定國家制度時，不得不考慮關中地區原本是秦王朝故地，已習於秦法，故對治理舊秦領地，秦之舊制有不得不重視的分量。〔註99〕至於漢朝承襲那些制度，根據史書歸納如下。

　　第一、在中央及地方官制上。據《漢書·百官公卿表》載：

> 自周衰，官失而百職亂，戰國並爭，各變異。秦兼天下、建皇帝之
> 號，立百官之職。漢因循而不革，明簡易，隨時移也。其後頗有所
> 改。〔註100〕

漢朝從中央的三公九卿，到郡守、縣令、長等地方官職，皆是承襲秦制，現根據秦制將其中央官制表列如下。

安石有詩曰：「漢有洛陽子，少年明是非；所論多感慨，自信肯依違。死者若可作，今人誰與歸；應須蹈東海，不但涕沾衣。」見《臨川先生文集·詩集》（臺北：華正書局，1975年），卷十六，頁431。

〔註97〕 見【漢】班固撰、【唐】顏師古注：（《漢書·賈誼傳》贊引）（出版項同前），卷四十八，傳第十八，頁2221。

〔註98〕 見同上，《漢書·地理志》，卷二十八上，志第八上，頁1523。

〔註99〕 如李偉泰認為，「漢承秦制」有四點優勢：「一、劉邦集團既然決定經營關中，且留用秦吏，而秦朝的檔案資料，又以完整取得，則全盤沿用秦的典章制度，無論對漢廷，對秦吏，以及對秦民而言，均有其先天上的便利。二、就民族情感來說，用楚制或各國遺制，容易激起秦人的反感，不如沿用秦制可以產生彼此一體的感受。三、沿用秦法，執行從寬，則以秦法的嚴屬，足以維持治安，防範不虞；備而不用，則仍沿約法三章的精神。所以漢朝雖是秦的變相復活，仍可給秦民以寬容的感受。四、起先是客觀形勢未變，不容漢廷驟然改變基本國策。後來形勢雖然起了變化，但漢廷沿用秦的典章制度既久，而依法家精神制定的秦制，對君主自有許多便利之處，自然也就吝於改了。」見《漢初學術及王充論衡述論稿》（臺北：長安出版社，1985年5月），頁37～38。

〔註100〕 見【漢】班固撰、【唐】顏師古注：《漢書》（出版項同前），卷十九，表第七，頁721。

表 4-4

丞相	協助皇帝，「金印紫綬，掌丞天子，助理萬機。」（《漢書・百官公卿表》）
太尉	原稱尉、國尉，秦統一後稱太尉，「金印紫綬，掌武事」（《漢書・百官公卿表》）、「主五兵」（《文獻通考、職官》）。
御史大夫	在戰國時本類似於秘書，主紀錄（如《史記・廉頗藺相如列傳》記秦趙澠池之會）。後專掌監察，「以貳於相。侍御史之率，故稱大夫。」（《通典・職官》）
奉常	掌管宗廟祭祀禮儀。（《漢書・百官公卿表》）
郎中令	為國君侍衛長，戰國時，韓、趙、齊、秦、楚等國已有郎中（《戰國策・趙策三》）。下屬有大夫、郎中、謁者。
衛尉	掌皇宮的警衛部隊，秦在戰國時已設置。（《史記・秦始皇本紀》始皇八年）
太僕	掌皇室車馬。春秋時各國已設置。（《呂氏春秋・長見篇》）
廷尉	掌刑罰，為全國最高司法官，有正、左、右監。（《史記・李斯列傳》）
典客	主管外交。戰國時齊已設置。（《史記・滑稽列傳》）
宗正	掌管國君宗族。（《漢書・百官公卿表》）
治粟內史	掌管租稅。（《史記・秦始皇本紀》）
少府	掌管供皇室用度之山海地澤之稅，下有尚書。（《戰國策・秦策五》）

漢朝初期時官制名稱大抵不變，《史記・禮書》也說：

> 至秦有天下，悉內六國禮儀，采擇其善，雖不合聖制，其尊君抑臣，朝庭濟濟，依古以來。至于高祖，光有四海，叔孫通頗有所增益減損，大抵皆襲秦故。自天子稱號下至佐僚及宮室官名，少有變改。
> 〔註101〕

這種「漢興，因秦之稱號」（《漢書・外戚傳》）的狀況，至漢景帝時才慢慢改變。據《漢書・百官公卿表》，景帝中二年（148B.C.）地方首長由「郡守」更名為「太守」、「郡尉」更名為「都尉」；景帝中六年（144B.C.），「奉常」更名為「太常」、「太祝」更名為「祠祀」、「廷尉」更名為「大理」、「典客」更名為「大行令」，而「將作少府」更名為「將作大匠」；景帝後元年（143B.C.），「治粟內史」更名為「大農令」；武帝太初元年，「郎中令」更名為「光祿勳」等。由漢王朝所獨創的官制只有「諸侯王」，《漢書・百官公卿表》載：

〔註101〕見（日）瀧川龜太郎：《史記會注考證》（出版項同前），卷二十三，頁410。

諸侯王，高帝初置，金璽盭綬，掌治其國。〔註102〕

且諸王國內官制擬同漢朝中央，〈百官公卿表〉又載：

有太傅輔王，內史治國民，中尉掌武職，丞相統眾官，群卿大夫都
官如漢朝。〔註103〕

而二十等爵制，更是因襲秦制，爲漢朝社會地位昇降的憑據，《漢書・百官公
卿表》亦云：「皆秦制，以賞功勞。」〔註104〕

第二、在法令與禮樂制度方面。劉邦西入咸陽時，鍵於秦法之繁苛，與
秦父老約法三章，《史記・漢高祖本紀》有言：

殺人者死，傷人及盜抵罪。餘悉除去秦法。〔註105〕

但「三章法」只能行於一時，非久遠之計，故蕭何對秦國官府所藏之戶口、
圖書、法規等書籍多有保留。《史記・蕭相國世家》又云：

何獨先入收秦丞相、御史律令圖書藏之。沛公爲漢王，以何爲丞相。
項王與諸侯屠燒咸陽而去，漢王所以具知天下阨塞、戶口多少、強
弱之處、民之疾苦者，以何具得秦圖書也。〔註106〕

蕭何以秦律作基礎，作漢《九章律》，《晉書・刑法志》載：

其後，四夷未附，兵革未息，三章之法不足以禦姦，於是相國蕭何
攈摭秦法，取其宜於時者，作律九章。〔註107〕

《唐律疏議》又云：

李悝《法經》六篇：一盜法，二賊法，三囚法，四補法，五雜法，
六具法，商鞅傳授，改法爲律。漢相蕭何，更加悝所造戶、興、廄
三篇，爲九章之律。〔註108〕

〔註102〕見【漢】班固撰、【唐】顏師古注：《漢書》（出版項同前），卷十九，表第七，
頁721。

〔註103〕見同上。

〔註104〕其內容爲：「爵：一級曰公士，二上造，三簪褭，四不更，五大夫，六官大夫，
七公大夫，八公乘，九五大夫，十左庶長，十一右庶長，十二左更，十三中
更，十四右更，十五小上造，十六大上造，十七駟車庶長，十八大庶長，十
九關內侯，二十徹侯。」見【漢】班固撰、【唐】顏師古注：《漢書》（出版項
同前），卷十九，表第七，頁721。

〔註105〕見（日）瀧川龜太郎：《史記會注考證》（出版項同前），卷八，頁161。

〔註106〕見同上，卷五十三，頁775。

〔註107〕見【唐】房玄齡等撰，《四部備要・史部》（臺北：中華書局據武英殿本校刊，
1966年），卷三十，志第二十。

〔註108〕見【唐】長孫無忌著《唐律疏議・進律疏表》（臺北：臺灣商務印書館，1965

此當可見秦律與漢律的關連。〔註109〕

第三、在五德運序與曆法方面。《史記‧曆書》有言：

> 秦滅六國，兵戎極煩，又升至尊之日淺，未暇遑也。而亦頗推五勝，而自以爲獲水德之瑞，更名河曰『德水』，而正以十月，色上黑。〔註110〕

秦採五行運序之五行相勝之法，以周爲火德，秦代周而立，是爲水德。漢承秦制，漢亦自以爲得水德之運，《史記‧曆書》又云：

> 漢興，高祖曰『北時待我而起』，亦自以爲獲水德之瑞。雖明習曆及張蒼等，咸以爲然。〔註111〕

張蒼爲故秦吏明習曆律者，漢初曆律即由他制定，《史記‧張丞相列傳》載：

> 張蒼爲計相時，緒正律曆。以高祖十月始至霸上，因故秦時本以十月爲歲首，弗革。推五德之運，以爲漢當水德之時，尚黑如故。吹律調樂，入之音聲，及以比定律令。若百工，天下作程品。至於爲丞相，卒就之，故漢家言律曆者，本之張蒼。蒼本好書，無所不觀，無所不通，而尤善律曆。〔註112〕

故可知漢初因襲秦正建亥，乃以十月爲歲首，《史記‧曆書》曰：「是時天下初定，方綱紀大基，高后女主，皆未遑，故襲秦正朔服色。」而《漢書‧律曆志》亦載：

> 漢興，方綱紀大基，庶事草創，襲秦正朔。以北平侯張蒼言，用顓項曆，比於六曆，疏闊中最爲微近。〔註113〕

年)，頁3。

〔註109〕 此外，《史記‧龜策列傳》載：「至高祖時，因秦太卜官。」〈日者列傳〉云：「代王之入，任於卜者。太卜之起，由漢興而有。」其清楚說明「太卜官」乃秦漢直接承襲之制。而《漢書‧郊祀志》云：「漢興之初，儀制未及定，即且因秦故祠，復立北時」又〈禮樂志〉也載漢之宗廟樂舞：「大氐皆因秦舊事焉」。後叔孫通爲劉邦制定的朝儀，將進退合宜的儀式動作，成爲確立君臣上下尊卑的規範，亦是直接承襲秦制。《漢書‧禮樂志》：「漢興，撥亂反正，日不暇給，猶命叔孫通制禮儀，以正君臣之位。」又載朝儀乃「頗采古禮與秦儀雜就之」。

〔註110〕 見（日）瀧川龜太郎：《史記會注考證》（出版項同前），書第四，卷二十六，頁444。

〔註111〕 見同上，頁445。

〔註112〕 見同上，列傳第三十六，卷九十六，頁1065。

〔註113〕 見【漢】班固撰、【唐】顏師古注：《漢書》（出版項同前），卷二十一下，志第一下，頁991。

漢初所採用的顓頊曆，一直延用至武帝時方改採用太初曆。〔註114〕

漢在五行運序爲水德之說，至文帝時賈誼首先提出異議。《史記·屈原賈生列傳》云：

> 賈生以爲漢興至孝文二十餘年，天下和洽，而固當改正朔，易服色，
> 法制度，定官名，興禮樂，乃悉草具其事儀法，色尚黃，數用五，
> 爲官名，悉更秦之法。〔註115〕

秦在五行運序上乃主水德，色尚黑，數用六，以十月爲歲首。賈誼認爲漢乃代秦而興，爲土德，色尚黃，數用五。但未言以何月爲歲首。當時文帝以藩王入繼大統，謙讓未遑採用。後文帝十四年（166B.C.）魯人公孫臣再次提議改制，卻被當時丞相張蒼否決。〔註116〕

先秦所傳之五行學說，有相生相勝（剋）兩套系統。漢初張蒼、賈誼與公孫臣所主張者屬於五行相勝說，然兩方何以有差異？在於賈誼與公孫臣乃將秦朝納入五德運序，周火德、秦水德，漢承秦後，故爲土德，而張蒼排除秦朝入五行運序當是錯誤的。〔註117〕終西漢，在五德運序上以「漢爲水德」之說爲主。綜而言之，漢承秦制乃不爭之事實，但在另一方面，漢朝初年對秦朝諸多舉措卻又大肆批判；此一方面多方承襲前制，卻又在另一方面多所撻伐的狀況，爲中國歷朝各代僅見。之所以造成這種矛盾的狀況，與秦王朝得天下僅短短十五年有莫大的關係。

秦王朝傳承久遠，至秦孝公嬴渠梁始變法圖強，而秦始皇嬴政在十三歲即位後，歷經二十六年的努力，始得於公元前二二一年結束戰國七雄逐鹿天下的局面，統一各國。其後，不僅將中國版圖繼續擴大，並統一文字、度量

〔註114〕司馬貞《史記索隱·曆書》（景印文淵閣四庫全書，台北：台灣商務印書館，1986年）載：「秦正建亥，漢初因之。至武帝元封七年始改用太初曆，仍以周正建子爲十一月朔旦冬至，改元太初焉。」

〔註115〕見（日）瀧川龜太郎：《史記會注考證》（出版項同前），列傳第二十四，卷八十四，頁983。

〔註116〕《史記·孝文本紀》云：「魯人公孫臣上書陳終始傳五德事，言方今土德時，土德應黃龍見，當改正朔服色制度。天子下其事與丞相議。丞相推以爲今水德，始明正十月上黑事，以爲其言非是，請罷之。」出處見同上，本紀第十，卷十，頁187。

〔註117〕如施之勉亦說：「五德從所不勝，虞土夏木殷金周火，其說盛於秦及漢初。蒼以漢爲水德，以周爲火，漢勝火以水也。公孫臣賈誼言漢土德，則以秦爲水，漢勝水以土也。……漢初則五德取相剋，不取相生，漢當土德耳。」見氏著〈漢初五德取相剋〉（《大陸雜誌》第10卷第12期1955年），頁379。

衡的制度，其功蹟可謂前所未有。秦始皇在統一天下後，本欲令後世傳承不絕，故勵精圖治，觀秦始皇二十八年（219B.C.）的泰山刻石銘文，曰：

> 皇帝躬聖，既平天下，不懈於治。夙興夜寐，建設長利，專隆教誨。
>
> 訓經宣達，遠近畢理，咸承聖志。貴賤分明，男女禮順，慎遵職事。
>
> 昭隔內外，靡不清淨，施于後嗣。〔註118〕

但秦王朝卻在完成一統大業後，短短十五年便土崩瓦且解，這讓漢初統治高層怵目驚心。而對於秦王朝如此迅速滅亡的原因，漢初有志之士一致認為是在於道德層面。〔註119〕

所以，秦末陳勝、吳廣所提的「天下苦秦久矣」的大義名分，實際上就是站在「道德批判」的立場，將秦王朝一切的作為，歸之於「無道」。故張耳、陳餘對陳涉說：

> 夫秦為無道，破人國家，滅人社稷，絕人後世，罷百姓之力，盡百
>
> 姓之財。〔註120〕

武臣往趙地說服趙父老有言曰：

> 夫天下同心而苦秦久矣。因天下之力而攻無道之君，報父兄之怨而
>
> 成割地之業，此士之一時也。〔註121〕

到了漢朝成立，對於秦因無道而失卻天下的說法更是不勝枚舉，〔註122〕賈誼著名的〈過秦論〉，將秦失天下之因，歸結為「仁義不施，攻守之勢異也。」就是站在道德層面來批判，漢王朝雖和秦王朝的制度雖有千絲萬縷的關係，卻在表面上以仁義禮治對其大聲撻伐；換言之，漢王朝雖然仍以秦法為治國

〔註118〕見（日）瀧川龜太郎：《史記會注考證・秦始皇本紀》（出版項同前），本紀第六，卷六，頁113。

〔註119〕如郁積意說：「為什麼秦朝能統一中國？為什麼統一之後就如此迅速地滅亡？這些問題是漢初人們思考的焦點。我們看到，漢人討論政治的一個共同特點即是依據秦朝失敗的教訓來為自己的道德統治理論尋求現時的支持。自漢初始，道德一詞終於成為政治史中極具吸引力的概念。」見氏著《經典的批判——西漢文學思想研究》（北京：東方出版社，2000年1月），頁44。

〔註120〕見《史記・張耳陳餘列傳》（出版項同前），列傳第二十九，卷八十九，頁1022。

〔註121〕見同上。

〔註122〕如張良對劉邦說：「夫秦為無道，故沛公得至此。夫為天下除殘賊，宜縞素為資。今始入秦，即安其樂，此所謂『助紂為虐』。」（《史記・留侯世家》）陸賈亦對劉邦說：「鄉使秦已并天下，行仁義，法先聖，陛下安得有之？」（《史記・酈生陸賈列傳》）儒生賈山〈至言〉說：「秦以熊羆之力，虎狼之心，蠶食諸侯，并吞海內，而不篤禮義，故天殃已加矣。」出處見同上。

手段，卻不得不在此治國的手段上包裝仁義禮治的外衣，這就成了包括賈誼等漢初儒者治國思想最重要的課題。

　　至於賈誼之著作，最主要的是《新書》，本文亦以《新書》作爲討論其思想的主要資料。〔註 123〕至於其它文章，《史記‧屈原賈生列傳》收錄了〈弔屈原賦〉與〈鵬鳥賦〉，〈秦始皇本紀〉與〈陳涉世家〉收錄了〈過秦論〉；《漢書‧藝文志》詩賦略載「賈誼賦七篇」，諸子略陰陽家載「《五曹官制》五篇」，〈賈誼傳〉則錄有〈上疏陳政事〉，〈食貨志〉則有〈論積貯疏〉等。清代嚴可均所輯《全上古三代秦漢三國六朝文》中，收錄所有賈誼可見之文章。〔註 124〕

　　就《新書》的篇目而言，《漢書‧藝文志》載諸子略儒家類有「賈誼五十八篇」，除了《舊唐書‧經籍志》載九卷外，《隋書‧經籍志》、《新唐書‧藝文志》、《宋史‧藝文志》均載十卷。現今流傳本仍爲十卷五十八篇，但其中〈問孝〉與〈禮容語上〉二篇有目無書，卻補上〈傳〉與〈定取舍〉兩篇，欲合「五十八」篇之數意圖十分明顯，故研究賈誼思想，當以《新書》五十六篇爲主。

　　此外，對於《新書》眞僞的問題上，大抵有三種態度：一是全書皆僞；二是《新書》有賈誼自著，也有後人僞作；三是確定《新書》爲賈誼所作。持第一種態度的學者以宋代陳振孫爲代表，「其非《漢書》所有者，輒淺薄不足觀，決非誼本書也。」〔註 125〕第二者態度則以《四庫全書總目》爲代表，認爲「其書不全眞，亦不全僞。」〔註 126〕現今學術界的態度大抵確定《新書》是研究賈誼思想最基本的著作。對於自宋代陳振孫所提出，凡《新書》內容溢出《漢書‧賈誼傳》者皆僞的問題，從清代劉師培、余嘉錫、今人徐復觀

〔註 123〕　本文引用《新書》之文字，主要依據《叢書集成》初編本，並參考閻振益、
　　　　　　鍾夏所校注的《新書校注》（北京：中華書局，2000 年 7 月）。

〔註 124〕　〈上疏陳政事〉又稱爲〈治安策〉。又嚴可均所輯，見該書「全漢文」卷十五、
　　　　　　卷十六。

〔註 125〕　見陳振孫《直齋書錄解題》卷九。學者與之相同意見、視《新書》爲僞，舉
　　　　　　其重要者如姚鼐：〈辨賈誼新書〉，《惜抱軒文集》卷五；袁枚：〈讀賈子〉，《隨
　　　　　　園全書》。今人戴君仁：〈論賈誼的學術並及其前後的學者〉，《梅園論學集》，
　　　　　　頁 255～274。

〔註 126〕　見《四庫全書總目》卷九十一，〈子部‧儒家類‧新書〉。與之相同意見之代
　　　　　　表學者，有盧文弨：〈書校本賈誼新書後〉，《抱經堂文集》卷十、〈重刻賈誼
　　　　　　新書序〉，《賈誼新書》；孫志祖：〈賈誼新書跋〉，《讀書脞錄》；汪之昌：〈賈
　　　　　　子新書書後〉，《青學齋集》。

等人詳加考證之後，〔註127〕已獲得普遍的共識：《新書》內容確為賈誼所作。〔註128〕本文即就賈誼思想體系的建構切入，以論其禮先法後的尊君學說。

二、賈誼「以六為度」的思想架構

西漢初年的思想家，大抵皆必須對天道與人道間關聯的問題提出解釋，這可視為戰國末年以來，由於諸家思想的匯通，陰陽家天人合一思維的影響。尤其是籠罩在黃老思想的漢初，對於形而上思想的建構，再落下到現實的政治理論，以儒家學者而言，從陸賈、賈誼和董仲舒，皆無法跳脫出這一個框架。在賈誼的《新書》中，就以〈道術〉、〈六術〉和〈道德說〉三篇文字論述道、德、術等形而上哲學思想，為其餘篇章的政治理論尋求形而上的價值根源。而賈誼思想中最大的特色，就是「以六為度」（〈六術篇〉）的哲學架構，以下即論述之。

（一）以《六藝》貫通儒道

在西漢初年，受到黃老思想的影響，凡是欲建立自己思想體系的學者，皆必須對宇宙萬物的根源提出解釋。就儒家學者而言，賈誼和陸賈相同，皆建立起「道」至「聖」再至「經」的理論思路。〈道德說〉載：

> 物所道始謂之道，所得以生謂之德。德之有也，以道為本，故曰道者德之本也。〔註129〕

「物」乃萬物，萬物之始謂之「道」，「道」之具體作用謂之「德」。賈誼對「道」的著墨不深，在闡述「道者德之本」後，轉而對「德」的內容作解釋。他說：

> 德有六理，何謂六理？曰道、德、性、神、明、命。此六者，德之理也……德有六美，何謂六美？有道，有仁，有義，有忠，有信，有密，此六者德之美也。〔註130〕

「六美」者，應當是「六理」顯現時的表徵。這「六理」與「六美」為「德」的內容與象徵，使之能夠化生萬物。但顯而易見，賈誼對「道」與「德」的

〔註127〕劉師培：〈賈誼新書斠補自序〉，《左盦集》卷七；余嘉錫：〈子部‧儒家類‧新書〉，《四庫提要辨證》卷十；徐復觀：《兩漢思想史》卷二，頁112～119。

〔註128〕林聰舜也說：「比較言之，主張《新書》內容全出於賈誼，《漢書》所載是節取《新書》者，論證較為合理，也因為如此，近人研究賈誼時，大抵把《新書》當作可靠的研究材料。」見《西漢前期思想與法家的關係》（出版項同前），頁68。

〔註129〕見【漢】賈誼：《新書》（出版項同前），卷八，頁50。

〔註130〕見【漢】賈誼：《新書‧道德說》（出版項同前），卷八，頁50。

意涵與界定尚不成熟，故在「道」至「德」觀念的衍化中，「德」的內容「六理」與「六美」，又有「道」與「德」，前後顯然是矛盾的。〔註131〕

在論述完「德」具有「六理」與「六美」後，賈誼開始嘗試建立屬於自己的宇宙論。首先，賈誼認爲萬物由「六理」所生。〈六術篇〉說：

> 德有六理，何謂六理？道、德、性、神、明、命，此六者，德之理也。六理無不生也，已生而六理存乎所生之內，是以陰陽、天、地、人，盡以六理爲內度，內度成業，故謂之六法。六法藏內，變流而外遂，外遂六術，故謂之六行。〔註132〕

陰陽、天、地、人與萬物，皆「六理」所生，且「六理」創生之物，也具有內化的「六理」；而萬物內化的「六理」，萬物可往自身內部尋之以成就自身事業，故成「六法」。「六理」與「六法」皆存於萬物之內，我們可將「六理」理解成事物原有的「性」，而「六法」就是「性」發動時，萬物內在所遵循的「法則」。內在的「六法」向外呈現時，就成爲「六術」，也稱爲「六行」，這就建構出賈誼從形而上的「道」與「德」，經由「六理」、「六法」，轉而落實到形而下的「六術」與「六行」。〔註133〕

在「道」向下落實爲形而下的體現時，賈誼強調聖人的重要，認爲聖人將形而上的「道」，體現至現實界，而「道」具體的實現，就是儒家的《六藝》。〈六術篇〉又說：

> 然而人雖有六行，微細難識，唯先王能審之。凡人弗能自至，是故必待先王之教，乃知所從事。是以先王爲天下設教，因人所有以之爲訓，道人之情，以之爲眞，是故內本六法，外體六行，以與《詩》、《書》、《易》、《春秋》、《禮》、《樂》六者之術，以爲大義，謂之六藝。令人緣之以自脩，脩成則得六行矣。六行不正，反合六法。藝之所以六者，法六法而體六行故也，故曰六則備矣。六者非獨爲六

〔註131〕任繼愈也說：「賈誼這幾篇文字，向未有確解。這幾篇文章只能是漢初的產物，它是適應漢初的政治統一的社會需要，試圖建造新體系，而條件又不具備的新形勢下出現的一種不成熟的嘗試。」見《中國哲學發展史》（秦漢），頁146。陳麗桂對此狀況，評曰其「犯了語辭的概念與義界混淆不明的毛病。」見〈從《新書》看賈誼融合儒、道、法的思想要論〉（《國文學報》第 25 期，1995年），頁176。

〔註132〕見同注130，卷八，頁49。

〔註133〕徐復觀也說：「六術六行，是六理六法向行爲上的落實，亦即是由內在之德，向客觀世界的落實。」見《兩漢思想史》卷二（出版項同前），頁160。

藝本也，他事亦皆以六爲度。〔註134〕
何謂「人之六行」？〈六術篇〉又說：

> 人有仁、義、禮、智、信之行，行和則樂與，樂與則六，此之謂六行。〔註135〕

而人雖有仁、義、禮、智、信，但非聖人不能識；故聖人因人所有，爲天下人預設教化經典，使一般人能透過自我修養達到六行完備的境界。而《六藝》就是聖人教化的媒介。〈道德說〉載：

> 六理、六美，德之所以生陰陽、天地、人與萬物也，固爲所生者法也。故曰：道此之謂道，德此之謂德，行此之謂行。所謂行此者，德也。是故，著此竹帛謂之《書》。《書》者，此之著者也；《詩》者，此之志者也；《易》者，此之占者也；《春秋》者，此之紀者也；《禮》者，此之體者也；《樂》者，此之樂者也。〔註136〕

「六理」與「六美」爲「德」的內容與象徵，使之能夠化生萬物，而聖人制作的《六藝》中，也分別具有「德」的某種性質，如《書》是「德」之著，《詩》是「德」之志，《易》是「德」之占，《春秋》是「德」之紀，《禮》是「德」之體，《樂》是「德」之樂。〈道德說〉又載：

> 《書》者，著德之理於竹帛而陳之，令人觀焉，以著所從事，故曰：「書者，此之著者也。」《詩》者，志德之理而明其指，令人緣之以自成也，故曰「《詩》者，此之志者也。」《易》者，察人之循德之理與弗循，而占其吉凶，故曰「《易》者，此之占者也。」《春秋》者，守往事之合德之理與不合，而紀其成敗，以爲來事師法，故曰「《春秋》者，此之紀者也。」《禮》者，體德理而爲之節文，成人事，故曰「《禮》者，此之體者也。」《樂》者，《書》、《詩》、《易》、《春秋》、《禮》五者之道備，則合於德矣，合則驩然大樂矣，故曰「《樂》者，此之樂者也。」〔註137〕

《書》是將「德」之六理寫在竹帛上，令人可學習從事；《詩》是闡明此六理，使人依據它修養自成；《易》是占驗人是否循理依德，查證其吉凶；《春秋》是檢視過去的歷史合不合德，並記下成敗的結果以供未來參考；《禮》是實踐

〔註134〕見【漢】賈誼：《新書》（出版項同前），卷八，頁49。
〔註135〕見同上。
〔註136〕見同上，卷八，頁50。
〔註137〕見【漢】賈誼：《新書》（出版項同前），卷八，頁50。

「德」之六理，並依需求調整外在儀式；《樂》是在前述五經之理皆完備之後，身心歡然大樂。〔註138〕賈誼對《六藝》的見解，大抵是平實而不溢出儒家的解釋。

　　值得注意的是，賈誼此思想體系的建構，與陸賈幾乎如出一轍。陸賈先利用陰陽五行的說法來解釋宇宙的生成。如《新語‧道基》篇云：

　　　故曰張日月、列星辰，序四時、調陰陽，布氣治性，次置五行。春
　　　生夏長，秋收冬藏，陽生雷電，陰成雪霜，養育群生，一茂一亡。
　　　潤之以風雨，曝之以日光，溫之以節氣，降之以殞霜，位之以眾星，
　　　制之以斗衡。〔註139〕

後用「聖人」體察天道而垂範，《新語‧道基》篇又說：

　　　後聖乃定五經，明六藝，承天統地，窮事察微，原情立本，以緒人
　　　倫；宗諸天地，纂脩篇章，垂諸來世，被諸鳥獸，以匡衰亂；天人
　　　合策，原道悉備，智者達其心，百工窮其巧，乃調之以管絃絲竹之
　　　音，設鐘鼓歌舞之樂，以節奢侈，正風俗，通文雅。〔註140〕

陸賈專指孔子為「後聖」，而孔子既將先聖先賢要義集編成五經，其用意就是要行禮義、立綱紀，重建祥和仁義的社會。正因為經典「承天統地，窮事察微，原情立本，以緒人倫」（〈道基〉），是聖人窮道、化仁，後載諸簡策而為書，由「道（仁義）」——「聖人」——「經典」上下貫通，成為陸賈思想中的核心價值。本文認為，此種現象當然是受到漢初在學術上欲一統的氛圍所影響，但亦可看出漢初儒學的改造由陸賈開端、賈誼承繼發揚，並將由董仲舒完成的路線。

　　此外，在賈誼的思想中，「以六為度」是其學說最大的特色。〈六術篇〉說：

〔註138〕陳麗桂對此解釋與本文略同，她說：「《書》是將這六德之理寫在竹帛上；《詩》
　　　　是記這德之六理，進而闡明其旨，使人依此自修以成德；《易》是仔細體查人
　　　　對於這德所呈現之理究竟遵不遵循？何者該遵？何者不遵？並占驗其吉兇。
　　　　《春秋》是核驗過去發生的事情合不合德之理而記下其成敗的結果，做為未
　　　　來的行事準則。《禮》是實踐這德之理，並適度地調整它的儀文，以佐助人事。
　　　　《樂》則是在前述《書》、《詩》、《易》、《春秋》、《禮》之理都全備合德之後，
　　　　高興的大歡暢。」見〈從《新書》看賈誼融合儒、道、法的思想要論〉（出版
　　　　項同前），頁 184。
〔註139〕見【漢】陸賈：《新語》，《四部叢刊初編本》（出處見同前），卷上，第一篇。
〔註140〕見【漢】陸賈：《新語》，《四部叢刊初編本》（出處見同前），卷上，第一篇。

是以陰陽各有六月之節，而天地有六合之事，人有仁義禮智信之行。

行和則樂興，樂興則六，此之謂六行。陰陽天地之動也，不失六行，

故能合六法。人謹脩六行，則亦可以合六法矣。〔註141〕

賈誼將陰陽各有六月之節、天地有六合之事、人有仁義禮智信樂六行擴大解釋，認為「事之以六為法者，不可勝數也。此所言六，以效事之尺，盡以六為度者謂六理，可謂陰陽之六節，可謂天地之六法，可謂人之六行。」這種「以六為度」的見解，本文認為，賈誼乃吸收陰陽家天人合一的論證方式，企圖以簡制繁、以少馭多，而身為儒者的自覺，使他欲抬高《六藝》的價值，並以之建構出上徹天道、下達人道的儒學體系，故《六藝》之「六」就被放大解釋了。〔註142〕

　　但是，在《漢書》本傳中，賈誼尚有「數用五」的主張，〈賈誼傳〉說：

誼以為漢興二十餘年，天下和洽，宜當改正朔，易服色制度，定官名，興禮樂。乃草具其儀法，色上黃，數用五，為官名悉更，奏之。文帝謙讓未皇也。〔註143〕

「數用五」，在五德終始說的觀念中，代表的是漢承秦後；「以六為度」則是漢承秦制，特意忽略秦在歷史朝代中的排序，並且以漢承周。本文認為，以學理而言，賈誼應當主張「數用五」，「以六為度」當是賈誼早期的思想，兩者間確有衝突。〔註144〕雖然如此，本文還是認為，「以六為度」的思想結構，

〔註141〕見【漢】賈誼：《新書》（出版項同前），卷八，頁49。

〔註142〕徐復觀也說：「其所以特別重視六的觀念，而必配足六的數字，可能是因為立足於六藝之上，由六藝之六而向上推，向下衍的。」見《兩漢思想史》（出處見同前）卷二，頁170。但徐復觀又認為：「賈誼的思想，是立基於道家，而非立基於儒家。」（同上，頁155。）因為「〈六術〉篇與〈道德說〉篇，是賈誼融合儒道法三家思想，將《老子》的『道生之，德畜之』的創生歷程，再加入《韓非子》〈解老〉篇所提出的理的觀念，再接上儒家天命之謂性的基本思想，一直落實到六藝之上，以組成由道家之道到儒家六藝的大系統，使道的創生歷程，得到更大的充實；使道的形上性格，很堅確地落實於現實世界的人生價值之上。這更表現了賈生思想的創造性。」（同上，頁157）。

〔註143〕見【漢】班固撰、【唐】顏師古注：《漢書》（出版項同前），卷四十八，傳第十八，頁2223。

〔註144〕任繼愈也說：「今存〈六術〉、〈道術〉、〈道德說〉三篇文章，一般認為是賈誼二十歲以前的作品。……他早年的作品，所以還沒有擺脫秦朝尚六的傳統。」見《中國哲學發展史》（秦漢篇）（出版項同前），頁155。金春峰也說：「《道德說》和《六術》強調『數度之道以六為法』是秦以水德王，『數尚六』思想的表現，故學術界認為是賈誼早年的作品。」見《漢代思想史》（出版項同前），頁62。

是賈誼在漢初思想界中、最獨樹一幟的醒目標記。

（二）「防患於未然」的政治先覺

　　賈誼思想體系的建構，是透過儒家《六藝》的經典，貫徹天道與治道。在為《六藝》找到形而上的理論根據後，賈誼思想體系的重心，更多的是為漢朝政治與社會發展的形勢，找到可長可久的治道。〔註145〕是故，在賈誼「以六為度」的思想架構下有一核心的概念，那就是「防患於未然」的政治先覺。

　　在《新書》中，賈誼對當時漢朝已發生及未發生的問題，皆提出警告與解決之方案。如對當時漢王朝中央影響最大的，當是同姓諸侯勢力的隱患，賈誼提出了「眾建諸侯而少其力」的主張（〈藩彊篇〉），並增益王室直系子弟封地以備變（〈益壤篇〉）；對漢文帝立淮南厲王四子為王表達憂心（〈淮難篇〉）。在政治制度上，賈誼主張建立服制制度（〈等齊篇〉、〈服疑篇〉、〈階級篇〉）與中央官制變更（〈輔佐篇〉），提暢國以民為本的思想（〈大政上篇〉、〈大政下篇〉），以「定經制」為國家長治久安的制度（〈俗激篇〉、〈瑰瑋篇〉）。在教化上，不但重視國家的儲君——太子，主張讓太子「早諭教」與「選左右」（〈傅職篇〉、〈保傅篇〉），對社會也要有仁義廉恥的教化政策（〈時變篇〉）。在經濟問題上，賈誼對文帝開放私人鑄錢不以為然，主張「銅不布下，不得采銅，不得鑄錢」，如此「可去三禍、致七福」（〈銅布篇〉）。至於漢朝國防與外交方面，當時為禍甚烈的匈奴寇邊問題，賈誼則主張以「三表五餌」弭平禍患（〈匈奴篇〉）。凡此種種，皆顯示賈誼對當時漢王朝已發生或未發生的禍患知之甚詳，故大聲疾呼。〔註146〕《數寧篇》曾對漢文帝時的社會大勢評論道：

〔註145〕任繼愈評論賈誼時說：「他的思想和陸賈一樣，首先不是對某家思想的繼承，而是對現實的反映，和對歷史經驗的總結。他不同於尋章摘句，引經據典的陋儒，而是把現實情況作為自己立論的根據。他的建議首先不是看符合不符合儒家的教條，而是著眼於如何解決面臨的問題。」見《中國哲學發展史》（秦漢）（出版項同前），頁143～144。
〔註146〕部積意也說：「在賈誼的《新書》中，對秦朝滅亡的評價、對漢朝政治的建議與構思除了著眼於道德仁義外，還涉及到其他具體問題，對社會各階層的分析所涵蓋的範圍極為廣泛，如請封建、諫鑄錢，對時俗、階級、匈奴的種種議論都可見出他政治見解的精到。特別是，對於漢初政治的兩種矛盾——中央與諸侯王的矛盾以及帝國和匈奴的矛盾，賈誼均提出與時俗完全不同的主張。」見《經典的批判——西漢文學思想研究》（出版項同前），頁46。

> 臣竊惟事勢，可痛惜者一，可爲流涕者二，可爲長大息者六。若其
> 他倍理而傷道者，難遍以疏舉。進言者皆曰：『天下已安矣。』臣獨
> 曰：『未安』。或者曰：『天下已治矣。』臣獨曰：『未治。』恐逆意
> 觸死罪，雖然，誠不安，誠不治。故不敢顧身，敢不昧死以聞。夫
> 曰天下安且治者，非至愚無知，固諛者耳，皆非事實，知治亂之體
> 者也。夫抱火措之積薪之下，而寢其上，火未及燃，因謂之安，偷
> 安者也。方今之勢，何以異此？夫本末舛逆，首尾橫決，國制搶攘，
> 非有紀也，胡可謂治？〔註147〕

賈誼認爲，漢朝當時內憂外患深重，可痛惜流涕者甚多，但朝野卻有天下已
經安治的論調與氛圍，這讓賈誼深感痛心與不安，對高唱天下安治的愚昧之
徒嚴厲地進行批判，希望漢文帝明瞭到帝國形勢之嚴峻。在政治與社會禍患
重重下，漢初以來黃老治術所提倡的「無爲」說，就成了賈誼撻伐的對象。〈孽
產子〉篇載：

> 然而獻計者類曰：「無動爲大耳。」夫無動而可以振天下之敗者，何
> 等也？曰：爲大夫治，可也；若爲大亂，豈若其小？悲夫！俗至不
> 敬也，至無等也，至冒其上也，進計者猶曰「無爲」，可爲長大息者
> 此也。〔註148〕

面對政治的禍患、社會上以繡被牆的奢侈風氣，賈誼對當時漢朝各層面的觀
察，已體認到王朝施政應當與劉邦、呂后和惠帝時期不同，「無爲而治」之術
已不敷使用。

而讓賈誼能意識到文帝朝的天下大勢，並隨之提出因應對策，即是賈誼
「防患於無形」的政治先覺發揮效用。〈審微篇〉說：

> 彼人也，登高則望，臨深則窺，人之性，非窮且望也，勢使然也。
> 夫事有逐姦，勢有召禍。老聃曰：「爲之於未有，治之於未亂。」管
> 仲曰：「備患於未形，上也。」語曰：「焰焰弗滅，炎炎奈何；萌芽
> 不伐，且折斧柯。」智禁於微，次也。事之適亂，如地形之惑人也，
> 機漸而往，俄而東西易面，人不自知也。〔註149〕

當人輕乎事物發生之始並且怠慢它，則其流弊將造成大亂；故在災禍發生前，

〔註147〕見【漢】賈誼：《新書》（出版項同前），卷一，頁5。
〔註148〕見同上，卷三，頁20。
〔註149〕見【漢】賈誼：《新書》（出版項同前），卷二，頁15。

看出徵兆並加以預防，禍患就不會產生。〔註150〕所謂「明者之感姦由也蚤，其除亂謀也遠，故邪不前達。」（〈審微篇〉）在「防患於無形」的要求下，對於漢朝各種形勢，又是如何判別禍患的先機？對此，賈誼提出了「以前事爲師」的思考方法。〈過秦下〉在評論完秦之缺失時說：

> 鄙諺曰：「前事之不忘，後之師也。」是以君子爲國，觀之上古，驗之當世，參之人事。察盛衰之理，審權勢之宜，去就有序，變化因時，故曠日長久，而社稷安矣。〔註151〕

所謂「君子爲國，觀之上古，驗之當世，參之人事」，過往的歷史殷鑒昭昭，主政者當從中獲取經驗和教訓，以之配合當代的形勢與變化，推衍出最正確的治國主張與方略。〈保傅篇〉又說：

> 夫殷周之所以長久者，其已事可知也，然而不能從，是不法聖智也。秦之亟絕者，其軌跡可見也，然而不避，是後車又覆也。夫存亡之反，治亂之機，其要在是矣。〔註152〕

俗諺曰：「前事不忘，後世之師」。對於殷周之所以享國久遠，與嬴秦滅亡如此之訓速之因，賈誼皆認爲有參考借鏡的必要。但此論點要強調的是，賈誼與陸賈及漢初其他思想家相同，對歷史的鑒借，主要還是對嬴秦滅亡如此迅速感到警醒，故對漢朝的形勢，亦還是多拿秦與六國諸侯的形勢相比。〔註153〕

　　除此之外，賈誼在提到「防患於未然」的主張時，多與「勢」的觀念連結在一起。如在分析漢初大勢時，說：「今有何如？進取之時去矣，并兼之勢過矣」（〈時變篇〉）；在談到文帝朝偷安的形勢時說：「方今之勢，何以異此？」

〔註150〕賈誼這種思想，應該根源自於法家。如《韓非子・喻老篇》有「扁鵲見蔡桓公」事，說明：「有形之類，大必起於小；行久之物，族必起於少。故曰：『天下之難事必作於易，天下之大事必作於細。』」故「聖人蚤從事焉」。

〔註151〕見同注149，卷一，頁3。

〔註152〕見同注149，卷五，頁34。

〔註153〕故在〈過秦論〉中，對秦與六國諸侯形勢相比的情形，可見到漢與東方同姓諸侯的比附。陳麗桂亦云：「取代嬴秦而起的劉漢朝廷，一統之後，所急急要做的，是和崇刑法、賤德義的嬴秦劃清界線，其明顯的動作便是反覆地數落秦的苛法重刑。這一目標由開國初祖高帝對陸賈公開而明白地提了出來，以後便成了漢代思想家發政論時的普遍動作，在漢代思想家的理論中少有不著秦失的，詆秦、罵秦成了漢代學著發論的普遍風氣。由是而崇道的主清靜無爲，尚儒的講仁義道德，而迎著高帝的要求，陸賈理所當然地成了這一風氣動作的總開啓，賈誼的〈過秦論〉則是其中最具代表性的一個。」見〈融合道、法兼採陰陽的漢儒──陸賈〉（《中國學術年刊》1996年5月），頁137。

（〈數寧篇〉）；在論述漢初異姓諸侯中，獨長沙王吳芮未反時說：「長沙乃纔
二萬五千戶耳，力不足以行逆，則功少而最完，勢疏而最忠，全骨肉。時長
沙無故者，非獨性異人也，其形勢然矣。」（〈藩彊〉）；在論述行其少諸侯之
力政策的功效時，說：「海內之勢，如身之使臂，臂之使指，莫不從制。諸侯
之君，敢自殺，不敢反，心知必葅醢耳。不敢有異心，輻湊並進，而歸命天
子。」（〈五美〉）；在反對立淮南厲王四子爲王，分析諸子尚不敢爲亂之因時
說：「特曰勢未便，事未發，舍亂而不敢言」（〈淮難〉）；在陳述匈奴問題時，
則說：「天下之勢方倒縣，竊願陛下省之也」（〈解縣〉）、「足反居上，首顧居
下，是倒植之勢也」（〈威不信〉）；在論述其尊君學時則說：「高者難攀，卑者
易陵，理勢然也。」（〈階級〉）等等。在《新書》中，凡賈誼談論到「勢」時，
皆與「防患於未然」的主張相關。〔註154〕

　　賈誼在面對文帝時的天下形勢，多以先知、先覺者的角度，洞察當時諸
多已現或潛藏的問題，提出相互因應的對策。其中，對漢王朝中央最有建樹
的方略，就是「眾建諸侯而少其力」的建議。揆諸史實，此項政策不但有效，
也將劉氏王族間的原本必須兵戎相見的衝突，以較爲溫和的方式解決中央與
地方諸侯的矛盾，故明末呂留良評曰：

> 終漢之世，無侯國之變者，偃之謀也。偃之謀，文帝之謀也。文帝
> 之謀，賈生之謀也。而賈生之言固已行矣，此所謂謀子孫之道也。
> 〔註155〕

是故，賈誼在《新書》中，確實也以先知、先醒的角色自居，並期使君王亦
要先知、先醒。如〈先醒篇〉說：

> 懷王問於賈君曰：「人之謂知道者先生，何也？」賈君對曰：「此博
> 號也。大者在人主，中者在卿大夫，下者在布衣之士。乃其正名，
> 非爲先生也，爲先醒也。彼世主不學道理，則嘿然惛於得失，不知
> 治亂存亡之所由，怵怵然猶醉也。而賢主者，學問不倦，好道不厭，
> 銳然獨先達乎道理矣。故未治也，知所以治；未亂也，知所以亂；

〔註154〕任繼愈評論賈誼「勢」的觀念時說：「勢，是事物之間客觀存在的一種相對關
　　　　係，這種關係反映了事物的強弱、高下、尊卑等雙方力量的對比狀態。人處
　　　　在這樣一種物質的關係中，只能服從它，利用它，否則就要遭受失敗。」見
　　　　《中國哲學發展史》（秦漢）（出版項同前），頁150。
〔註155〕見《呂晚村先生文集》卷六〈賈誼論〉（臺北：臺灣商務印書館，1977年），
　　　　頁410。

> 未安也，知所以安；未危也，知所以危。故昭然先寤乎所以存亡矣，
> 故曰先醒。辟猶俱醉，而獨先醒也。故世主有先醒者，有後醒者，
> 有不醒者。」〔註156〕

做爲一個先知、先醒者，應能夠在事物變化之前，領悟到存亡治亂之徵兆而先爲之應對。在《新書》中，「蚤圖」、「蚤定」與「早爲」的字眼一再出現，亦可顯見賈誼呼籲執政者當有先知、先醒者自覺的用心。如在〈宗首篇〉，賈誼對其時天下少安，但諸侯王將日益壯大的危急狀況評曰：「今令此道順而全安甚易，弗肯早爲已，乃墮骨肉之屬而抗剄之，豈有異秦之季世乎！」；在〈屬遠篇〉中，對於屬漢中央之廬江縣，與漢遠隔不便時說：「陛下不如蚤定，毋以資姦人。」；在〈鑄錢篇〉中，抨擊文帝開放私人鑄錢，將破壞漢朝經濟時說：「上弗早圖，民勢且盡矣。」賈誼如此大聲疾呼，正是因爲意識到君主在國家制度運作的重要性。〈先醒篇〉又說：「先醒者，當時而伯；後醒者，三年而復；不醒者，枕土而死，爲虎狼食。」君主若非先知、先醒者，則國家無法長治久安；若是後醒者，則國家運作不順；至於不醒者，則將會身死國滅。是故，觀察賈誼「以六爲度」之思想架構，「防患於未然」的先知、先覺意識，確實爲其思想核心之所在。

三、賈誼「以禮馭法」的尊君學說

賈誼從歷史的經驗中反醒，以前代興亡爲鑒戒，並配合漢初的情勢，來制定其政治與治國的主張。〈過秦論下〉中「觀之上古，驗之當世，參之人事」的思考模式，如何化爲具體的政治主張？如何爲漢王朝奠定長治久安的基礎？對此，賈誼提出「以禮馭法」的尊君學說。以下即論述之。

（一）定經制——階級森嚴

在賈誼「防患於未然」的政治先覺下，對於國家制度的設計，不但要求能避免前代傾覆的缺失，更要緊的是能預防災禍的發生。〔註157〕在此要求下，賈誼嘗試建構一個條理分明的社會秩序。〈俗激篇〉說：

〔註156〕見【漢】賈誼：《新書》（出版項同前），卷七，頁41。
〔註157〕馬育良說：「政治運作的關鍵，在於處理各種社會關係以及調配政治技術系統。賈誼《新書》集中了他在這方面殫精竭慮的思考，及其政治新思維的主要內容。賈誼始終關注國家與社會系統、社會系統內部各種關係的處置，爲此，他反覆要求改造和豐富現有的政治技術系統。」見〈漢初政治與賈誼的禮治思想〉（《孔子研究》1993年第4期（總第32期）），頁48。

夫立君臣，等上下，使父子有禮，六親有紀，此非天之所爲，人之
所設也。夫人之所設，弗爲不立，不植則僵，不循則壞。秦滅，四
維不張，故君臣乖而相攘，上下亂僭而無差，父子六親殃僇而失其
宜，姦人並起，萬民離畔，凡十三歲而社稷爲墟。今四維猶未備也，
故姦人冀幸，而眾下疑惑矣。豈如今定經制，令主主臣臣，上下有
差，父子六親，各得其宜，姦人無所冀幸，群眾信上，而不疑惑哉。
此業一定，世世常安，而後有所持循矣。若夫經制不定，是猶渡江
河無維楫，中流而遇風波也，船必覆矣。悲夫！備不豫具之也，可
不察乎！〔註158〕

秦朝之所以滅亡，在於四維不張、風俗侈靡，導致君臣乖而相」「上下僭亂而
無差，故僅十三年而城池爲廢墟，這皆是因爲沒有一個可長可久的國家制度。
而漢興以來，風俗逐漸敗壞，班固說：

曩之爲秦者，今轉而爲漢矣。然其遺風餘俗，猶尚未改。今世以侈
靡相競，而上無制度，棄禮義，捐廉恥日甚，可謂月異而歲不同矣。
〔註159〕

故提倡禮教、移風易俗，並解決帝國上下失序的問題，就成了賈誼念茲在茲
的問題。對此，賈誼所設計的國家制度，即以「定經制」爲其主要內容。

賈誼既然以「定經制」爲主要的政治方針，對其具體的方向，則必是其
核心思想的開展；而在規範制度的選擇上，賈誼是以「禮」作爲「定經制」
的主要內涵。〈禮〉篇載：

故道德仁義，非禮不成；教訓正俗，非禮不備；分爭辨訟，非禮不
決；君臣、上下、父子、兄弟，非禮不定；宦學事師，非禮不親；
班朝治軍、蒞官行法，非禮威嚴不行；禱祠祭祀，供給鬼神，非禮
不誠不莊。是以君子恭敬、撙節、退讓以明禮。〔註160〕

「禮」的應用層面廣範，小到個人之應對進退、大至國家之祀與戎，皆是「禮」
發揮作用之處。儒家經典的觀念中，原本就強調「禮」的意義與重要，在《新
書》中，賈誼更引用《禮記・曲禮》的文字，說明「禮」的普遍性意義，〔註161〕

〔註158〕見【漢】賈誼：《新書》（出版項同前），卷三，頁17。

〔註159〕見【漢】班固撰、【唐】顏師古注：《漢書・賈誼傳》（出版項同前），卷四十
八，傳第十八，頁1072。

〔註160〕見【漢】賈誼：《新書》（出版項同前），卷六，頁38。

〔註161〕徐復觀說：「在賈誼心目中，禮是人的行爲規範，是政治結構中、社會結構中

而其目的，就是要建立一個社會階級分明的社會。〈服疑篇〉說：

> 制服之道，取至適至和以予民，至美至神進之帝。奇服文章，以等
> 上下而差貴賤。是以高下異，則名號異、則權力異、則事勢異、則
> 旗章異、則符瑞異、則禮寵異、則秩祿異、則冠履異、則衣帶異、
> 則環佩異、則車馬異、則妻妾異、則澤厚異、則宮室異、則床席異、
> 則器皿異、則飲食異、則祭祀異、則死喪異。故高則此品周高，下
> 則此品周下，加人者品此臨之，埤人者品此承之。遷則品此者進，
> 絀則品此者損。貴周豐，賤周謙，貴賤有級，服位有等，等級既設，
> 各處其檢，人循其度。擅退則讓，上僭則誅。建法以習之，設官以
> 牧之，是以天下見其服而知貴賤，望其章而知其勢。使人定其心，
> 各著其目，故眾多而天下不眩，傳遠而天下識祗。卑尊已著，上下
> 已分，則人倫法矣。於是主之與臣，若日之與星。臣不幾可以疑主，
> 賤不幾可以冒貴。下不凌等，則上位尊；臣不踰級，則主位安；謹
> 守倫紀，則亂無由生。〔註162〕

在這個賈誼設計的社會制度中，階級上下的區分，從「服飾、冠履、車駕」
等標誌，到「名號、權力與喪祭」等表徵，都有一定的等級規範而不可踰越。
若有不合階級該有的表徵，則嚴厲處罰。如此，可確定上下尊卑的秩序，可
使禍亂消弭於無形。〈等齊篇〉也說：

> 人之情不異，面目狀貌同類，貴賤之別，非天根著於形容也。所持
> 以別貴賤明尊卑者，等級、勢力、衣服、號令也。〔註163〕

對於會踰越階級的規範者，賈誼認為，除了諸侯王外，就屬商人所造成的問
題最嚴重。〈孽產子〉說：

> 白縠之表，薄紈之裏，緁以偏諸，美者黼繡，是古者天子之服也，
> 今富人大賈召客者得以被牆。古者以天下奉一帝一后而節適，今富
> 人大賈屋壁得為帝服，賈婦優倡下賤產子得為后飾，然而天下不屈
> 者，殆未有也。且帝之身，自衣皁綈，而靡賈侈貴，牆得被繡。后

的精神紐帶，及組織原理。」又說：「所謂禮，是對各種地位的人，承認其適
當的存在，而不可對之加以凌越侵犯；要求對他人盡其所應盡的義務，而不
可片面的自私。由此以建立相對的倫理關係，亦即是建立人與人的合理關係。」
見《兩漢思想史》卷二（出版項同前），頁139、142。

〔註162〕見【漢】賈誼：《新書》（出版項同前），卷一，頁10。

〔註163〕見同上，卷一，頁9。

以緣其領，孽妾以緣其履，此臣之所謂踦也。〔註164〕

商人致富後，若競誇侈靡，以帝后之服裝飾屋壁、嬌寵妻妾，在賈誼眼中乃嚴重破壞制度的脫序行爲；因爲在商賈豪奢的行爲背後，是在自身財勢膨脹後，對統治階級的權力亦有染指之心的表現。故賈誼欲透過「定經制」的「禮」，嚴格限制商賈的行爲。

此外，若人於「等級、勢力、衣服、號令」無所分別，則上下無從分；上下不分最大的威脅就在下層階級的人僭越犯上。〔註165〕如此嚴明的階級制度，顯而易見與當時諸侯王的問題有關。

漢初諸侯王國中制度一如漢朝，容易造成諸侯王視皇帝乃與之齊平的心態。賈誼認爲任此狀況發展將造成君臣無別的亂象。〈等齊〉篇說：

> 諸侯王所在之宮衛，織履蹲夷，以皇帝在所宮法論之。郎中謁者受謁取告，以官皇帝之法予之。事諸侯王或不廉潔平端，以事皇帝之法罪之。日一用漢法，事諸侯王乃事皇帝也。是則諸侯王乃埒至尊也，然則天子之與諸侯，臣之與下，宜撰然齊等若是乎？〔註166〕

諸侯王若事事與漢王朝皇帝之用相等，那何者爲君？何者爲臣？君臣上下無別，則大亂在即。故賈誼力主區分皇帝與臣下的分別，皇帝之位乃至高而無其上。〈階級〉篇說：

> 人主之尊，辟無異堂陛。陛九級者，堂高大幾六尺矣。若堂無陛級者，堂高殆不過尺矣。天子如堂，群臣如陛，眾庶如地，此其辟也。故堂之上，廉遠地則堂高，近地則堂卑。高者難攀，卑者易陵，理勢然也。故古者聖王制爲列等，內有公卿大夫士，外有公侯伯子男，然後有官師小吏，施及庶人，等級分明，而天子加焉，故其尊不可及也。〔註167〕

君主之尊，乃透過一階一階之陛來突顯其高不可攀之勢。庶民如地、而後臣下、而後公卿，最高者乃帝王之位，亦只有帝王可登堂且受眾人朝拜。此乃「等級分明，而天子加焉，故其尊而不可及也。」〈階級〉篇又說：

〔註164〕見同上，卷三，頁20。

〔註165〕任繼愈認爲「定經制」的主張，是賈誼「企圖用一整套的禮儀，從形式上固定上下尊卑分明、層層服從的等級制度，使中央集權得以鞏固。」見《中國哲學發展史》（秦漢）（出版項同前），頁142。

〔註166〕見【漢】賈誼：《新書》（出版項同前），卷一，頁9。

〔註167〕見同上，卷二，頁16。

臣聞之曰：「履雖鮮，弗以加枕；冠雖弊，弗以苴履。」夫嘗以在貴
寵之位，天子改容而嘗體貌之矣，吏民嘗俯伏以敬畏之矣。〔註168〕

君主之位，如何能高不可攀？賈誼在此提出先秦儒家「刑不至大夫」的主張。
為了表示尊君，為了証明國君的地位「尊不可及」，除了對國君要絕對尊崇之
外，對於國君所任用的大臣亦須尊敬。〈階級〉篇說：

鄙諺曰：「欲投鼠而忌器」，此善喻也。鼠近於器，尚憚而弗投，恐
傷器也，況乎貴大臣之近於主上乎。廉醜禮節，以治君子，故有賜
死而無戮辱，是以係縛、榜笞、髡、刖、黥、劓之罪，不及士大夫，
以其離主上不遠也。〔註169〕

由此可知，賈誼將社會階級分成兩大類：統治者與被統治者，並認為在尊君
的要求下，對於大臣，可賜死而不可施刑，此所謂「投鼠而忌器」。〔註170〕
藉由尊崇大臣，以蓄養其節操，並用以襯托君主極高無限的威勢，讓各階級
的人習以為常、不生僭越之心，賈誼此項主張可謂一舉多得。是故，階級森
嚴的「定經制」主張，即為賈誼尊君學說中最重要的核心論點了。

（二）積仁義——以禮馭法

在賈誼階級劃分嚴明的「定經制」制度下，社會各階層皆要安於各自階
級的規定，舉凡所用之衣服、器物，甚至於所享之權利與所負之責任，皆有
確實的軌式，是絕不容冒犯侵害的。凡此種種皆是為了君主至高無上的權力，
故賈誼的政治制度乃是絕對尊君的設計。君主要維護自身的威勢，就要不憚
於用法來懲罰臣下，即使是與君主有血親關係的諸侯王。〈制不定〉篇說：

屠牛坦一朝解十二牛，而芒刃不頓者，所排擊所剝割皆象理也。然
至髖髀之所，非斤則斧矣。仁義恩厚，此人主之芒刃也；權勢法制，
此人主之斤斧也。勢已定、權已足矣，乃以仁義恩厚因而澤之，故
德布而天下有慕志。今諸侯王皆眾髖髀也，釋斤斧之制，而欲嬰以

〔註168〕此乃賈誼引《穀梁傳・僖公八年》傳文，其曰：「朝服雖敝，必加於上；弁冕
雖舊，必加於首」。

〔註169〕見【漢】賈誼：《新書》（出版項同前），卷二，頁16。

〔註170〕賈誼這項主張，亦確實得到文帝所採納，《漢書・賈誼傳》載：「上深納其言，
養臣下有節。是後，大臣有罪，皆自殺，不受刑。」頁1078。而《禮記・曲
禮》所言：「禮不下庶人，刑不上大夫」，應即是出自賈誼。據于傳波說，漢
朝學者如孔融、仲長統皆知此乃賈誼之語，見于傳波：〈試論賈誼的思想體系〉
（《中國哲學研究》1987年第3期），頁113。

芒刃，臣以爲刃不折則缺耳。〔註171〕

賈誼認爲，漢初以來諸侯王叛亂時起，對漢朝的長治久安是最重大的威脅，若不盡早解決，將有不測之禍，他說：

> 天下之勢方病大瘇，一脛之大幾如要，一指之大幾如股，臣聞：『尾大不掉，末大必折』，惡病也。〔註172〕

故君主對諸侯王之態度，當以權勢法則摧折之。因爲對於諸侯王而言，仁義恩厚已如芒刃而無所作用，不若先行斤斧劈折，使天下形勢穩定，再以仁義徐徐圖之。

賈誼如此看重法律權勢的效用，使得他的思想呈現出儒法結合的傾向。尤其是面對諸侯王權力過大的問題，除了前述「眾建諸侯少其力」的主張外，以法家重勢且「防患於未然」的態度來看待諸侯王的隱患，亦成爲賈誼思想中儒法結合的象徵。〔註173〕但是，在賈誼身爲儒者的自覺下，對於儒、法思想孰輕孰重的選擇上，「儒」爲綱、「法」爲用，「禮」爲先、「法」爲後的先後順序，代表著賈誼「以禮馭法」的核心觀。《漢書・賈誼傳》載：

> 凡人之智，能見已然，不能見將然。夫禮者禁於將然之前，而法者禁於已然之後，是故法之所用易見，而禮之所爲生難知也。若夫慶賞以勸善，刑罰以懲惡，先王執此之政，堅如金石，行此之令，信如四時，據此之公，無私如天地耳，豈顧不用哉？然而曰禮云禮云者，貴絕惡於未萌，而起教於微眇，使民日遷善遠罪而不自知也。

〔註174〕

〔註171〕見同注169，卷二，頁14。

〔註172〕（〈大都篇〉）此乃賈誼據《左傳・昭公十一年》：「末大必折，尾大不掉」以證其論。見《春秋左傳注》（出版項同前），頁368。

〔註173〕對此，章學誠說：「今其書可考見，宗旨雖出於儒，而作用實本於法也。」又說：「賈生之言王道，深識本源，推論三代，其爲儒效不待言矣。然其立法創制，條列禁令，則是法家之實。其書互見法家，正以明其體用所備，儒固未足爲榮名，法亦不足爲隱諱也。」見《校讎通義・卷三・漢志諸子》（王重民通解，上海：古籍出版社，1987年），頁28。林聰舜也說：「基本上賈誼認爲『禮』是爲政的重點，是本；『法』則是用來輔助『禮』，是事後制裁，然亦不可偏廢。爲政者應禮、法並用，但以禮爲主。這是儒法結合的一種型態。」見《西漢前期思想與法家的關係》（出版項同前），頁100。

〔註174〕見《漢書》（出版項同前），卷四十八，傳第十八，頁1076。其中「禮者禁於將然之前，而法者禁於已然之後」之觀念，出自《禮記・經解》篇（《十三經注疏本》，台北：藝文印書館，1982年），頁235。

「禮」，能禁於事物將然之前，能於禍患未生時消弭於無形，自然是以「先知、先醒者」期許的賈誼在思想上的優先選擇。故以此點來檢視賈誼尊君學說的主張，就知道在森嚴的階級要求之前，在權勢法制的冷峻外表之下，所隱含的是儒者純純然的人道關懷，使得賈誼的尊君學說，呈現出配合漢代形勢且獨樹一幟的儒法思想。

　　除了有積極的「預防性」意義之外，對於「禮」的內涵，賈誼亦多方面地闡述其意義。如〈禮〉篇說：

> 禮者，所以固國家，定社稷，使君無失其民者也。主主臣臣，禮之
> 正也；威德在君，禮之分也；尊卑大小彊弱有位，禮之數也。禮，
> 天子愛天下，諸侯愛境內，大夫愛官屬，士庶各愛其家。失愛不仁，
> 過愛不義，故禮者所以守尊卑之經，彊弱之稱者也。禮，天子適諸
> 侯之宮，諸侯不敢自阼階，阼階者，主之階也。天子適諸侯，諸侯
> 不敢有宮，不敢爲主人禮也。君仁臣忠，父慈子孝，兄愛弟敬，夫
> 和妻柔，姑慈婦聽，禮之至也。君仁則不厲，臣忠則不貳，父慈則
> 教，子孝則協，兄愛則友，弟敬則順。夫和則義，妻柔則正，姑慈
> 則從，婦聽則婉，禮之質也〔註175〕

「禮」能固國家、定社稷者，除了是君臣上下外在的規範外，還包涵了「忠、孝、仁、愛、義、慈、敬」等道德意涵，故「禮」亦可說是賈誼思想中，將形而上、主觀的價值根源，落實到形而下、客觀的實際規範最重要的橋樑。〔註176〕也因爲如此，我們認爲賈誼理想的社會形態，是一個以「禮」「定經制」的社會。

　　而「禮」除了有「預防性」意義之外，尚具有「蓄積性」的意義，同樣是維持國家長治久安所不可或缺者。賈誼先從蓄積國力的重要性來說明。〈禮〉篇有云：

> 國無九年之蓄，謂之不足；無六年之蓄，謂之急；無三年之蓄，國非

〔註175〕見【漢】賈誼：《新書》（出版項同前），卷六，頁38。
〔註176〕此段引文中，「君仁臣忠」至「禮之質也」，乃引《春秋‧昭公二十六年》齊
　　　　侯與晏子應答之語。見《春秋左傳注》，頁589。對於「禮」的看法，徐復觀
　　　　也說：「通過《新書》看，賈誼對六藝的評價，無分軒輊；但對於禮他下了更
　　　　多的工夫。」又說：「因爲他的哲學系統，是要形上在形下中實現，這便含有
　　　　嚴格地實踐的要求，而禮正是成立於內容到實踐之上；禮即是實踐。」見《中
　　　　國經學史的基礎》（出版項同前），頁211。

其國也。民三年耕，必餘一年之食，九年而餘三年之食，三十歲相通。
而有十年之積，雖有凶旱水溢，民無饑饉。然後天子備味而食，日舉
以樂。諸侯食珍，不失，鍾鼓之縣可使樂也。樂也者，上下同之。故
禮，國有飢人，人主不飧；國有凍人，人主不裘。報囚之日，人主不
舉樂。歲凶，穀不登，臺扉不塗，榭徹干侯，馬不食穀，馳道不除，
食減膳，饗祭有闕。故禮者自行之義，養民之道也。〔註177〕

賈誼在《新書》中多引《禮記‧王制》篇，來說明蓄積物產對於國家的重要。
〔註178〕在科技不發達的古代，農業完全是看天候氣象的變化來決定收成，若
是天災頻繁，且兵禍連結，則民不聊生，故國家平時就要有蓄積農作物以待
不測的準備。如漢朝初年，承秦末動亂與楚漢爭霸，社會經濟一度破產，平
時若不蓄積作物，漢朝國力恐有顛覆之虞，賈誼說：

今漢興三十年矣，而天下愈屈，食至寡也，陛下不省邪？未穫年，
富人不貸，貧民且飢，天時不收，請賣爵鬻子，既或聞耳。曩頃不
雨，令人寒心，壹雨爾，慮若更生。天下無蓄，若此甚極也。〔註179〕

以漢朝當時無蓄積的狀況，即可稱為「非國」，若不盡早改進，恐亡國無日。
就「禮」的作用而言，國君在平時就得注意蓄積國力，在荒年減省或取消某
些禮儀，此乃賈誼所謂「禮者自行之義，養民之道也」。

而「禮」除了提醒國君要蓄積物質性的國力外，更重要的是蓄積仁義。
國家的安危非一朝一夕所決定，而是在日積月累下因所依的制度所造成。《漢
書‧賈誼傳》載：

為人主計者，莫如先審取舍；取舍之極定於內，而安危之萌應於外
矣。安者非一日而安也，危者非一日而危也，皆以積漸然，不可不
察也。人主之所積，在其取舍。以禮義治之者，積禮義；以刑罰治
之者，積刑罰。刑罰積而民怨背，禮義積而民和親。故世主欲民之
善同，而所以使民善者或異。或道之以德教，或毆之以法令。道之
以德教者，德教洽而民氣樂；毆之以法令者，法令極而民風哀。哀
樂之感，禍福之應也。〔註180〕

〔註177〕見【漢】賈誼：《新書》（出版項同前），卷六，頁38。
〔註178〕如《新書》〈憂民〉、〈無蓄〉、〈禮〉等篇。
〔註179〕見同注177，〈憂民〉篇，卷三，頁25。
〔註180〕見《漢書》（出版項同前），卷四十八，傳第十八，頁1077。

國家既然要「定經制」，使制度化的規範長久延續，那麼，對於規範的內容，則必須絕對地重視。因為，若是以刑罰為治，日積月累下則積刑罰、民怨背，故賈誼主張以「禮」為規範制度，就是要積仁義而民和親。至此，賈誼「以禮馭法」的主張已豁然大明，而此項論點是有堅實的歷史反省做為鑒戒的。〈賈誼傳〉又載：

> 秦王之欲尊宗廟而安子孫，與湯武同，然而湯武廣大其德行，六七百歲而弗失，秦王治天下，十餘歲則大敗。此亡它故矣，湯武之取舍審而秦王之定取舍不審矣。夫天下，大器也。今人之置器，置諸安處則安，置諸危處則危。天下之情與器亡以異，在天子之所置之。湯武置天下於仁義禮樂，而德澤洽，禽獸草木廣裕，德被蠻貊四夷，累子孫數十世，此天下所共聞也。秦王置天下於法令刑罰，德澤亡一有，而怨毒盈於世，下憎惡之如仇讎，禍幾及身，子孫誅絕，此天下之所共見也。是非其明效大驗邪！人之言曰：「聽言之道，必以其事觀之，則言者莫敢妄言。」今或言禮誼之不如法令，教化之不如刑罰，人主胡不引殷、周、秦事以觀之也？〔註181〕

秦朝滅亡之速，與商、周享國之久遠，二者差異乃因所取捨的趨向不同而結果亦不同；「仁義」與「刑罰」的取捨，儒家還是法家的自覺，賈誼很明顯地選擇以儒家的「仁義」觀念來推行他規劃的「禮」制社會，這是出自對歷史反省所得出的結論。所以，在賈誼以「禮」為內涵所設計的森嚴階級中，還是透顯出溫潤的道德光輝，借以和緩上下壁壘分明的尊君制度，而這些措施，都歸結到賈誼「防患於未然」的儒者意識。的確，賈誼並不忌憚利用法家的嚴刑峻法，但其所採用者只能說是手段，並未觸及到整體思想的核心價值。〔註182〕明乎此，我們才可以真正認識到賈誼「以禮馭法」的尊君學說。

　　漢初的儒者，面對複雜的政治環境，與黃老思想的衝突，其理論思想在各方面雖然呈現融合的趨勢，但對儒家最終認同的態度是相似的。從陸賈到賈誼，我們已經了解儒家在時代的洪流中，正努力地顯現自家學說中最具特

〔註181〕見《漢書》（出版項同前），卷四十八，傳第十八，頁 1077。

〔註182〕林聰舜也說：「原則上，賈誼所遇到的問題越迫切，他的解決方式表現出的法家傾向就越強，至於牽涉到的問題若牽涉到整體的社會結構與社會秩序的重整，基本上還是借重儒家觀念，此由賈誼解決諸侯割據的燃眉之急時提出的辦法，比起重建社會秩序的『禮』，表現出的法家傾向遠為濃烈而直接，可以得知。」見《西漢前期思想與法家的關係》（出版項同前），頁 102。

色的價值。就儒家的尊君學說而言，這項工作在陸賈與賈誼手上並未完成，兩人的思想結構或與黃老學說太過相近，或是尚未能建立使其他學者皆遵行的共識，顯見儒家在這塊領域尚有發揮的空間。揆諸史實，西漢前期儒家尊君學說的完成是成就在董仲舒的手上，但是，若無陸賈與賈誼的努力，相信董氏亦無法輕易地建立屬於儒家的尊君體系。故對於陸賈與賈誼在儒學發展的價值上，不得不對兩位儒學先行者抱持最高的敬意。〔註183〕

―――――――――――――――

〔註183〕如金春峰說：「從陸賈到董仲舒，儒家思想的轉變，一方面可以看作一種持續不斷前後相繼的發展，一種有著共同目標和傾向的向前的思想運動；一方面又可以看作一種從量變到部分質變到質變（新體系的建立）的『飛躍』。」見《漢代思想史》（出版項同前），頁109。

第五章　西漢前期儒家尊君學說（下）：
　　　　董仲舒之儒學

　　前文所論述之西漢前期儒家學者陸賈和賈誼，乃此時期儒學先行的人物，其本身學術間有濃厚的黃老思想色彩，或是在以儒學統合並引領學術思維的發展上稍嫌不足，但正如前文所述，面對越來越繁雜的社會現象與思維的待變，儒學已經蓄積相當多的能量等待，而當董仲舒出現後，其宏大而又深具特色的學術便正式躍居西漢學術界執牛耳的地位，《漢書》載劉歆曾評之說：

> 仲舒遭漢承秦滅學之後，六經離析，下帷發憤，潛心大業，令後學
> 者有所統一，爲群儒首。〔註1〕

董氏首暢儒學獨尊，在他之後，儒學藉由政治的力量成爲中國兩千年來思想上的主流，不但是他奠定了《春秋公羊學》在漢代發展的雛形和以《春秋》斷獄的特殊政治現象，更直接引起漢代緯書的產生，所引發的稱讚與毀詆皆有，〔註2〕但無論如何，他所建立的天人相應之理論，即是以天的意志來約束

〔註1〕見《漢書・董仲書傳》（出版項同前），卷五十六，傳第二十六，頁2527。徐復觀也說：「兩千餘年，陰陽五行之說，深入社會，成爲廣大的流俗人生哲學，皆可追溯到董仲舒的思想上去。他是有意識地發展《呂氏春秋・十二紀首》，以建立無所不包的哲學系統，並把他所傳承的《春秋公羊》乃至《尚書》的〈洪範〉組入此一系統中去，以促成儒家思想的轉折。」《兩漢思想史》（出版項同前），卷二，頁296。

〔註2〕其作爲，有稱讚也有批評，稱讚者如皮錫瑞說：「董子嘗作《春秋決事》，弟子呂步舒等以《春秋》讞斷於外，而其言禮之精如是。是董子之學，當時見之施行者，特其麤粗，而其精者並未嘗見之施行也。然則世但知漢世《公羊》

規範君主的行爲，使儒學在傳統的君主專制體制中，成爲最契合君主統治理念的學術，並成爲維護君權、捍衛君權的學說。以下及分論董仲舒其人及其學術。

第一節　董仲舒學術之相關背景

董仲舒之儒學乃本文論述之中心，其所代表的是在西漢前期儒家尊君之說集大成的學者，面對黃老思想勢力尚未消失、儒家學說正方興未艾的關鍵時刻，其如何整頓充實儒學的過程將成爲本文敘述的重點。

一、生平及著作

據《史記·儒林傳》與《漢書·董仲舒傳》可知，董仲舒乃河北廣川人，〔註3〕少時即以治《春秋公羊傳》而聞名，上二史書皆稱讚其「三年不窺園」，其用功之勤可以想見。景帝時爲博士，至漢武帝朝時，應對賢良對策後，出任江都王劉非之相，當時劉非素驕且好勇力，董仲舒以禮誼匡正，劉非頗爲敬重，董氏較爲人注目的儒者風範，可見於江都王劉非以征戰之事詢問，而董仲舒答曰：

> 夫仁人者，正其誼不謀其利，明其道不計其功，是以仲尼之門，五尺之童羞稱五伯，爲其先詐力而後仁誼也。苟爲詐而已，故不足稱於大君子之門也。五伯比於他諸侯爲賢，其比三王，猶武夫之與美玉也。〔註4〕

盛行，究之其盛行者，特酷吏藉以濟其酷，致後人爲《公羊》詬病。董子所謂禮義之大宗，漢時已以爲迂而不之用矣。董子之學不行，後人並疑其書而不信。試觀太史公所述，有一奇辭險語否？何必驚爲非常異議乎！《經學通論·春秋》（出版項同前），頁6。批評者如徐復觀說：「不論仲舒的用心如何，緯書怪誕之說，我發現是由仲舒所引發出來的，對先秦理性主義，合理主義應有的發展，加上一層阻滯。」又說：「他對《公羊傳》的特殊見解，一轉手而出現了許多有關的緯書，宏揚擴大，在何休《解詁》以前，殆已成爲《公羊傳》的定論。」見《兩漢思想史》（出版項同前），卷二，頁358、421。

〔註3〕據《漢書·諸侯王表》（出版項同前）載記趙敬肅王劉彭祖爲景帝子，後徙廣川，可知廣川乃爲趙地，今日河北省境內（卷一四，表第二，頁395）。另據林麗雪：《中國歷代思想家·董仲舒》（臺北：臺灣商務印書館，1979年3月，頁1）所考，乃在今河北省棗強縣東三十里處。

〔註4〕見【漢】班固：《漢書·董仲舒傳》（出版項同前），卷五十六，傳第二十六，頁2510。

所謂「正其誼不謀其利，明其道不計其功」，這是孔子所說「君子喻於義，小人喻於利」之說的衍生，與孟子所稱之「義利之別」相同，〔註5〕乃儒家思想中重公義大利觀點的發揮，其勸江都王莫要崇尚詐力，以身行道才是正己正治之本，後江都大治，由此可見董仲舒身為儒者的期許。且董氏專以陰陽災異之觀點來詮釋儒學，據《史記・儒林列傳》載：

> 今上即位，為江都相。以春秋災異之變推陰陽所以錯行，故求雨閉
> 諸陽，縱諸陰，其止雨反是。行之一國，未嘗不得所欲。〔註6〕

在任江都王國相期間，已用其發展之天人感應與陰陽相合的學說來治國，其實際情況史書並未明言，但從「行之一國，未嘗不得所欲」來看，在當時還頗有成效。但在其後武帝建元六年時，以災異遣告說劉氏遼東高廟及長陵高園殿災，卻下獄幾死，《漢書・五行志上》載其言曰：

> 春秋之道舉往以明來，是故天下有物，視春秋所舉與同比者，精微
> 眇以存其意，通倫類以貫其理，天地之變，國家之事，粲然皆見，
> 亡所疑矣……今高廟不當居遼東，高園殿不當居陵旁，於禮亦不當
> 立……故天災若語陛下：「當今之世，雖敝而重難，非以太平至公，
> 不能治也。視親戚貴屬在諸侯遠正最甚者，忍而誅之，如吾燔遼高
> 廟乃可；視近臣在國中處旁仄及貴而不正者，忍而誅之，如吾燔高
> 園殿乃可」云爾。在外而不正者，雖貴如高廟，猶災燔之，況諸侯
> 乎！在內不正者，雖貴如高園殿，猶燔災之，況大臣乎！此天意也。
> 罪在外者天災外，罪在內者天災內，燔甚罪當重，燔簡罪當輕，承
> 天意之道也。〔註7〕

董氏此說本未上書，乃主父偃私見因嫉妒故竊而上奏，使董氏幾於死亡，其後不敢再言災異。〔註8〕而由上述記載可知，董氏之學的特色確實在於以天的意志，設計了一套規範君主專制的天人相應系統，在此系統中，董仲舒將先秦儒學內在的道德根源，外移為一更高的主宰，但與此同時，卻已經改變先秦儒學重視人性的價值，因此降低了人的地位。

〔註5〕前者見《論語・里仁》（出版項同前），後者見《孟子》（出版項同前）〈梁惠王上〉、〈盡心上〉。

〔註6〕見【日】瀧川龜太郎：《史記會注考證》（出版項同前），列傳第六十一，卷一百二十一，頁1259。

〔註7〕見【漢】班固：《漢書》（出版項同前），卷二十七，志第七上，頁1316。

〔註8〕此事本末可參看《史記・儒林傳》與《漢書・董仲舒傳》。

　　在此之後，董氏又因與公孫弘不合，遭公孫弘推薦爲膠西王相，膠西王劉端亦爲武帝兄長，甚爲縱恣，曾有害二千石官員的紀錄，但膠西王劉端因董仲舒在江都王相任上聲譽卓著，視其爲大儒而善待之，《漢書》本傳稱讚其行事云：

> 凡相兩國，輒事驕王，正身以率下，數上疏諫爭，教令國中，所居
> 而治。及去位歸居，終不問家產業，以修學著書爲事。〔註9〕

後董仲舒恐久獲罪，乃稱病歸居於家，專心著書修學以終。關於董氏之生卒年代，因史書未曾明著，故後人僅能依據史料加以推斷，然各家說法不一，〔註10〕但《漢書·敘傳下》載：

> 抑抑仲舒，再相諸侯，身修國治，致仕縣車，下帷覃思，論道屬書，
> 讜言訪對，爲世純儒。〔註11〕

所謂「致仕縣車」，在漢朝乃爲尊崇年歲七十以上之德邵長者，《漢書·韋賢傳》應劭注曰：

> 古者七十縣車致仕。〔註12〕

可知董仲舒致仕年歲當在七十以上，又據《漢書·食貨志上》載：

> 仲舒死後，功費愈甚，天下虛耗，人復相食。〔註13〕

而考察漢武帝朝其發生的時間，〈武帝紀〉中之記錄云：

> （元鼎三年）三月，大雨雪。夏，大水，關東餓死者以千數……夏
> 四月，雨雹，關東郡國十餘飢，人相食。〔註14〕

〔註9〕上述史實皆見【漢】班固：《漢書·董仲舒傳》（出版項同前），卷五十六，傳第二十六，頁2510。

〔註10〕如蘇輿推定其生卒年當在漢文帝初之乙丑年（176B.C.）至武帝太初元年，歲次丁丑（104B.C.），見其著《春秋繁露義證·董子年表》（臺北：河洛圖書出版社，1974年3月），頁7～13；劉汝霖推定爲漢文帝元年（179B.C.）至武帝太初元年（104B.C.），見《漢晉學術編年》（臺北：長安出版社，1979年10月）；李威雄則認爲生於高后朝，卒於元狩五年（118B.C.）至元鼎三年（114B.C.）間，見《董仲舒與西漢學術》（臺北：文史哲出版社，1978年6月）。馬勇說：「要眞正理解董仲舒在中國思想文化史上的地位和影響，並不在詳盡地考證其出身、家庭及其政治活動，而是應當將其政治活動、思想貢獻放到當時西漢社會乃至整個中國思想文化史的歷史長河這種廣闊的社會文化背景下來考察。否則，不足以明了其思想的內在價值和久遠意義。」見《曠世大儒—董仲舒》，（河北：河北人民出版社，2000年7月），頁6。

〔註11〕同注9，卷一百下，敘傳第七十下，頁4240。

〔註12〕同注9，卷七十三，傳第四十三，頁3108。

〔註13〕見【漢】班固：《漢書》（出版項同前），卷二十四上，志第四上，頁1123。

〔註14〕見同上，卷六，紀第六，頁161。

故本文認爲董仲舒年歲當在七十以上，卒年在漢武帝劉徹元鼎三年（114B.C.）以前，以此往前上推，董氏當生於漢惠帝、高后時期〈185～186B.C.〉。〔註15〕

　　至於董仲舒之著作，以《春秋繁露》最爲重要，以發揚其公羊學派的觀點，據《漢書·董仲舒》傳載：

> 仲舒所著，皆明經術之意，及上疏條教，凡百二十三篇。而説春秋
> 事得失，《聞舉》、《玉杯》、《蕃露》、《清明》、《竹林》之屬，復數十
> 篇，十餘萬言，皆傳於後世。撮其切當世施朝廷者著于篇。〔註16〕

上述資料並未見《春秋繁露》之名，事實上，至《隋書·經籍志》載：

> 《春秋繁露》十七卷。〔註17〕

其下注云：「漢膠西王相董仲舒撰。」始見《春秋繁露》之名，班固所説《聞舉》、《玉杯》、《蕃露》、《清明》、《竹林》之屬已成爲此書之篇名，何以如此？應是董氏之書傳承中屢有散失，後人集其餘以成是書。我們可先從「繁露」之名來理解，據凌曙解釋其書名曰：

> 繁露，冕之所垂也……冕疏以繁露者何？答曰：綴玉而下垂，如繁
> 露也。《西京雜記》：「董仲舒夢蛟龍入懷，乃作《春秋繁露》。」《周
> 禮·大司樂》賈公彥疏：「前漢董仲舒作《春秋繁露》，繁多露潤，
> 爲春秋作義，潤益處多。」《玉海注》：「董仲舒《春秋繁露》，以屬
> 辭比事，有連貫之象焉。」〔註18〕

由上可知，董仲舒作此書，本就有以春秋事義之得失，借以繁多露潤君主施政之意，其用心於政治自不待言。此書傳世後，自宋程大昌所著之《春秋繁露書後》始有人爭論其眞僞，然據《四庫全書總目》所載，應確爲董氏之書無疑，其曰：

> 今觀其文，雖未必全出仲舒，然中多根極理要之言，非後人所能依
> 託也。是書宋代已有四本，多寡不同。至樓鑰所校，乃爲定本，鑰
> 本原闕三篇，明人重刻，又闕第五十五篇，及第五十六篇首三百九

〔註15〕林麗雪亦如是說，其云：「元狩五年時，仲舒猶因大農管天下鹽鐵，而議鹽鐵事，可見仲舒之死，當在元鼎元、二年間……其生年應在孝惠、高后時。」見《中國歷代思想家·董仲舒》（出版項見同前），頁1。

〔註16〕見同注13，卷五十六，傳第二十六，頁2510。

〔註17〕見【唐】魏徵：《隋書》（四部備要本，台北：台灣中華書局，1966年），卷三十二，志第二十七，經籍一。

〔註18〕見【清】凌曙：《春秋繁露注》（《續修四庫全書》本，續修四庫全書編纂委員會編，上海：古籍出版社，1995年），卷一，頁22。

十八字，第七篇中一百七十九字，第四十八篇中二十四字，又第二
十五篇顛倒一頁，遂不可讀，其餘譌脫，不可勝舉。〔註19〕

本文在論及《商君書》時亦提及，一人之思想若能產生作用則必有後學者，
在無法認定其是否爲僞作時，將其視爲同一學派的思想亦無不可。至於董氏
其他現存著作較爲混亂，底下製表以一清眉目。

表 5-1

對策類	書論類	賦頌類	文集類	治獄類
賢良對策 （天人三策）	詣丞相公孫弘記室書	士不遇賦	李少君家錄	治獄十六篇
關中種麥章	論禦匈奴書	救日食祝		
限民名田章				
高廟園災對				
雨雹對				

　　對策類之〈賢良對策〉見《漢書・董仲舒》傳，以天人相應之理說明君
主當依天道以行仁政；〈關中種麥章〉及〈限民名田章〉皆見《漢書・食貨志》，
其勸諫武帝振興農業，防止土地兼併，不脫儒家重農之說；〈高廟園災對〉見
《漢書・五行志》，其內容已見前文；〈雨雹對〉則見《古文苑》之〈對狀〉，
其內容爲陰陽二氣交感之說，亦爲勸諫國君注意天道以行仁政。〔註20〕

　　書論類之〈詣丞相公孫弘記室書〉亦出自《古文苑》，然其書當爲僞託，
文章開頭有云：

　　　江都相董仲舒叩頭死罪⋯⋯

考公孫弘代薛澤爲武帝相在元朔五年（124B.C.），江都王薨於元朔元年（128
B.C.），其時董仲舒早已去職可證。〔註21〕〈論禦匈奴書〉見《漢書・匈奴傳
下》，〔註22〕董氏在此專以仁義感化，雖屬迂闊之論，但亦可視爲反對武帝大
舉興兵的政策。

〔註19〕見【清】永瑢等著：《四庫全書總目》（北京：中華書局，1992年），卷三十，
　　　　春秋類存目一，頁244。
〔註20〕見【清】張海鵬輯《墨海金壺》（臺北：禹甸書局，1977年），集部，《古文苑》，
　　　　卷十一，頁1～4。
〔註21〕出處見同上，卷十，頁3～4。
〔註22〕見【漢】班固：《漢書》（出版項同前），卷九十四下，傳第六十四下，頁3798。

〈士不遇賦〉亦見於《古文苑》，乃董仲舒悲嘆不能用世的謳歌；〔註23〕
而〈救日食祝〉見《周禮》，其文曰：

> 炤炤大明，懺悔無光。奈何以陰侵陽，以卑侵尊。〔註24〕

此當是因日食而對天之祈禱文，亦是受天人感應說所產生之作品，認爲日食
之狀乃上天之警示。至於《李少君家錄》據葛洪所言爲董氏所著，其曰：

> 按董仲舒所撰《李少君家錄》云，少君有不死之方，而家貧，無以
> 市其藥物，故出於漢，以假塗以求其財，道成而去。〔註25〕

然據蘇輿所考，葛洪此言當是將「董仲君」誤植爲「董仲舒」，「董仲君」乃
是方士，蓋董仲舒爲儒者，當不會爲方士著錄。〔註26〕最後是《治獄十六篇》，
《漢書·藝文志》載：

> 公羊董仲舒治獄十六篇。〔註27〕

此爲董氏以《春秋》經義斷獄決案的例證，今僅存六則。〔註28〕

二、儒學成爲主流思想

漢初劉氏王庭所奉行的黃老思想，在修養國力上收效頗多，秦末以來社
會喪失的元氣得到恢復，司馬遷曾說：

> 至今上即位數歲，漢興七十餘年之閒，國家無事，非遇水旱之災，
> 民則人給家足，都鄙廩庾皆滿，而府庫餘貨財。京師之錢累巨萬，
> 貫朽而不可校。太倉之粟陳陳相因，充溢露積於外，至腐敗不可食。
> 眾庶街巷有馬，阡陌之閒成群，而乘字牝者儐而不得聚會。守閭閻
> 者食粱肉，爲吏者長子孫，居官者以爲姓號。故人人自愛而重犯法，
> 先行義而後絀恥辱焉。當此之時，網疏而民富，役財驕溢，或至兼
> 并豪黨之徒，以武斷於鄉曲。宗室有土公卿大夫以下，爭於奢侈，
> 室廬輿服僭于上，無限度。物盛而衰，固其變也。〔註29〕

〔註23〕見同註20，《古文苑·漢臣賦》，卷三，頁4。
〔註24〕見【漢】鄭玄注、【唐】賈公彥疏、【清】阮元校勘：《周禮·春官宗伯第三·
　　　　大祝》（《十三經注疏本》，台北：藝文印書館，1982年）之注，卷第二十五，
　　　　頁1061。
〔註25〕見【晉】葛洪：《抱朴子》（臺北：臺灣商務印書館，1979年2月），內篇，卷
　　　　二，頁26。
〔註26〕見蘇輿《春秋繁露義證·董子年表》（出版項同前），頁9～10。
〔註27〕見【漢】班固：《漢書》（出版項同前），卷三十，志第十，頁1701。
〔註28〕見嚴一萍選輯：《漢魏遺書鈔》（臺北：藝文印書館，出版年不詳），《春秋決事》。
〔註29〕見【日】瀧川龜太郎：《史記會注考證》（出版項同前），平準書第八，卷三十，

由史遷之記載可以看出，在黃老治術下所恢復的國力自不待言，但皆屬於社會與經濟之層面，且因其採取放任無爲的態度，亦對社會與經濟上之弊端無約束之力，《史記・平準書》又載：

> 不軌逐利之民，蓄積餘業以稽市物，物踊騰糶，米至石萬錢，馬一匹則百今。〔註30〕

換言之，黃老思想在漢初滿足劉氏王朝施政的優勢，也隨者時間的推移不復存在。此外，前文論及《淮南子》及賈誼思想時，曾經說明過漢初政治上的隱患，在於劉氏同姓諸侯王權力過大，在當時整個社會都得到修養生息之後，劉氏王朝內部的衝突也急遽地突顯出來了。是故到了景帝之後，晁錯提出削藩而引起七國之亂，武帝時改採主父偃所主張的推恩政策，大大削減了諸侯王的勢力，而賈誼、晁錯、主父偃皆非服膺黃老思想的學者。〔註31〕

本文論述黃老思想時曾提及，漢初行以黃老治術之因有二，一是在民生凋蔽的情況下，社會急需休養，二是黃老治術吸收各家學說，力主尊君，以無爲而行無不爲之政事，合於君主專制之統治。但隨著時代的推進，儒家學說亦蓬勃發展，等待時機成熟與黃老思想一爭長短，故在景帝時，兩派學者於御前爭論湯武革命。對於此項議題，《史記・儒林列傳》載：

> 黃生曰：「湯武非受命，乃弑也。」轅固生曰：「不然。夫桀紂虐亂，天下之心皆歸湯武，湯武與天下之心而誅桀紂，桀紂之民不爲之使而歸湯武，湯武不得已而立，非受命爲何？」黃生曰：「冠雖敝，必加於首；履雖新，必關於足。何者，上下之分也。今桀紂雖失道，然君上也；湯武雖聖，臣下也。夫主有失行，臣下不能正言匡過以尊天子，反因過而誅之，代立踐南面，非弑而何也？」轅固生曰：「必若所云，是高帝代秦即天子之位，非邪？」於是景帝曰：「食肉不食馬肝，不爲不知味；言學者無言湯武受命，不爲愚。」遂罷。是後學者莫敢明受命放殺者。〔註32〕

頁 510。

〔註30〕見【日】瀧川龜太郎：《史記會注考證》（出版項同前），平準書第八，卷三十，頁 510。

〔註31〕有關此三人的主張見本文第三章、第二節、第三點〈絕對君權的歧出〉，頁 133，與第四章、第二節、第二點〈「防患於未然」的政治先覺〉，頁 190，此茲不贅述。

〔註32〕見【日】瀧川龜太郎：《史記會注考證》（出版項同前），列傳第六十一，卷一百二十一，頁 1254。

黃生所主張者，乃黃老思想中的君冠臣履之論，強調君臣絕對的地位差別，此
項論點亦可見《六韜》與《韓非子外儲說左下》，與法家思想相近；轅固生所言
則是孟子「聞誅一夫」說的發揮，將德行視為政權延續或轉移的重心，帶有濃
厚的儒學傳統，而且上述之論爭，明顯地呈現出黃老之學在於歷代政權移轉的
解釋上，無法跟儒家的說法相抗衡，並在景帝之干涉下草草收場。〔註33〕

　　黃老思想除了不能解決劉氏同姓諸侯王與漢代政權正當性的問題外，在
面對漢朝初年嚴重的外患──匈奴的威脅──上，亦無法提出有效的論點。
事實上，漢朝初年所採取之和親政策，乃是在國力積弊難振下，所不得不為
的屈辱措施，〔註34〕但在武帝朝後，亦不得見黃老思想有關此問題之論述，
本文認為此點亦是儒家思想之所以能取代的原因之一。據《漢書·武帝紀》
載，建元元年（140B.C.）十月，詔丞相、御史、列侯、中二千石、二千石、
諸侯相舉賢良方正直言極諫之士，衛綰奏曰：

> 所舉賢良，或治申、商、韓非、蘇秦、張儀之言，亂國政，請皆罷。
> 〔註35〕

從罷斥法家、縱橫家而拔擢儒學之士如趙綰、王臧之屬，〔註36〕可見尊儒運
動已逐步開展起來。但初步的尊儒行動卻因竇太后阻撓而停滯，《史記·儒林
傳》云：

> 太皇竇太后好老子言，不說儒術，得趙綰、王臧之過以讓上，上因
> 廢明堂事，盡下趙綰、王臧吏，後皆自殺。〔註37〕

〔註33〕雖然在《春秋繁露》中亦有相似之論，但經蘇輿之考證，卻並非董仲舒之文，
其曰：「王者，天之所予也，其所伐皆天之所奪也。今唯以湯武之伐桀紂為不
義，則七十二王亦有伐也。推足下之說，將以七十二王為皆不義也！故夏無
道而殷伐之，殷無道而周伐之，周無道而秦伐之，秦無道而漢伐之。有道伐
無道，此天理也，所從來久矣，寧能至湯武而然耶？夫非湯武之伐桀紂者，
亦將非秦之伐周，漢之伐秦，非徒不知天理，又不明人禮。禮，子為父隱惡，
今使伐人者，而信不義，當為國諱之，豈宜如誹謗者，此所謂一言而再過者
也。君也者，掌令者也，令行而禁止者也，今桀紂令天下而不行，禁天下而
不止，安在其能臣天下也！果不能臣天下，何謂湯武弒？」見蘇輿：《春秋繁
露義證·堯舜不擅移湯武不專殺》（出版項同前），第七卷，第二十五篇，頁
154。
〔註34〕其事始末參見《史記·高祖本紀》、〈呂后本紀〉，（出版項同前）。
〔註35〕見《漢書·武帝紀》（出版項同前），卷六、帝紀第六，頁103。
〔註36〕見《史記·儒林列傳》（出版項同前）：「趙綰、王臧之屬明儒學」，列傳第六
十一，卷一百二十二，頁1544。
〔註37〕見同上。

雖然儒學復興的行動暫時受挫，但漢帝國政治的形勢已不得不變，故竇太后在建元六年（135B.C.）崩逝後，武帝即在元光元年（134B.C.）下賢良詔書，董仲舒、公孫弘等人進用，儒學從此走上獨尊的局面。

第二節　董仲舒儒學的核心──天人之際，合而爲一

在說明董仲舒學術相關之背景後，本文開始對董氏儒學之思想作一探討，而論其思想的特色，就不得不提到他「天人相應」之說。有關天人之間互相交感的思想，乃認爲天爲一有意志的存在，故天能反應人世間的作爲，與之相反者，當然亦有認爲天乃是形而上的存在，如《詩經・大雅・文王之什・文王》曰：

> 命之不易，無遏爾躬，宣昭義問，有虞殷自天。上天之載，無聲無
> 臭，儀刑文王，萬邦作孚。〔註38〕

從「無聲無臭，儀刑文王」來看，此天就是形而上之天，人之聖明者如文王，從天運行之規律得到人文之啓發。至於對天有意志的描寫，在典籍中比形而上的資料爲多，如：

> 格爾眾庶，悉聽朕言，非台小子，敢行稱亂！有夏多罪，天命殛之。
> （《尚書・商書・湯誓》）

> 蕩蕩上帝，下民之辟，疾威上帝，其命多辟。天生烝民，其命匪諶，
> 靡不有初，鮮克有終。（《詩經・大雅・蕩之什・蕩》）〔註39〕

此將天視爲一有意志的人格天，早在先秦時期就已存在，當是屬於文化演進中早期的人類信仰，流傳至諸子時期，其影響逐漸擴大和顯著，如墨子之思想，以天的意志爲依歸，成爲當時顯學之一，墨子說：

> 吾所以知天之貴且知於天子者有矣。曰：天子爲善，天能賞之；天
> 子爲暴，天能罰之；天子有疾病禍祟，必齋戒沐浴，潔爲酒醴粢盛，
> 以祭祀天鬼，則天能除去之，然吾未知天之祈福於天子也。〔註40〕

〔註38〕 見【漢】毛亨撰、鄭玄箋、【唐】孔穎達疏、【清】阮元等校勘：《毛詩正義》（《十三經注疏本》，台北：藝文印書館，1982年），卷第十六，頁531。

〔註39〕 見【漢】孔安國傳、【唐】孔穎達等疏、【清】阮元校勘：《尚書正義》（《十三經注疏本》，台北：藝文印書館，1982），卷第八，頁108；《詩經》出處見同前，卷十八，頁641。

〔註40〕 見【清】孫詒讓：《墨子閒詁》（臺北：藝文印書管，1970年6月），卷七，第二十六篇，頁118。

這種天有意志且天能視人之作爲降下災禍或福祉的說法，不但爲一般人所接受，且成爲思想家論述的重點，至其在其他思想家或先秦典籍之中，更是不勝枚舉。但對於天人相應之說本身理論之完整而言，天與人之間爲何相應？如何相應？大抵皆是以有德與否作爲評斷，實無法解釋兩者關聯之必然，而董仲舒天人感應之說的重要，就是在於說明兩者相應之必然性，借此加強君主統治的正當與權威。以下即說明之。

一、主宰爲「天」

從本文論述西漢初期各派學術之發展以來，關於天道與人事的結合一直成爲各家學說中必定會討論的方向，在這些思想中，將專制政體規範的根源與價值上承至天，聖人成爲溝通傳達天道的橋樑，以之鞏固自身學說的優勢，這種思想的模式在董仲舒的論述中亦成爲其學說基本的架構，如〈立元神〉篇載：

> 何謂本？曰：天地人，萬物之本也。天生之，地養之，人成之。天生之以孝悌，地養之以衣食，人成之以禮樂，三者相爲手足，合以成禮，不可一無也。無孝悌則亡其所以生，無衣食則亡其所以養，無禮樂，則亡其所以成也。〔註41〕

天地人者，乃萬物之本。天有孝悌的特性，故生育萬物；地能夠供給衣食，故能養育萬物；而人能制禮作樂、創造文化，故爲萬物之靈。這是很典型的天、地、人三才的觀念，在申述《黃老帛書》與《淮南子》時已有概論，大抵漢代的思想皆無法跳脫此之框架。而董仲舒這套理論，也是從「天」的概念開始展開的，〈觀德篇〉說：

> 天地者，萬物之本，先祖之所出也。廣大無極，其德昭明，歷年衆多，永永無疆。天出至明，衆知類也，其伏無不炤也。地出至晦，星日爲明，不敢闇。君臣、父子、夫婦之道取之此。〔註42〕

天是萬物的本源，是包含人類在內一切事物的始祖，不但廣大毫無邊際，且擁有無限的時間，且其能清楚辨明所生化之衆類，讓萬物生生而不息。故對於天，董仲舒認爲是至高無上的存在，他說：

> 所聞古者天子之禮，莫重於郊。郊常以正月上辛者，所以先百神而

〔註41〕見蘇輿：《春秋繁露義證》（出版項同前），卷第六，第十九篇，頁116。
〔註42〕見蘇輿：《春秋繁露義證》（出版項同前），卷第九，第三十三篇，頁189。

最居前。禮，三年喪，不祭其先，而不敢廢郊。郊重於宗廟，天尊
於人也。(〈郊事對篇〉)

天者，百神之大君也。事天不備，雖百神猶無益也。(〈郊語篇〉)

天者，百神之君也，王者之所最尊也。(〈郊義篇〉) 〔註43〕

天乃爲最高的存在，非但比祖先爲重，更爲百神之君。從董仲舒強調郊祭儀
式的態度可知，天的地位，乃「王者之所最尊也」。

天的重要性既已確立，那天如何生成萬物，就關係到天與人之間相應的
問題，故董仲舒有又說明了天化生萬物的過程，〈五行相生篇〉載：

天地之氣，合而爲一，分爲陰陽，判爲四時，列爲五行。行者，行
也，其行不同，故謂之五行。五行者，五官也，比相生而間相勝也。
故爲治，逆之則亂，順之則治。〔註44〕

天地能化成萬物者爲氣，氣分陰陽，在時間的推移上有春、夏、秋、冬四
時，於行則爲金、木、水、火、土五行，此乃萬事萬物生成之原素，透過
四時五行的交感變化來成就。這種陰陽五行的概念，繼在漢初被黃老思想
所引用後，儒學在董仲舒的主導下，也進一步地歸納與吸收，〈五行之義篇〉
說：

天有五行：一曰木，二曰火，三曰土，四曰金，五曰水。木，五行之
始也；水，五行之終也；土，五行之中也。此其天次之序也。〔註45〕

在董氏之學中，有關論述中的數字常被抽取出來，強調它們特殊的意義，如
「一」指天，「三」指天、地、人三才，「四」指春、夏、秋、冬四時，「五」
指金、木、水、火、土五行，〈官制象天篇〉說：

王者製官，三公、九卿、二十七大夫、八十一元士，凡百二十人，而
列臣備矣。吾聞聖王所取儀，法天之大經……何謂天之大經？三起
而成日，三日而成規，三旬而成月，三月而成時，三時而成功。寒
暑與和，三而成物；日月與星，三而成光；天地與人，三而成德。
由此觀之，三而一成，天之大經也，以此爲天制。〔註46〕

〔註43〕 出處見同上，卷第十五、第七十一篇，頁 292；卷第十四，第六十五篇，頁
278；卷第十五，第六十六篇，頁 284。
〔註44〕 見蘇輿：《春秋繁露義證》(出版項同前)，卷第十三，第五十八篇，頁 256。
〔註45〕 見同上，卷第十一，第四十二篇，頁 225。
〔註46〕 見同上，卷第七，第二十四篇，頁 150。

由於天、地、人合爲三才，故「三」這個數字成爲天制，君主在立官爵時必須依照「天制」而立。而數字中另一重要者爲「十」，〈官制象天篇〉又說：

> 天有十端，十端而止已。天爲一端，地爲一端，陰爲一端，陽爲一端，火爲一端，金爲一端，木爲一端，水爲一端，土爲一端，人爲一端，凡十端而畢，天之數也。天數畢於十，王者受十端於天，而一條之率。每條一端以十二時，如天之每終一歲以十二月也。十者天之數也，十二者歲之度也。〔註47〕

此十端乃爲天之數，由前述之三才、五行與陰陽二氣被拉入此說中可知，對於上述的數字，董仲舒還付予不同數字間互相加乘的意義，以此構成天道化生萬物的論述，但這些數字也並非特別難以了解，只是在自然上的觀察加上董氏自己的設想，其目地在使其論說皆有天道的支持罷了。

此外，天除了能化生萬物，更是萬物之主宰，是世間一切價值判斷的標準，在董仲舒的看法裡，天乃是有獨立意志的絕對存在，〈王道通三篇〉說：

> 仁之美者在於天。天，仁也。天覆育萬物，既化而生之，有養而成之，事功無已，終而複始，凡舉歸之以奉人。察於天之意，無窮極之仁也。人之受命於天也，取仁於天而仁也。〔註48〕

天的意志最重要者在於行仁，故天周而復始地化育萬物，此純粹至善的本質成爲天貫通至人世間最高的價值。且董仲舒認爲天的意志是有陰陽之分、德刑之別的，〈陽尊陰卑篇〉又說：

> 是故天以陰爲權，以陽爲經。陽出而南，陰出而北。經用於盛，權用於末。以此見天之顯經隱權，前德而後刑也。故曰：陽天之德，陰天之刑也。陽氣暖而陰氣寒，陽氣予而陰氣奪，陽氣仁而陰氣戾，陽氣寬而陰氣急，陽氣愛而陰氣惡，陽氣生而陰氣殺。是故陽常居實位而行於盛，陰常居空位而行於末。〔註49〕

天以陽爲尊，以陰爲卑，以德爲經，以刑爲權，且好仁而惡戾，此皆形容天爲一全然良善的存在，並有能力貫徹其意志，而其意志就是好善惡惡，是故陰陽刑德的尊卑高下就有了天道上的依據，也就是「顯經隱權」。這樣的天，配合四時與五行，就成了多種面貌的性格，如〈王道通三篇〉載：

〔註47〕見同上，卷第七，第二十四篇，頁152。
〔註48〕見蘇輿：《春秋繁露義證》（出版項同前），卷第十一，第四十四篇，頁232。
〔註49〕出處見同上，卷第十一，第四十三篇，頁227。

> 明王正喜以當春，正怒以當秋，正樂以當夏，正哀以當冬。上下法
> 此，以取天之道。春氣愛，秋氣嚴，夏氣樂，冬氣哀。愛氣以生物，
> 嚴氣以成功，樂氣以養生，哀氣以喪終，天之志也。〔註50〕

天志配合四時，則有了喜、怒、樂、哀等情緒反應，而若與五行相配，則天道由陰陽二氣，到判為四時、列為五行，即可上下貫通，故〈五行之義篇〉又說：

> 是故木居東方而主春氣，火居南方而主夏氣，金居西方而主秋氣，
> 水居北方而主冬氣。是故木主生而金主殺，火主暑而水主寒，使人
> 必以其序，官人必以其能，天之數也。土居中央，為之天潤。土者，
> 天之股肱也。其德茂美，不可名以一時之事，故五行而四時者，土
> 兼之也。金木水火雖各職，不因土，方不立，若酸鹹辛苦之不因甘
> 肥不能成味也。甘者，五味之本也；土者，五行之主也。〔註51〕

天的意志在五行的表現上，以土氣為五行之主，象徵君主之地位居中，行以生殺寒暑之事，且金、木、水、火皆以土而成，亦象徵有統歸，以此言其一統的天道觀，故〈天道無二篇〉說：

> 天無常於物，而一於時，時之所宜，而一為之。故開一、塞一、起一、
> 廢一，至畢時而止，終有複始於一。一者，一也。是於天凡在陰位者
> 皆惡亂善，不得主名，天之道也。故常一而不滅，天之道。〔註52〕

天雖有陰陽二氣、四時五行之志，但一時皆只有一用，此所謂「開一、塞一、起一、廢一」，而此一的具體內容就是「顯經隱權」、「陽尊陰卑」，以此為天道運行的核心概念。

二、相應為「人」

在本文論及先秦儒學的思想時曾舉出，孔子、孟子皆將道德最高價值的根源內化為人性，而董仲舒明顯是將道德最高價值歸之於天道，但其思想畢竟以應用於人世為其目的，故其對於人的價值是與天命高度地聯繫在一起，且又受陰陽五行之說的影響，以天之形象與人比附。首先，人為天按照自己特性所生，此乃天自主意識的行為，董仲舒曾多次強調：

〔註50〕見蘇輿：《春秋繁露義證》（出版項同前），卷第十一，第四十四篇，頁233。
〔註51〕見同上，卷第十一，第四十二篇，頁226。
〔註52〕見同上，卷第十二，第五十一篇，頁244。

> 人受命於天，有善善惡惡之性，可養而不可改，可豫而不可去，若
> 形體之肥臞而不可得革也。（〈玉杯篇〉）
>
> 人之受命於天也，取仁於天而仁也。（〈王道通三〉）
>
> 人受命乎天也，故超然有以倚。物疢疾莫能爲仁義，唯人獨能爲仁
> 義；物疢疾莫能偶天地，唯人獨能偶天地。（〈人副天數〉）〔註53〕

人稟受天命而生，故天的意志就是人的意志，天的情性乃爲人的情性，此人
獨與物不同且能行仁義之因。但此觀點卻也將人的德性價值外移至天，成爲
董仲舒儒學與孔孟學說最關鍵的歧異之處。

　　是故，在天有意識地創造人的過程中，董仲舒有計劃地將天與人的構造
相通，如〈爲人者天篇〉說：

> 爲生不能爲人，爲人者，天也。人之爲人本於天，天亦人之曾祖父
> 也，此人之所以乃上類天也。人之形體，化天數而成；人之血氣，
> 化天志而仁；人之德性，化天理而義；人之好惡，化天之暖清；人
> 之喜怒，化天之寒暑；人之受命，化天之四時。人生而有喜怒哀樂
> 之答，春夏秋冬之類也……天之副在乎人。〔註54〕

父母雖生育子女，但並非創生「人」；人爲天所創造生成，且是按照天數、天
志、天理、天之暖清、寒暑、四時等特徵具體而微地凝聚於人之一身，故云
「天之副在乎人」。而人可區分爲形體、心志兩大部分，董仲舒認爲皆可從天
之特徵來判別其源，首先在形體部分，〈人副天數篇〉說：

> 是故人之身，首坌而員，象天容也；髮，象星辰也；耳目戾戾，象
> 日月也；鼻口呼吸，象風氣也；胸中達知，象神明也，腹胞實虛，
> 象百物也。百物者最近地，故要以下，地也。天地之象，以要爲帶。
> 頸以上者，精神尊嚴，明天類之狀也；頸而下者，豐厚卑辱，土壤
> 之比也。足布而方，地形之象也。〔註55〕

在人的外形上，頭圓者像天，雙目像日月而髮像星辰等等，皆拿天與人之外
形相類比，此類比的方法，董仲舒說：

> 此皆暗慮著身，與人俱生，比而偶之弁合。於其可數也，副數；不

〔註53〕見蘇輿：《春秋繁露義證》（出版項同前），卷第一，第二篇，頁17；卷第十一，
　　　　第四十四篇，頁232；卷第十三，第五十六篇，頁252。

〔註54〕見同上，卷第十一，第四十一篇，頁223。

〔註55〕見蘇輿：《春秋繁露義證》（出版項同前），卷第十三，第五十六篇，頁252。

可數者，副類。皆當同而副天，一也。是故陳其有形以著其無形者，拘其可數以著其不可數者。以此言道之亦宜以類相應，猶其形也，以數相中也。〔註56〕

由此可知，董仲舒比擬天與人之形體相通，乃採取的觀察方法有二，一是有數目時觀察兩者在數字上相同之處，而若無數字相通之處時，就觀察類別上的同異，此為「副數」與「副類」的推論方式。〔註57〕故〈人副天數篇〉又說：

天地之符，陰陽之副，常設於身，身猶天也，數與之相參，故命與之相連也。天以終歲之數，成人之身，故小節三百六十六，副日數也；大節十二分，副月數也；內有五藏，副五行數也；外有四肢，副四時數也；乍視乍暝，副晝夜也；乍剛乍柔，副冬夏也；乍哀乍樂，副陰陽也；心有計慮，副度數也；行有倫理，副天地也。〔註58〕

在人的身體上，董仲舒將之與天的關聯大作文章，讓一年三百六十六天、十二月分符合人體骨節，五行符合五臟，四時符合四肢，而人之情性又「副類」天之冬夏、陰陽，除了說明人乃天之「副」外，更是在強調人獨特的重要性。〈天地陰陽篇〉說：

天、地、陰、陽、木、火、土、金、水，九，與人而十者，天之數畢也。故數者至十而止，書者以十為終，皆取之此。聖人何其貴者？起於天，至於人而畢。畢之外謂之物，物者，投所貴之端而不在其中。以此見人之超然萬物之上，而最為天下貴也。〔註59〕

董仲舒認為人為天之造物中最尊貴者，為天之十數之一，天將自身的特徵給予人，也將意志讓人來繼承，所以，人亦必須以發揚天的意志為己任。

董氏為了完成這項論點，除了比附天的形體外，對於無形的情緒，也將人與天相通，〈王道通三〉篇說：

天，仁也。天覆育萬物，既化而生之，有養而成之，事功無已，終

〔註56〕見同上〈人副天數篇〉，頁253。
〔註57〕金春峰說：「『類比』，『無類類比』是董仲舒認識方法的本質的特點。董仲舒關於天和天人關係的基本思想即是由天人『相副』、『相類』的類比產生的。在董仲舒的思想中，天和人，不是抽象的概念的規定，而是基於直觀、類比所樹立的感性的形象。」見《漢代思想史》（出版項見同前），頁172。
〔註58〕見同上，頁252。
〔註59〕見蘇輿：《春秋繁露義證》（出版項同前），卷第十七，第八十一篇，頁328。

> 而複始，凡舉歸之以奉人。察於天之意，無窮極之仁也。人之受命
> 於天也，取仁於天而仁也。〔註60〕

天以仁心孕育萬物，人稟天之性而生，自當以仁心為己心，推良善之性於世，此不但是國家社會等外在的需求，更是天意貫串人心的價值取向。〔註61〕但與孔孟全然良善的人性論不同，董仲舒對於人性的傾向是認為有陰暗的層面存在，〈深察名號〉篇說：

> 人之誠，有貪有仁。仁貪之氣，兩在於身。身之名，取諸天。天兩
> 有陰陽之施，身亦兩有貪仁之性。天有陰陽禁，身有情欲柜，與天
> 道一也。〔註62〕

對於人之陰暗不善，董仲舒認為由天亦有陰陽之分、仁貪之氣來看，此不善的特質存於人之情慾之中乃有其必要，且亦如天尊陽卑陰，人亦要揚仁而隱貪，克制自身不善之情性。對於人性陰暗面，其解決方法是與陽尊陰卑之說結合，如

> 陽出實入實，陰出空入空，天之任陽不任陰，好德不好刑，如是也。
> （〈陰陽位〉）

> 天地之常，一陰一陽。陽者天之德也，陰者天之刑也。跡陰陽終歲
> 之行，以觀天之所親而任。（〈陰陽義〉）

> 天有陰陽，人亦有陰陽。天地之陰氣起，而人之陰氣應之而起，人
> 之陰氣起，而天地之陰氣亦宜應之而起，其道一也。（〈同類相動篇〉）

> 〔註63〕

董仲舒認為天道運行雖有陰陽之分，但確親陽而遠陰，反應類比在人的身上就是好德而輕刑。就此點而言，董仲舒能正視人性的複雜，並為之找到相對合理的解釋，對於人性論的發展，提供了不同思維的方向。故對於人情性中，喜、怒、哀、樂等表現，董仲舒亦有解釋，〈王道通三篇〉說：

〔註60〕見同上，卷第十一，第四十四篇，頁231。
〔註61〕金春峰說：「在董仲舒目的論思想中，天人關係不再是自然物之間的關係，而是人與人化了的自然之間的關係。因此自然與文化（人）不是對立的，而是同一的。人既是天的發展的最高表現，又是它的終極目的。」見《漢代思想史》（出版項見同前），頁161。
〔註62〕見同上，卷第十，第三十五篇，頁200。
〔註63〕見蘇輿：《春秋繁露義證》（出版項同前），卷第十一，第四十七篇，頁238；卷第十二，第四十九篇，頁242；卷第十三，第五十七篇，頁255。

天有寒有暑。夫喜怒哀樂之發，與清暖寒暑，其實一貫也。喜氣爲暖而當春，怒氣爲清而當秋，樂氣爲太陽而當夏，哀氣爲太陰而當冬。四氣者，天與人所同有也，非人所能蓄也，故可節而不可止也。節之而順，止之而亂。人生於天，而取化於天。喜氣取諸春，樂氣取諸夏，怒氣取諸秋，哀氣取諸冬，四氣之心也。〔註64〕

天道運行判化爲四時，從類比上與人情性之喜、怒、哀、樂相對，藉由天地之氣的感染，四時春、夏、秋、冬降而成爲人的性格，就不能以禁斷爲解決的手法，而是認識了解後疏通利用，故〈天辨在人篇〉說：

春，愛志也；夏，樂志也；秋，嚴志也；冬，哀志也。故愛而有嚴，樂而有哀，四時之則也。喜怒之禍，哀樂之義，不獨在人，亦在於天，而春夏之陽，秋冬之陰，不獨在天，亦在於人。人無春氣，何以博愛而容衆？人無秋氣，何以立嚴而成功？人無夏氣，何以盛養而樂生？人無冬氣，何以哀死而恤喪？天無喜氣，亦何以暖而春生育？天無怒氣，亦何以清而秋殺就？天無樂氣，亦何以疏陽而夏養長？天無哀氣，亦何以激陰而冬閉藏？故曰：天乃有喜怒哀樂之行，人亦有春秋冬夏之氣者，合類之謂也。〔註65〕

將人類喜、怒、哀、樂等性格與春、夏、秋、冬四時相比合類，進而衍生出愛、樂、嚴、哀四種性格上的意義，藉之溝通天道與人事，以此回應博愛容衆、立嚴成功、盛養樂生、哀死恤喪等人事的行爲，強調人應當適時恰當地抒發喜、怒、哀、樂之情性，以得到生育、養長、殺就、閉藏等功效。除了四時之外，尚有五行，〈五行對篇〉說：

木生火，火生土，土生金，金生水。水爲冬，金爲秋，土爲季夏，木爲春。春主生，夏主長，季夏主養，秋主收，冬主藏。藏，冬之所成也。是故父之所生，其子長之；父之所長，其子養之；父之所養，其子成之。諸父所爲，其子皆奉承而續行之，不敢不致如父之意，盡爲人之道也。故五行者，五行也。由此觀之，父授之，子受之，乃天之道也。〔註66〕

〔註64〕見同上，卷第十一，第四十四篇，頁233。
〔註65〕見蘇輿：《春秋繁露義證》（出版項同前），卷第十一，第四十六篇，頁235。
〔註66〕見同上，卷第十，第三十八篇，頁219。此言論在〈五行之義〉中也有，其云：「五行：一曰木，二曰火，三曰土，四曰金，五曰水。木，五行之始也；水，五行之終也；土，五行之中也。此其天次之序也。木生火，火生土，土生金，

五行金、木、水、火、土與四時各成相對應的關係而產生不同的特性，又在五行相生說的基礎上衍生出父子授受的理論，五行之間與人倫產生了相類比的關聯。

　　總結董仲舒在人的形體與情性上類比天的用心，就是爲了讓天人之說成爲其儒學與當時政治相契合的管道與方法，其用心不在論述成立一套全新的儒家學說，而是期待能透過天人相應之說解決政治與社會的問題。這才是董仲舒天人之學所著力之處。〔註67〕

三、溝通爲「氣」

　　董仲舒在闡述天人之間能夠互相比附時，常藉助其認爲乃兩者之所以能產生關聯的共同物質，那就是「氣」。透過「氣」，天人之間的溝通才成爲可能，正是因爲天地萬物間皆被認爲是由「氣」所構成，天與人與其它萬物，在陰陽、四時、五行的交感變化下，多方複雜地作用而成現這個世界。關於氣的描述，〈天地陰陽篇〉說：

> 天地之間，有陰陽之氣，常漸人者，若水常漸魚也。所以異於水者，可見與不可見耳，其澹澹也。然則人之居天地之間，其猶魚之離水，一也。其無間，若氣而淖於水。水之比於氣也，若泥之比於水也。是天地之間，若虛而實，人常漸是澹澹之中，而以治亂之氣與之流通相殽也。〔註68〕

氣在天地之間流動，有若水之性質，卻又比水更爲純粹，而人與氣之關係，就也猶如魚之於水。董仲舒拿水與氣爲喻，即承認氣具有充斥於天地間與流動的特性，〈陰陽位篇〉又說：

　　金生水，水生木，此其父子也。木居左，金居右，火居前，水居後，土居中央，此其父子之序，相受而布。是故木受水，而火受木，土受火，金受土，水受金也。諸授之者，皆其父也；受之者，皆其子也。常因其父以使其子，天之道也。」見同上，卷第十一，第四十二篇，頁225。

〔註67〕陳明說：「董仲舒思想的重心或意義不在天人感應論和性情三品論，而在其正君說和教化說，因爲前者是爲後者進行論證的前提，後者才是他眞正要向社會和歷史奉獻的結論。」見《儒學的歷史文化功能——士族：特殊形態的知識份子研究》（上海：學林出版社，1997年1月），頁89。金春峰也說：「董仲舒思想的一個重要特點是以陰陽五行爲間架和模式，把自然、社會、人倫、道德等一切現象都納入這一井然有序的結構和模式之中。」見《漢代思想史》（出版項見同前），頁178。

〔註68〕見蘇輿：《春秋繁露義證》（出版項同前），卷第十七，第八十一篇，頁328。

> 陽氣始出東北而南行，就其位也；西轉而北入，藏其休也。陰氣始
> 出東南而北行，亦就其位也；西轉而南入，屏其伏也。是故陽以南
> 方為位，以北方為休；陰以北方為位，以南方為伏。陽至其位而大
> 暑熱，陰至其位而大寒凍。陽至其休而入化於地，陰至其伏而避德
> 於下。是故夏出長於上，冬入化於下者，陽也；夏入守虛地於下，
> 冬出守虛位於上者，陰也。〔註69〕

氣雖像水一樣具有流動性，但卻也跟水必就下般而有一定的規律。氣之運行
分為陰陽，就東西南北四個方位交錯運動，且陰陽二氣性質相反，故二氣行
進的路線與方位錯開，就有了春夏秋冬四季的變化。陽以南方為正位，陰以
北方為正位，當陰陽二氣行至正位時，就是大暑與大寒之日。〈陰陽出入上下
篇〉又說：

> 天之道，初薄大冬，陰陽各從一方來，而移於後。陰由東方來西，
> 陽由西方來東，至於中冬之月，相遇北方，合而為一，謂之日至。……
> 至於仲春之月，陽在正東，陰在正西，謂之春分。春分者，陰陽相
> 半也，故晝夜均而寒暑平。……初得大夏之月，相遇南方，合而為
> 一，謂之日至。……至於中秋之月，陽在正西，陰在正東，謂之秋
> 分。秋分者，陰陽相半也，故晝夜均，而寒暑平。〔註70〕

所謂「中冬之月，相遇於北方」、「初得大夏之月，相遇於南方」，指的就是冬
至和夏至，此外「春分」與「秋分」，皆與陰陽二氣的消長與四時的配合得到
董仲舒的解釋，這不但是古代天文學的成就，也是呈現漢代人直觀解構世界
的史料，董氏更以之建構天人之學令當時人信服的堅實基礎。

　　既然「氣」是天與人共同的建構成分，董仲舒進一步認為可透過「氣」
的運行與變化，來溝通感應天與人二者間的想法，〈天辨在人篇〉說：

> 故愛而有嚴，樂而有哀，四時之則也。喜怒之禍，哀樂之義，不獨
> 在人，亦在於天，而春夏之陽，秋冬之陰，不獨在天，亦在於人。
> 人無春氣，何以博愛而容眾？人無秋氣，何以立嚴而成功？人無夏
> 氣，何以盛養而樂生？人無冬氣，何以哀死而恤喪？天無喜氣，亦
> 何以暖而春生育？天無怒氣，亦何以清而秋殺就？天無樂氣，亦何
> 以疏陽而夏養長？天無哀氣，亦何以激陰而冬閉藏？故曰：天乃有

〔註69〕見蘇輿：《春秋繁露義證》（出版項同前），卷第十一，第四十七篇，頁237。
〔註70〕見同上，卷第十二，第五十篇，頁242。

喜怒哀樂之行，人亦有春秋冬夏之氣者，合類之謂也。〔註71〕

天之春夏秋冬，因氣而有人之喜怒哀樂之行；人之喜怒哀樂之行，因氣而有春夏秋冬之氣。所以博愛容眾、立嚴成功、盛養樂生、哀死恤喪等人之情性，是天之春、夏、秋、冬之氣賦稟於人的表現，而暖而生育、清而殺就、疏陽而養長、瞠陰而閉藏等天的特質，是人之喜、怒、哀、樂之情具現在天的成就。天人之間的交感是顯明而有實證的。是故，天之作為能影響人，人之作為亦可影響天，〈天地陰陽篇〉載：

> 世治而民和，志平而氣正，則天地之化精，而萬物之美起。世亂而
> 民乖，志僻而氣逆，則天地之化傷，氣生災害起。是故治世之德，
> 潤草木，澤流四海，功過神明。亂世之所起亦博。〔註72〕

在人之作為影響天的方面，當世運和順，則氣自然平順，那麼天道化育萬物就既美且精；若世亂民乖，則氣邪僻逆行，那麼天道就會降下災禍。〈陰陽義篇〉又說：

> 與天同者大治，與天異者大亂。故為人主之道，莫明於在身之與天同
> 者而用之，使喜怒必當義而出，如寒暑之必當其時乃發也。使德之厚
> 於刑也，如陽之多於陰也。是故天之行陰氣也，少取以成秋，其余以
> 歸之冬。聖人之行陰氣也，少取以立嚴，其余以歸之喪。〔註73〕

與天的特質相應相同，意即人能取法天道，則順天時而行政，德厚於刑如陽多於陰，何愁世道之不治？談論至此，可見董仲舒天人相應之說的具體用心，確實在欲以之應用於君主施政之上，以今日觀察其學說，荒謬無稽牽合之處甚多，但在西漢時期的學術環境下，董氏之說確實引起眾多回應。〔註74〕

〔註71〕見同上，卷第十一，第四十六篇，頁235。

〔註72〕見蘇輿：《春秋繁露義證》（出版項同前），卷第十七，第八十一篇，頁329。

〔註73〕見同上，卷第十二，第四十九篇，頁240。

〔註74〕韋政通也說：「仲舒的思想系統，是以當時流行的陰陽五行學說，作為基本的架構，建立一個以天為中心、以天人感應為其特色的天人關係論，然後根據這套理論，對先秦儒家的人性、倫理、政治等問題，重新加以解釋，並賦予新義。」見《董仲舒》（臺北：東大圖書公司，1986年7月），頁65。至勞思光則更是批評說：「入漢，則說經諸儒生，多受陰陽家之影響：董仲舒所倡天人相應之說，實此一普遍風氣之特殊表現，並非董氏所獨創。天人相應之說既興，價值根源遂歸於一『天』：德性標準不在自覺內部，而寄於天道；以人合篇，乃為有德。於是，儒學被改塑為一『宇宙論中心之哲學』。心性之精義不傳；而宇宙論之觀念，悉屬幼稚無稽之猜想。儒學有此一變，沒落之勢不可救矣。」見《新編中國哲學史》〈二〉（出版項見同前），頁7。

在應用於政治的前提下，董仲舒對於天人相應之學的進一步推衍就是災異譴告之說，〈必仁且智篇〉載：

> 天地之物有不常之變者，謂之異，小者謂之災。災常先至而異乃隨
> 之。災者，天之譴也；異者，天之威也。譴之而不知，乃畏之以威。
> 《詩》云：「畏天之威。」殆此謂也。凡災異之本，盡生於國家之失。
> 國家之失乃始萌芽，而天出災害以譴告之；譴告之而不知變，乃見
> 怪異以驚駭之；驚駭之尚不知畏恐，其殃咎乃至。以此見天意之仁
> 而不欲陷人也。謹案災異以見天意，天意有欲也，有不欲也。所欲
> 所不欲者，人內以自省，宜有懲於心；外以觀其事，宜有驗於國。
> 故見天意者之於災異也，畏之而不惡也，以為天欲振吾過，救吾失，
> 故以此報我也。〔註75〕

既然天為主宰一切事物的絕對存在，而人稟受重德輕刑的天命而生，天的意志要人實踐在人世上，為了達成這個目的，人必須積極地發揚道德、克制慾望，以期在完成天志的同時，創造了一個和善並充滿正向意義的世界。但人因為有善惡相雜的稟賦，甚至可說無關天賦的本性，而只是單純對於自身的行為，或行為之影響，造成或將造成罪惡的事情發生，此時有主宰意識的上天就會產生許多現象來回應，這些現象透過人群中出類拔粹者的解釋，就會形成各種意義，良善者稱為祥瑞，罪惡者稱為災異，《漢書·董仲舒傳》曾載周末亂世之狀，曰：

> 及至後世，淫佚衰微，不能統理群生，諸侯背畔，殘賊良民以爭壤土，
> 廢德教而任刑罰。刑罰不中，則生邪氣；邪氣積於下，怨惡畜於上。
> 上下不和，則陰陽繆盭而妖孽生矣。此災異所緣而起也。〔註76〕

所以，亂世之災異，乃是由於人之作為鬱積邪氣，怨惡之意上傳於天，使上天與人世間陰陽之氣不能協調。而上天見人事作為之不當，故降下災異以警告之，警告若不聽，則妖孽叢生。董仲舒認為災異皆是上天給予人世之警告，而聖人所編纂的《春秋》裡，就有這些微言大義，故〈王道篇〉說：

> 王正則元氣和順，風雨時，景星見，黃龍下。王不正則上變天，賊
> 氣並見。五帝三王之治天下……毒蟲不螫，猛獸不搏，抵蟲不觸。
> 故天為之下甘露，朱草生，醴泉出，風雨時，嘉禾興，鳳凰麒麟游

〔註75〕見蘇興：《春秋繁露義證》（出版項同前），卷第八，第三十篇，頁 181。
〔註76〕見《漢書》（出版項同前），卷五十六，傳第二十六，頁 2527。

於郊……周衰，天子微弱，諸侯力政，大夫專國，士專邑，不能行
度制法文之禮……日爲之食，星實如雨，雨螽，沙鹿崩。夏大雨水，
冬大雨雪，實石於宋五，六鷁退飛。實霜不殺草，李梅實。正月不
雨，到於秋七月。地震，梁山崩，壅河，三日不流。書晦。彗星見
于東方，孛于大辰。鸜鵒來巢，《春秋》異之。以此見悖亂之徵。
〔註77〕

災異的產生，是上天對主政者的警示，若主政之君未能改正錯誤，上天便繼
續以災異禍患譴告；反之，若是君主施政符合上天仁德之志，則會降下祥瑞。
故君主見到災異不需要厭惡，而是要感到慶幸可及時補過，這些災異祥瑞之
証據，都在《春秋》經之中，以此亦見董仲舒學術重《春秋》之因由。

　　總之，天人之間能夠相應溝通者原因在於有「氣」的存在，而董仲書天
人之學的眞正用力之處，在於對君主証明此一模式確實存在，此以規範君主
施政的方向與態度，期使君主信服畏懼於上天意志之下，其中轉折之處甚多，
但確實成爲西漢前期理論最充實的儒家學說。

第三節　董仲舒「大一統」之尊君學說

　　在論述董仲舒「天人之際，相與爲一」的思想時，時時可讓人感覺到董
仲舒欲以其儒學思想去配合西漢政治實際施行的狀況，進而主導實際政治施
行的方向。這樣的傾向，使得董仲舒思想體系的描述逐漸清楚，因爲只要捉
住了其思想體系的目標，就可藉此評斷其思想之價值。而董仲舒思想體系的
目標，就是建立一套天人一統的尊君學說。〔註78〕

〔註77〕見蘇輿：《春秋繁露義證》（出版項同前），卷第一，第六篇，頁71～75。這項
　　　　觀點亦見於〈天人三策〉中，《漢書・董仲舒傳》載：「繇此言之，天人之徵，
　　　　古今之道也。孔子作春秋，上揆之天道，下質諸人情，參之於古，考之於今。
　　　　故春秋之所譏，災害之所加也；春秋之所惡，怪異之所施也。書邦家之過，
　　　　兼災異之變，以此見人之所爲，其美惡之極，乃與天地流通而往來相應，此
　　　　亦言天之一端也。」（出版項同前），卷五十六，傳第二十六，頁2527。

〔註78〕對於董仲舒思想的用心之處，韋政通說：「仲舒的系統的確是以政治爲其思想
　　　　的中心問題，他使理想主義的儒家落實在現實的政治之中，這一轉化的過程，
　　　　雖未能使先秦儒家內聖外王的理想實現，卻使儒家影響現實政治成爲可能。」
　　　　見《董仲舒》（出版項同前），〈自序〉，頁2。周桂鈿也說：「我們從董仲舒的
　　　　《春秋繁露》和『天人三策』中可以看到，董仲舒探討的都是政治問題，雖
　　　　然有時也講到天、氣、陰陽、五行，也都是圍繞政治講的，有的只是用來比

一、以鞏固君主的威權爲前提

董仲舒思想體系的目標，在於將君主專制的政治體制，發展成爲上通天意、下貫人道的治國安民之思想，故其在意的，是將君主專制體制的優勢發揮至極限，而這也是在專制政體逐漸形成穩固狀況下所必然發生的學術傾向，在本文第二章談論到在孔子、孟子、荀子當時的政治情況，已與西漢時期大不相同了。

（一）君王為天意的展現

在先秦儒學之源中，我們可以看到的是「君使臣以禮，臣事君以忠」〔註79〕這種君臣權力與義務相對的政治思想，但在西漢時，對於國君，已經成爲政治權力的核心，君臣關係也朝向極端不對等的方向發展。對於「國君」的重要，董仲舒以解釋其義的方式說：

> 王者，民之所往。君者，不失其群者也。故能使萬民往之，而得天下之群者，無敵於天下。(〈滅國上〉)

> 君也者，掌令者也，令行而禁止也。(〈堯舜不擅移湯武不專殺〉)

> 聖人正名，名不虛生。天子者，則天之子也。(〈郊語〉)

> 故德侔天地者，皇天右而子之，號稱天子。(〈順命〉)〔註80〕

「王」、「往」，「君」、「群」有聲韻上之關聯，董仲舒認爲君王就是不失群體且人民主動歸往者，能發號施令以治。〔註81〕而對於君主之地位與重要性最

喻、類比政治問題。」見《秦漢思想史》(河北：河北人民出版社，2000年1月)，頁197。金春峰則說：「在董仲舒看來，人與天的關係、人與人的關係、人與物的關係、物與物的關係，都是一種道德的倫理關係：君臣關係、父子關係、夫婦關係、尊卑關係等等。」見《漢代思想史》(出版項見同前)，頁151。

〔註79〕見《論語·八佾》(【魏】何晏注、【宋】邢昺疏、【清】阮元校勘：《十三經注疏本》，出版項見同前)，頁41。

〔註80〕見蘇輿：《春秋繁露義證》(出版項同前)，卷第一，第七篇，頁93；卷第七，第二十五篇，頁155；卷第十四卷，第六十五篇，頁278；卷第十五，第七十篇，頁289。

〔註81〕董仲舒以聲韻解釋君王之義者尚可見〈深察名號篇〉，其曰：「深察王號之大意，其中有五科：皇科、方科、匡科、黃科、往科。合此五科，以一言謂之王。王者皇也，王者方也，王者匡也，王者黃也，王者往也。是故王意不普大而皇，則道不能正直而方；道不能正直而方，則德不能匡運周遍；德不能匡運周遍，則美不能黃；美不能黃，則四方不能往；四方不能往，則不全於王。故曰：天覆無外，地載兼愛，風行令而一其威，雨布施而均其德。王術

重要的看法，就是將上天與君主的關係緊密地結合，〈深察名號篇〉說：

> 受命之君，天意之所予也。故號為天子者，宜視天如父，事天以孝
> 道也。號為諸侯者，宜謹視所候奉之天子也。號為大夫者，宜厚其
> 忠信，敦其禮義，使善大於匹夫之義，足以化也。……天生民性有
> 善質，而未能善，於是為之立王以善之，此天意也。民受未能善之
> 性於天，而退受成性之教於王。王承天意，以成民之性為任者也。
> 〔註82〕

君主的地位崇高，這是因為上天所給予的，當視上天如父；其下之諸侯、大
夫要體認上天之意志，謹厚其忠信以侍君主。而上天立君主之用心，在於人
雖稟賦天命卻未能盡善，在是因為上天只擔負起生養的作用，而一切良善的
稟賦是否能夠發揚，端視能否有人文教化的涵養，故君主之責亦在教化人民，
使民實現天賦之善質。〈為人者天篇〉又說：

> 君者，民之心也；民者，君之體也。心之所好，體必安之；君之所
> 好，民必從之。故君民者，貴孝弟而好禮義，重仁廉而輕財利，躬
> 親職此於上，而萬民聽，故曰：「先王見教之可以化民也。」此之謂
> 也。〔註83〕

君主為人民之心，若治理人民以孝悌禮義，並輕財貨而重廉仁，則上從而民
順。由此可見董仲舒發展先秦儒學德治教化之說，以期有風行草偃之效。此
外，對於君權之來源，〈郊祀篇〉又說：

> 天若不予是家，是家者安得立為天子？立為天子者，天予是家。天
> 子是家者，天使是家。天使是家者，是家天之所予也，天之所使也。
> 〔註84〕

之謂也。深察君號之大意，其中亦有五科：元科、原科、權科、溫科、群科。
合此五科，以一言謂之君。君者元也，君者原也。君者權也，君者溫也，君
者群也。是故君意不比於元，則動而失本；動而失本，則所為不立；所為不
立，則不效於原，不效於原，則自委舍；自委舍，則化不行。用權於變，則
失中適之宜；失中適之宜，則道不平，德不溫；道不平，德不溫，則眾不親
安；眾不親安，則離散不群；離散不群，則不全於君。」但其辭並無思想上
的依據，故本文僅述而不論。見蘇輿：《春秋繁露義證》（出版項同前），卷第
十，第三十五篇，頁200。
〔註82〕見同上，卷第十，第三十五篇，頁200～201。
〔註83〕見同上，卷第十一，第四十一篇，頁224。
〔註84〕見蘇輿：《春秋繁露義證》（出版項同前），卷第十五，第六十九篇，頁288。

此處又以「家天下」的觀念來解釋君權，雖然，董仲舒此段文意的用心在強調君主當重郊祀祭天，但其思想中所呈現專制制度視天下為一家產業的看法，的確代表當時思想界普遍的認知，故君主權力的發展將無限地向上提昇，於此可見端倪。

而君主之地位既然是憑天志所確立，相對而言，君主必須遵守上天的意志，這即是前文所論的天人相應之說的重點。〈王道通三篇〉載：

> 王者唯天之施，施其時而成之，法其命而循之諸人，法其數而以起
> 事，治其道而以出法，治其志而歸之於仁。〔註85〕

君王既為上天所立，則有效法天道以治百姓的必要性，其一切施政與作為，都要秉持天意而行。而君主亦為人，故有喜、怒、哀、樂等情緒，對此，董仲舒亦將君主的情緒聯結上天道，〈王道通三篇〉又說：

> 人主以好惡喜怒變習俗，而天以暖清寒暑化草木。喜怒時而當則歲
> 美，不時而妄則歲惡。天地人主一也。然則人主之好惡喜怒，乃天
> 之暖清寒暑也，不可不審其處而出也。當暑而寒，當寒而暑，必為
> 惡歲矣。人主當喜而怒，當怒而喜，必為亂世矣。〔註86〕

君主之情緒猶於上天陰陽二氣的運行，若陰陽二氣運行得當則歲美，人主之情緒抒發亦相同，故君主當要效法天道以控制情緒。〈王道通三篇〉又載：

> 明王正喜以當春，正怒以當秋，正樂以當夏，正哀以當冬。上下法
> 此，以取天之道。〔註87〕

故君主之情緒不得隨意妄發，必須和天道之春、夏、秋、冬四時相配。董仲舒此言的目的，除了增加君主與上天聯結的崇高意義外，尚有節制君主的意圖，試圖使君主之情緒納於天道之下，不得自作主張。

在如此強調君主地位崇高的同時，又將君主之行為與天道高度地結合，原因就在於君主乃身繫國家政治與社會之興衰，〈立元神篇〉說：

> 君人者，國之元，發言動作，萬物之樞機。樞機之發，榮辱之端也。
> 失之豪厘，駟不及追。……君人者，國之本也。……君人者，國之
> 證也。〔註88〕

〔註85〕見同上，卷第十一，第四十四篇，頁231。
〔註86〕見同上，頁232。
〔註87〕見蘇輿：《春秋繁露義證》（出版項同前），頁231。
〔註88〕見同上，卷第六，第十九篇，頁116。

在政治權力高度極中的君主政體中，君主個人的行為將牽動整個國家，〈為人者天篇〉又說：

> 唯天子受命於天，天下受命於天子，一國則受命於君。君命順，則
> 民有順命；君命逆，則民有逆命。故曰：「一人有慶，兆民賴之。」
> 此之謂也。〔註89〕

君主受命於天是為天子，而天子所承若是順命則民順政和，天子所承若是逆命則民逆政傾。凡此種種牽合天道與君主的言論，成為董仲舒思想中大肆推衍解釋的重點，其用心就是在為君主找到統治臣民最牢不可破的理論基礎，但另一方面卻又加強宣導天道對君主的期待與命令，這不能不說是董仲舒君權主張中的良苦用心。

董仲舒除了在法天順天之道上強調君主的權力與地位，在實際政治手段的運作上也有論述，如〈立元神篇〉說：

> 為人君者，其要貴神。神者，不可得而視也，不可得而聽也，是故
> 親而不見其形，聽而不聞其聲。聲之不聞，故莫得其響，不見其形，
> 故莫得其影。莫得其影則無以曲直也，莫得其響則無以清濁也。無
> 以曲直則其功不可得而敗，無以清濁則其名不可得而度也。所謂不
> 見其形者，非不見其進止之形也，言其所以進止不可得而見也。所
> 謂不聞其聲者，非不聞其號令之聲也，言其所以號令不可得而聞也。
> 不見不聞，是謂冥昏。能冥則明，能昏則彰。能冥能昏，是謂神人。
> 君貴居冥而明其位，處陰而向陽。惡人見其情而欲知人之心，是故
> 為人君者執無源之慮，行無端之事，以不求奪，以不問問。吾以不
> 求奪則我利矣，彼以不出出則彼費矣。吾以不問問則我神矣，彼以
> 不對對則彼情矣。故終日問之，彼不知其所對，終日奪之，彼不知
> 其所出。吾則以明而彼不知其所亡。故人臣居陽而為陰，人君居陰
> 而為陽。陰道尚形而露情，陽道無端而貴神。〔註90〕

所謂「神者，不可得而視也，不可得而聽也，是故親而不見其形，聽而不聞其聲」，當指君主施政時的手段和態度，當讓臣下無以窺見、無以探循，且用「執無源之慮，行無端之事，以不求奪，以不問問」，權謀控制臣下以維護自身之地位與威勢，皆可見董仲舒採取黃老思想以補充自身思想的證據。〈保位

〔註89〕見同上，卷第十一，第四十一篇，頁223。
〔註90〕見蘇輿：《春秋繁露義證》（出版項同前），卷第六，第十九篇，頁120。

權〉篇也載：

> 國之所以爲國者德也，君之所以爲君者威也，故德不可共，威不可分。德共則失恩，威分則失權。失權則君賤，失恩則民散。民散則國亂，君賤則臣叛。……爲人君者居無爲之位，行不言之教，寂而無聲，靜而無形，執一無端，爲國源泉。因國以爲身，因臣以爲心。以臣言爲聲，以臣事爲形。有聲必有響，有形必有影。聲出於內，響報於外；形立於上，影應於下。響有清濁，影有曲直，響所報非一聲也，影所應非一形也。故爲君，虛心靜處，聰聽其響，明視其影，以行賞罰之象。其行賞罰也，響清則生清者榮，響濁則生濁者辱，影正則生正者進，影枉則生枉者絀。擊名考質，以參其實。賞不空施，罰不虛出。是以君臣分職而治，各敬而事，爭進其功，顯廣其名，而人君得載其中，此自然致力之術也。聖人由之，故功出於臣，名歸於君也。〔註91〕

威與權是人主所獨有，君主要權位鞏固，則必須獨擅威權。而其具體作爲，當是居無爲之位，行不言之教，善執賞罰二柄，所謂「響清則生清者榮，響濁則生濁者辱，影正則生正者進，影枉則生枉者絀」是也，這是董仲舒的儒學思想在漢初黃老學派的催化下，所沾染近於道家與法家思想的論點，在當時的學術環境下，這種學術混合的情況已無法避免，也進一步使董仲舒的君權主張包裹上一層神秘的外衣，讓君主與天道一樣地讓人仰視且高不可攀了。

（二）君王與「聖王」合一

在使君權高不可攀的目的下，董仲舒進一步地將君主與聖人結合，成爲聖王，其中並非隨意比附，而是有布驟、有程序地將兩者結合。首先，董仲舒先說明聖人者，乃見天意難明者，〈郊語篇〉說：

> 天地神明之心，與人事成敗之眞，固莫之能見也，唯聖人能見之。

> 聖人者，見人之所不見者也，故聖人之言亦可畏也。〔註92〕

由於上天爲有意志的存在，並能透過災異禍患譴告世人，但若世人不明上天之譴告，則不能隨譴告來修正自身的行爲，對此，董仲舒認爲只有聖人能正確地解讀上天的意志。〈天道施篇〉又說：

> 純知輕思則慮達，節欲順行則倫得，以諫爭僴靜爲宅，以禮義爲道

〔註91〕見同上，卷第六，第二十篇，頁121。
〔註92〕見蘇輿：《春秋繁露義證》（出版項同前），卷第六，第十九篇，頁120。

則文德。是故至誠遺物而不與變，躬寬無爭而不以與俗推，眾強弗
能入。蜎蜎濁穢之中，含得命施之理，與萬物頡徙而不自失者，聖
人之心也。〔註93〕

聖人之所以能解讀上天廣遠奧渺之意，在於有一個純知清明、節欲重道、不
與俗推移的心，故能見人之所未見，發人之所未發，董仲舒說：

天命成敗，聖人知之。（〈隨本消息篇〉）

聖人見端而知本，精之至也。（〈天道施篇〉）〔註94〕

聖人能知天命之意，並傳達上天之德於一般人民。且既然聖人之天命之真意，
發其微渺難見之處，就應懂得天道與人事間的分際，〈隨本消息篇〉說：

顏淵死，子曰：「天喪予。」子路死，子曰：「天祝予。」西狩獲麟，
曰：「吾道窮，吾道窮。」三年，身隨而卒。天命成敗，聖人知之，
有所不能救，命矣夫。〔註95〕

〈深察名號篇〉則說：

天之所為，有所至而止。止之內謂之天性，止之外謂之人事。〔註96〕

天道的作為在於生育萬物，而萬物之脩短隨化皆有其定數，此謂之命，此天
命即使是聖人也無法著力於其間。但是，天命雖無法移異，卻有聖人可用心
之處，故〈實性篇〉說：

天所為，有所至而止。止之內謂之天，止之外謂之王教。王教在性
外，而性不得不遂。故曰性有善質，而未能為善也。豈敢美辭，其
實然也。天之所為，止於繭麻與禾。以麻為布，以繭為絲，以米為
飯，以性為善，此皆聖人所繼天而進也，非情性質樸之能至也，故
不可謂性。〔註97〕

此與君主有教化人民的責任說相同，聖人在上天作為萬物之後，繼天之意志
將人事可努力之處完成，以化成人性中之良善之質。對此，聖人所為的第一
等要事乃是因應天志制定各種人事與制度的名號，〈深察名號篇〉說：

是非之正，取之逆順，逆順之正，取之名號，名號之正，取之天地，

〔註93〕見同上，卷第十七，第八十二篇，頁331。
〔註94〕見蘇輿：《春秋繁露義證》（出版項同前），卷第一，第九篇，頁96；卷第十七，
　　　　第八十二篇，頁331。
〔註95〕見同上，卷第一，第九篇，頁96。
〔註96〕見同上，卷第十，第三十五篇，頁208。
〔註97〕見同上，卷第十，第三十六篇，頁216。

天地為名號之大義也。古之聖人，而效天地謂之號，鳴而施命謂之
名。……天不言，使人發其意；弗為，使人行其中。名則聖人所發
天意，不可不深觀也。〔註98〕

所有名號，皆為聖人因應天意與萬物之實情所制定，每一事物皆有天意貫通，
聖人因天意所賦予之本質以命名施號，不然萬物渾沌難分，文明就無從進展
了。〔註99〕是故，聖人上承天意後定立區分事物與是非之制度，此一制度保
障人世的安定與和平，〈度制篇〉說：

大富則驕，大貧則憂。憂則為盜，驕則為暴，此眾人之情也。聖者
則於眾人之情，見亂之所從生。故其制人道而差上下也，使富者足
以示貴而不至於驕，貧者足以養生而不至於憂。以此為度而調均之，
是以財不匱而上下相安，故易治也。……凡百亂之源，皆出嫌疑纖
微，以漸寖稍長至於大。聖人章其疑者，別其微者，絕其纖者，不
得嫌以蚤防之。聖人之道，眾隄防之類也。謂之度制，謂之禮節。
故貴賤有等，衣服有制，朝廷有位，鄉黨有序，則民有所讓而不敢
爭，所以一之也。〔註100〕

聖人能體現常人不得見之天意，並照天意而為之制度，使貧富貴賤各安其階
級，其與賈誼等維護專制政體的態度是一致的，且聖人所制定之規範又能防
危杜漸，有消除禍患於無形之作用。

由此可見董仲舒之思想，將黃老之天道觀結合儒家聖人形象，二者相融
之程度，已大大超越了陸賈之說。而聖人所立之制度，既是法天為政，其內
涵皆以仁義為主，〈重政篇〉說：

聖人所欲說，在於說仁義而理之，知其分科條別，貫所附，明其義
之所審，勿使嫌疑，是乃聖人所貴而已矣。……聖人思慮，不厭晝
日，繼之以夜，然後萬物察者仁義矣。〔註101〕

如此，聖人將天道隱微之意轉為仁義之道，所立之制度又可長可久，其領導
萬民的資格亦當如水到而渠成，乃理所當然之事。本文認為，董仲舒為了將

〔註98〕見蘇輿：《春秋繁露義證》（出版項同前），卷第十，第三十五篇，頁209。
〔註99〕故〈深察名號篇〉又說：「欲審曲直，莫如引繩；欲審是非，莫如引名。名之
審於是非也，猶繩之審於曲直也。詰其名實，觀其離合，則是非之情不可以
相讕已。」見同上，卷第十，第三十五篇，頁203。
〔註100〕見同上，卷第八，第二十七篇，頁159。
〔註101〕見同上，卷第五，第十三篇，頁103～104。

君主的地位提高，故將君王政治上的地位與上天的神聖性與神秘性結合在一起，君王從此可與天道的崇高比肩，董仲舒說：：

> 盡人之變合之天，唯聖人者能之，所以立王事也。（〈官制象天篇〉）
>
> 古之聖人，見天意之厚於人也，故南面而君天下，和以兼利之。（〈諸侯篇〉）〔註102〕

聖人立王事，實際上就是君主，董仲舒欲以聖人等同於現世之國君之意昭然若揭。但是，在強調君主地位崇高的同時，董仲舒又一直欲以天道之意志來規範君主之行為（見前文），而除了天道之外，尚且利用了古聖先賢的規範，故其又說：

> 聖人天地動、四時化者，非有他也，其見義大故能動，動故能化，化故能大行，化大行故法不犯，法不犯故刑不用，刑不用則堯舜之功德。此大治之道也，先聖傳授而復也。（〈身之養重於義〉）
>
> 聖人之道，不能獨以威勢成政，必有教化。故曰：先之以博愛，教以仁也。（〈為人者篇〉）
>
> 故聖人多其愛而少其嚴，厚其德而簡其刑，以此配天。（〈基義〉）
> 〔註103〕

古之聖人能見天意欲以仁義教化萬民，故今日之聖人（君王）亦承先聖所傳，不獨以威勢為治，而是要厚其德而簡其刑。君王效法聖人的具體修養，在〈威德所生篇〉中載：

> 我雖有所愉而喜，必先和心以求其當，然後發慶賞以立其德。雖有所忿而怒，必先平心以求其政，然後發刑罰以立其威。能常若是者謂之天德，行天德者謂之聖人。〔註104〕

君主常因一時之喜怒而賞罰無當，在董仲舒看來那是情緒紊亂而無理智的行為，對於君主的要求，是以符合天德為為準，亦可見其對於君主修養的要求，已與聖人同步。事實上，董仲舒在對君主本身的修養上期使為聖人，是與先秦儒學對於君主的期待一樣，理想中的政治領導者就是道德修養完美的聖

〔註102〕見蘇輿：《春秋繁露義證》（出版項同前），卷第七，第二十四篇，頁150；卷第十，第三十七篇，頁220。

〔註103〕見同上，卷第九，第三十一篇，頁185；卷第十一，第四十一篇，頁223；卷第十二，第五十三篇，頁246。

〔註104〕見蘇輿：《春秋繁露義證》（出版項同前），卷第十七，第七十九篇，頁326。

人，聖人與君王合一，成爲其「聖王」的理念，〈三代改制質文篇〉說：

> 故王者有不易者，有三而復者，有四而復者，有五而複者，有九而
> 複者，明此通天地、陰陽、四時、日月、星辰、山川、人倫，德侔
> 天地者稱皇帝，天佑而子之，號稱天子。故聖王生則稱天子，崩遷
> 則存爲三王，紬減則爲五帝，下至附庸，紬爲九皇，下極其爲民。
> 〔註105〕

在董仲舒思想的設定下，專制政體的君主與聖王的形象結合，並與古時之三皇五帝並列，其所持之理由多屬比附之辭，例如將君主號爲天子，君主統治的威權與上天一樣不可移異，而對於君主之規範亦只是從道德修養著眼，單方面希望君主能體會天的意志施行陽德陰刑，以教化爲主、刑殺爲輔的政治，本文認爲，董仲舒的儒學思想在鞏固提高君主威勢的目標上的確收效弘大，但另一方面，卻無力有效制衡君主無上的權力，成爲日後有識之士爭相批評的地方。

二、以「三本說」爲治國的手段

董仲舒在開展對君權崇高性與威權性的思想論述後，對於治國的手段與技術的設計亦十分用心，而關於此一方面的闡發，皆有一核心的規範，那就是以「三本說」爲基本的概念與方向。〈立元神〉篇說：

> 天地人，萬物之本也。天生之，地養之，人成之。天生之以孝悌，
> 地養之以衣食，人成之以禮樂，三者相爲手足，合以成禮，不可一
> 無也。無孝悌，則亡其所以生；無衣食，則亡其所以養；無禮樂，
> 則亡其所以成也。三者皆亡，則民如麋鹿，各從其欲，家自爲俗。
> 父不能使子，君不能使臣，雖有城郭，名曰虛邑。如此，其君枕塊
> 而僵，莫之危而自危，莫之喪而自亡，是謂自然之罰。自然之罰至，
> 裹襲石室，分障險阻，猶不能逃之也。明主賢君，必於其信，是故
> 肅慎三本。郊祀致敬，共事祖禰；舉顯孝悌，表異孝行，所以奉天
> 本也。秉耒躬耕，采桑親蠶，墾草殖穀，開闢以足衣食，所以奉地
> 本也。立闢雍庠序，修孝悌敬讓，明以教化，感以禮樂，所以奉人
> 本也。三者皆奉，則民如子弟，不敢自專，邦如父母，不待恩而愛，
> 不須嚴而使，雖野居露宿，厚於宮室。如是者，其君安枕而臥，莫

　　之助而自強，莫之綏而自安，是謂自然之賞。自然之賞至，雖退讓

　　委國而去，百姓襁負其子隨而君之，君亦不得離也。故以德爲國者，

　　甘於飴蜜，固於膠漆，是以聖賢勉而崇本而不敢失也。〔註106〕

所謂「天生之，地養之，人成之」，與荀子「天人之分」說相近似，皆是認爲天道在於生，地道在於養，人道在於化成，天、地、人各有其職責，三者配合乃成大功，而「無孝悌，則亡其所以生；無衣食，則亡其所以養；無禮樂，則亡其所以成」，則將天、地、人之作爲與道德要求相接，所以奉天本要「郊祀致敬，共事祖禰」，奉地本要「秉耒躬耕，采桑親蠶」，奉人本要「明以教化，感以禮樂」，能奉行三本，則有自然之賞；不奉行三本，則有自然之罰。是故，董仲舒治國的方式與取向，皆從三本說之下所推衍，不可不察也。以下即說明其治國之手段。

（一）陽德陰刑

　　但綜觀董仲舒在三本說所闡發的治國理念，其內容當還是以儒家仁義教化之說爲主，如〈爲人者天篇〉說：

　　天地之數，不能獨以寒暑成歲，必有春夏秋冬。聖人之道，不能獨

　　以威勢成政，必有教化。故曰：先之以博愛，教以仁也；難得者，

　　君子不貴，教以養也。雖天子必有尊也，教以孝也；必有先也，教

　　以弟也。教化之功不大乎？〔註107〕

威勢之所生，在於刑罰的實施，但刑罰常久施而姦邪仍生，證明刑罰只能行於一時，不能處之久遠；而仁義乃人之天性，君主立國施政以仁義教化，使人民知所進退，預防禍患於無形，這才是國家可長可久的施政綱領。故對於仁與義的內容，董仲舒曾有詳細的解說：

　　何謂仁？仁者，憯怛愛人，謹翕不爭，好惡敦倫，無傷惡之心，無

　　隱忌之志，無嫉妒之氣，無感愁之欲，無險詖之事，無闢違之行。

〔註106〕見蘇輿：《春秋繁露義證》（出版項同前），卷第六，第十九篇，頁118。

〔註107〕見蘇輿：《春秋繁露義證》（出版項同前），卷第十一，第四十一篇，頁223。
　　　　此觀點在《漢書·董仲舒傳》亦有，補充如下：「然而天地未應而美祥莫至者，
　　　　何也？凡以教化不立而萬民不正也。夫萬民之從利也，如水之走下，不以教
　　　　化隄防之，不能止也。是故教化立而姦邪皆止者，其隄防完也；教化廢而姦
　　　　邪並出，刑罰不能勝者，其隄防壞也。古之王者明於此，是故南面而治天下，
　　　　莫不以教化爲大務。立大學以教於國，設庠序以化於邑，漸民以仁，摩民以
　　　　誼，節民以禮，故其刑罰甚輕而禁不犯者，教化行而習俗美也。」見《漢書》
　　　　（出版項同前），卷五十六，傳第二十六，頁2527。

故其心舒，其志平，其氣和，其欲節，其事易，其行道，故能平易
和理而無爭也。如此者謂之仁。（〈必仁且智篇〉）

義者，謂宜在我者。宜在我者，而後可以稱義。故言義者，合我與
宜，以爲一言。以此操之，義之爲言我也。故曰有爲而得義者，謂
之自得；有爲而失義者，謂之自失。人好義者，謂之自好；人不好
義者，謂之不自好。以此參之，義，我也，明矣。是義與仁殊。仁
謂往，義謂來，仁大遠，義大近。愛在人謂之仁，義在我謂之義。（〈仁
義法篇〉）〔註108〕

對於仁與義，董仲舒認爲是治道的根本，涵蓋了所有教化方面的道德需求，且
對於仁、義的內涵，在原本儒家仁者愛人，義者合誼行爲的解釋上更進一步，「仁」
成爲道德主體的發動處，由天志賦予人性中之善所推動，純然去潤澤所有接觸
者，所以是「往」；而「義」是操之在我的紀律，不受外在的壓迫與誘惑，端視
能否與「仁」產生共鳴，成爲自然而然的行爲模式。〈仁義法篇〉又說：

君子求仁義之別，以紀人我之間，然後辨乎內外之分，而著於順逆
之處也。是故內治反理以正身，據禮以勸福；外治推恩以廣施，寬
製以容眾。〔註109〕

「仁」是對人的潤澤，「義」是正己的規範；對於人的潤澤在於成就他人，正
己的規範在於修養自身，故一曰往，一曰來，君主施政當要明辨仁義之別，
就是分紀人我之間，讓自我與他人、自我與自我、他人與他人間能夠各得其
所宜，如此才有清明樂利的政治與社會。

在漢代現實的政治中，由於承襲秦制，其施政常見強調刑罰的重要，從
開國之初始，劉邦、呂雉誅殺有功大臣的手段，皆無法稱作德治，而史書上
記載漢朝君主心態最具代表性的證據，當在《漢書》中漢宣帝的言論，其載：

宣帝作色曰：「漢家自有制度，本以霸王道雜之，奈何純任德教，用
周政乎！且俗儒不達時宜，好是古非今，使人眩於名實，不知所守，
何足委任！」〔註110〕

刑罰，是統治者架馭國家的利器，在現實的要求下，要君主不施刑罰當絕無
可能，由此可見董仲舒之用心，當在嚴酷的政治下，期望君主心存仁義，憚

〔註108〕見同前，卷第八，第三十篇，頁181；卷第八，第二十九篇，頁175。
〔註109〕見蘇輿：《春秋繁露義證》（出版項同前），卷第八，第二十九篇，頁175。
〔註110〕見【漢】班固撰、【唐】顏師古注：《漢書・元帝紀》（北京：中華書局，1994
　　　　年），卷九，頁277。

施刑罰。〈陽尊陰卑篇〉說：

> 惡之屬盡爲陰，善之屬盡爲陽。陽爲德，陰爲刑。刑反德而順於德，
> 亦權之類也。雖曰權，皆在權成。是故陽行於順，陰行於逆。順行
> 而逆者，陰也。是故天以陰爲權，以陽爲經。陽出而南，陰出而北。
> 經用於盛，權用於末。以此見天之顯經隱權，前德而後刑也。故曰：
> 陽天之德，陰天之刑也。〔註111〕

天志右陽而不右陰，重德而不重刑，按照天人相應的理論，君主承天命而立，
號爲天子，故其政治措施，亦當以德治爲主，刑罰爲輔。在董仲舒的思想言
論中，仁義教化之說是爲總綱、爲常道，而刑罰只是變道，以此接其顯經隱
權的治國準則。但處於當時承襲秦法的環境下，董仲舒亦肯定刑罰的作用，〈保
位權篇〉說：

> 制之者，制其所好，是以勸賞而不得多也。制其所惡，是以畏罰而
> 不可過也。所好多則作福，所惡多則作威。作威則君亡權，天下相
> 怨；作福則君亡德，天下相賤。故聖人之制民，使之有欲，不得過
> 節；使之敦樸，不得無欲。無欲有欲，各得以足，而君道得矣。國
> 之所以爲國者德也，君之所以爲君者威也，故德不可共，威不可分。
> 德共則失恩，威分則失權。失權則君賤，失恩則民散。民散則國亂，
> 君賤則臣叛。是故爲人君者，固守其德，以附其民；固執其權，以
> 正其臣。〔註112〕

君王的存在，是爲了管理人民，使之實現天賦的良善本性，這句話實際上也
承認現實的狀況是人民未盡其善，需要管理與規範；而若人民無善無惡，不
需要治理與規範，則君主無存在之需要。所謂「國之所以爲國者德也，君之
所以爲君者威也」，當是將君王治理的對象分爲兩部分，施行德治者主要是一
般人民，君王有德才能使人民規服；採取刑罰者主要是諸侯群臣，君主無威
權則國易生亂。這也是因爲「陽德陰刑」的治術，是在期使人民能夠節制欲
念、發揚善性，並非滅絕人性之欲求，反使君主失去存在的必要，故成爲董
仲舒治國理念中最重要的論斷。〔註113〕

〔註111〕見同註109，卷第十一，第四十三篇，頁237。
〔註112〕見蘇輿：《春秋繁露義證》（出版項同前），卷第六，第二十篇，頁122。
〔註113〕黃錦鋐說：「德刑並重，爲漢代政治制度的本質。文帝時，已有賈誼啓其端，
　　　　武帝已具規模矣。董仲舒雖主右德不右刑，然其時代思潮已蔚爲風氣，故其
　　　　有意無意之間，仍流露出德刑並重之基本政治思想也。」見《秦漢思想研究》

（二）嚴明階級

前文曾論述董仲舒尊君學說的前題，在於鞏固君主的地位與統治，故其學說雖以儒家仁義教化之說爲綱領，其目的卻是爲了維護君主專制的制度。〈度制篇〉說：

> 聖人之道，眾堤防之類也。謂之度製，謂之禮節。故貴賤有等，衣服有製，朝廷有位，鄉黨有序，則民有所讓而不敢爭，所以一之也。
> 〔註114〕

此爲前文所提及，是君王與聖王合一的立基點。天意須有聖人才能解讀，而聖人稟天意而爲制度，此制度乃在使各階級的人皆能在生活與心靈上得到安頓。而君王要建立一套治國之制度，在學理上必先有其依據，此爲董仲舒重視名號的緣由，故〈深察名號篇〉說：

> 治天下之端，在審辨大。辨大之端，在深察名號。……名眾於號，號其大全。名也者，名其別離分散也。號凡而略，名詳而目。目者，遍辨其事也；凡者，獨舉其大也。〔註115〕

定立治國制度的首要任務是清楚判別各種事物的本質，亦即是名號的確立。名的義涵範圍小，是爲別名；號的義涵範圍大，是爲共名。〔註116〕聖人體察天意而立名號的目的，就在於使物與物之間有所區別並進而產生明辨是非的功效，〈天道施篇〉說：

> 名者，所以別物也。親者重，疏者輕，尊者文，卑者質，近者詳，遠者略，文辭不隱情，明情不遺文，人心從之而不逆，古今通貫而不亂，名之義也。〔註117〕

聖人制名的目地既然在於辨別事物眞實的本質，其進而所制定的制度就有區分各階級本質的價值，如此就將階級制度與天道結合，故聖人所制定的森嚴階級就成爲萬民應循的制度了。〈深察名號篇〉又說：

> 受命之君，天意之所予也。故號爲天子者，宜視天如父，事天以孝

（臺北：學海出版社，1979年1月），頁52～53。

〔註114〕見蘇輿：《春秋繁露義證》（出版項同前），卷第八，第二十七篇，頁160。

〔註115〕見同上，卷第十，第三十五篇，頁201。

〔註116〕在〈深察名號篇〉中，董仲舒以祭祀爲例，說：「享鬼神號者，一曰祭。祭之散名：春曰祠，夏曰礿，秋曰嘗，冬曰蒸。獵禽獸者號，一曰田。田之散名：春苗，秋搜，冬狩，夏獺。無有不皆中天意者。物莫不有凡號，號莫不有散名，如是。」見同注114，卷第十，第三十五篇，頁201。

〔註117〕見同注114，卷第十七，第八十二篇，頁333。

道也。號爲諸侯者，宜謹視所候奉之天子也。號爲大夫者，宜厚其
忠信，敦其禮義，使善大於匹夫之義，足以化也。士者，事也；民
者，瞑也。士不及化，可使守事從上而已。五號自讚，各有分。分
中委曲，曲有名。〔註118〕

凡事既以正名爲要，那麼治國之制度必也要正名，在董仲舒的認知中，當時
政治上所分的五種階層，都有相對應的正名方法；君主、諸侯、大夫、士及
民，都應該謹守自己的分際，才能使國家長治久安，這就是董仲舒深察名號
的用意。〔註119〕

　　而由君主所定立的制度，因爲乃承接天意而制，故亦有消除禍患於無形
的功效，這點觀念與賈誼在定經制以防患於未然的用心是一致的。故制度的
定立當有消極與積極兩種功效，如〈度制篇〉說：

天不重與，有角不得有上齒。故已有大者，不得有小者，天數也。夫
已有大者又兼小者，天不能足之，況人乎？故明聖者象天所爲爲製
度，使諸有大奉祿，亦皆不得兼小利與民爭利業，乃天理也。〔註120〕

在制度面消極的功效上，就是不與民爭利，所謂「已有大者又兼小者，天不
能足之，況人乎？」實已點出在資源有限的狀況下，若官與民爭利，則禍害
敗亡將由此而生。〈度制篇〉又說：

聖者則於眾人之情，見亂之所從生。故其製人道而差上下也，使富
者足以示貴而不至於驕，貧者足以養生而不至於憂。以此爲度而調
均之，是以財不匱而上下相安，故易治也。〔註121〕

在制度面積極的功效上，就是合理的分配資源，期使「富者足以示貴而不至
於驕，貧者足以養生而不至於憂」，上下等差的階級皆安於此一制度，則國家
可以得治。是故，董仲舒認爲社會各個層面皆應有制度規範，〈服制篇〉載：

各度爵而製服，量祿而用財。飲食有量，衣服有製，宮室有度，畜
產人徒有數，舟車甲器有禁。生有軒冕、服位、貴祿、田宅之分，
死有棺槨、絞衾、壙襲之度。雖有賢才美體，無其爵不敢服其服；

〔註118〕見蘇輿：《春秋繁露義證》（出版項同前），卷第十，第三十五篇，頁201。
〔註119〕馬勇也說：「社會的等級差別與結構是社會體制最完美的表現形式。這就是董
　　　　仲舒名分思想的眞實意義之所在。」見《秦漢學術：社會轉型期的思想探索》
　　　　（出版項同前），頁41。
〔註120〕見同註118，卷第八，第二十七篇，頁160。
〔註121〕見同註118，卷第八，第二十七篇，頁159。

> 雖有富家多貲，無其祿不敢用其才。天子服有文章，不得以燕公以
> 朝；將軍大夫不得以燕；將軍大夫以朝官吏；命士止於帶緣。散民
> 不敢服雜采，百工商賈不敢服狐貉，刑餘戮民不敢服絲玄纁乘馬，
> 謂之服制。〔註122〕

舉凡生活上之飲食、服飾、宮室、田產、人徒、舟車、甲器、棺槨、矯衾、
壙襲等等物品，無論是用在生人或死者身上，皆有嚴格之規定，尤其是服制
乃為區別階級最有效的象徵，上至天子、公卿、大夫，下至庶民、罪犯，都
要遵守服制的規定，即使是賢才富有者亦不得移異。

（三）教化任賢

在論述董仲舒陽德陰刑的手段時，曾說明其治國理念以仁義教化說為
先，教化除了有天意之貫串外，尚有為君主立賢取士的功效，畢竟君主建立
如何完善的制度，若無有效的推動與管理，單憑君主一人亦無法成事。是故，
董仲舒亦強調儒家讓賢德之人進入官僚體系的思想，〈精華篇〉說：

> 以所任賢，謂之主尊國安；所任非其人，謂之主卑國危。萬世必然，
> 無所疑也。其在《易》曰：「鼎折足，覆公餗。」夫鼎折足者，任非
> 其人也；覆公餗者，國家傾也。是故任非其人而國家不傾者，自古
> 到今，未嘗聞也。故吾按《春秋》而觀成敗，乃切悁悁於前世之興
> 亡也。任賢臣者，國家之興也。夫知不足以知賢，無可奈何矣。知
> 之不能任，大者以死亡，小者以亂危。〔註123〕

任賢則主尊國安，不任賢，則主卑國危，這是在《春秋》等典籍中一再提
及的事實。〔註124〕而在董仲舒的思想中，賢才可以氣之清濁作比喻，〈通

〔註122〕見蘇輿：《春秋繁露義證》（出版項同前），卷第七，第二十六篇，頁156。
〔註123〕見同上，卷第一，第五篇，頁60。
〔註124〕董仲舒所推崇《春秋》經的實證如〈精華篇〉言：「以莊公不知季子賢邪？安
　　　　知病將死，召而授以國政。以殤公為不知孔父賢邪？安知孔父死，己必死，
　　　　趨而救之。二主知皆足以知賢，而不決，不能任。故魯莊以危，宋殤以弒。
　　　　使莊公早用季子，而宋殤素任孔父，尚將興鄰國，豈直免弒哉！此吾所悁悁
　　　　而悲者也。」〈滅國上〉亦載：「衛侯朔固事齊襄，而天下患之，虞虢並力，
　　　　晉獻難之。晉趙盾，一夫之士也，無尺寸之土，一介之眾也，而靈公據霸主
　　　　之餘尊，而欲誅之，窮變極軸，詐盡力竭，禍大及身。推盾之心，載小國之
　　　　位，孰能亡之哉？故伍子胥，一夫之士也，去楚，干闔廬，遂得意於吳。所
　　　　托者誠是，何可禦邪？楚王髡託其國於子玉，得臣而天下畏之。虞公托其國
　　　　於宮之奇，晉獻患之。及髡殺得臣，天下輕之；虞公不用宮之奇，晉獻亡之。
　　　　存亡之端，不可不知也。」見蘇輿：《春秋繁露義證》（出版項同前），卷第一，

國身篇〉說：

> 氣之清者爲精，人之清者爲賢。治身者以積精爲寶，治國者以積賢
> 爲道。身以心爲本，國以君爲主。精積於其本，則血氣相承受；賢
> 積於其主，則上下相制使。血氣相承受，則形體無所苦；上下相制
> 使，則百官各得其所。形體無所苦，然後身可得而安也；百官各得
> 其所，然後國可得而守也。夫欲致精者，必虛靜其形；欲致賢者，
> 必卑謙其身。形靜志虛者，精氣之所趣也；謙尊自卑者，仁賢之所
> 事也。故治身者務執虛靜以致精，治國者務盡卑謙以致賢。能致精，
> 則合明而壽；能致賢，則德澤洽而國太平。〔註125〕

治國如同治身，治身以積集精氣爲寶，治國則以積賢爲正道；而要積集精氣
必須虛靜其身，君主要積聚賢人則要卑謙以徠賢。君主能招攬天下賢達之士，
才可德澤洽而國太平。既然賢才於治國之用大矣，那實際招攬賢達的手段爲
何，就成了董仲舒此一思想的重點，對此，董仲舒提出兩種方式，皆與教化
有關。其一曰：養士，《漢書・董仲舒傳》載其立太學庠序的構想說：

> 故養士之大者，莫大乎太學；太學者，賢士之所關也，教化之本原
> 也。今以一郡一國之眾，對亡應書者，是王道往往而絕也。臣願陛
> 下興太學，置明師，以養天下之士，數考問以盡其材，則英俊宜可
> 得矣。〔註126〕

以國家力量來培養賢才，這是取才最根本的解決之道，如此，國家可依照政
策之需求，來大量地培養人才，使治國階層不至中斷。第二種方式曰：取士，
《漢書・董仲舒傳》又載曰：

> 臣愚以爲使諸列侯、郡守、二千石各擇其吏民之賢者，歲貢各二人
> 以給宿衛，且以觀大臣之能；所貢賢者有賞，所貢不肖者有罰。夫
> 如是，諸侯、吏二千石皆盡心於求賢，天下之士可得而官使也。遍
> 得天下之賢人，則三王之盛易爲，而堯舜之名可及也。毋以日月爲
> 功，實試賢能爲上，量材而授官，錄德而定位，則廉恥殊路，賢不
> 肖異處矣。〔註127〕

第五篇，頁60；卷第一，第七篇，頁93。

〔註125〕見同上，卷第七，第二十二篇，頁128。

〔註126〕見【漢】班固撰、【唐】顏師古注：《漢書》（出版項同前），卷五十六，傳第
二十六，頁2529。

〔註127〕見【漢】班固撰、【唐】顏師古注：《漢書》（出版項同前），卷五十六，傳第

對於培養之學子或民間之遺珠，可透過考核舉薦的方式來獲得優秀的人才，使君主之人才庫不致於匱乏。而在董仲舒〈賢良對策〉中有關養士與取士的方法出現後，後世對於羅致人才的方法皆不出這兩種，或有與舉薦取才的手段不同而已（如科舉），可見其影響之大。

值的注意的是，雖然董仲舒高舉爲國舉賢的大纛，但是，在賢才進入政府系統從事後，卻不得不成爲君權的附庸。首先，董仲舒認爲君臣之間的配合須要同心同力，〈天地之行篇〉說：

> 君明，臣蒙其功，若心之神，體得以全；臣賢，君蒙其恩，若形體之靜，而心得以安。上亂，下被其患，若耳目不聰明而手足爲傷也。臣不忠而君滅亡，若形體妄動而心爲之喪。是故君臣之禮，若心之與體，心不可以不堅，君不可以不賢；體不可以不順，臣不可以不忠。心所以全者，體之力也；君所以安者，臣之功也。〔註128〕

在君主爲聖王與舉賢的設計下，國家的穩定發展與社會的安寧，皆有賴於君臣同心同力來創造。而君臣之間的關係，亦是如先秦儒家「君使臣以禮，臣事君以忠」〔註129〕一樣，「君不可以不賢」，「臣不可以不忠」。但實際上，在董仲舒陽尊陰卑觀念的籠罩下，臣下很難與君權抗衡，〈五行對篇〉說：

> 地出雲爲雨，起氣爲風。風雨者，地之所爲。地不敢有其功名，必上之於天。命若從天氣者，故曰天風天雨也，莫曰地風地雨也。勤勞在地，名一歸於天，非至有義，其孰能行此？故下事上，如地事天也，可謂大忠矣。〔註130〕

君王爲天，臣下爲地，臣下盡忠勤勞，而有功則歸於君。此可見董仲舒之思想已有法家君逸臣勞，君權至上的傾向。〔註131〕

三、以「大一統」爲至高的目標

董仲舒的儒學思想乃以「天人相應」之說爲內在核心，以維護君主的威

二十六，頁2529。

〔註128〕見蘇輿：《春秋繁露義證》（出版項同前），卷第十七，第七十八篇，頁323。

〔註129〕見【魏】何晏注、【宋】邢昺疏、【清】阮元校勘《十三經注疏本·論語》（出版項見同前），頁34。

〔註130〕見蘇輿：《春秋繁露義證》（出版項同前），卷第十，第三十八篇，頁219。

〔註131〕林聰舜說：「儒家終於在董仲舒時代取代黃老思想，成爲帝國標榜的思想主流，那麼儒家也應該在很多方面與法家具有同質性，可以扮演法家的角色。」見《西漢前期思想與法家的關係》（出版項同前），頁188。

權爲前提，以「三本說」爲治國之手段，而其目的，正是爲了實現「大一統」的政治目標。何謂「大一統」？當指在政權中由上到下意志的貫串。也就是說，君王的意志乃上承之天，而漢朝所有臣民的意志必得上承君王，其形態如下：

上天──＞君王──＞臣──＞民

據董仲舒的設計，在單一的政權中，必須維持一致的秩序，這一秩序是由上天層層往下節制而來，故名其「一統」。〔註 132〕可見董仲舒儒學的用心，並非單純地只是統合西漢前期所有政治思想的精華，尚有積極指導當時實際政治的用心，以下即分述其「大一統」思想的目標。〔註 133〕

（一）政權之一統

前文已証明董仲舒的政治思想從天人相應之說出發，在其法天順天的思維下，對於其大一統的政治目標，亦從天道中尋找根據，如〈天道無二篇〉說：

> 天之常道，相反之物也不得兩起，故謂之一，一而不二者，天之行也。陰與陽，相反之物也，故或出或入，或左或右，春俱南，秋俱北，夏交於前，冬交於後，並行而不同路，交會而各代理，此其文與！天之道，有一出一入，一休一伏，其度一也，然而不同意。〔註 134〕

天之常道，在於一而不二，陰陽二氣雖從天道而出，但其運行必有一出一入、一休一伏的狀況，也就是因其屬性乃相反而相成，故運行之規律必以其中之一爲主而互不干擾。在春、夏、秋、冬四季的變化上都是由一種特定方位的氣所主導，或主南、或主北、或主東、或主西，以此見天道主一之理。

天道既主一，則在天道與人道合一的觀念下，董仲舒進而推衍人世間之秩序亦應以主一爲最高要求，〈天道無二篇〉又說：

〔註 132〕王金凌也說：「一統不是分裂的相反，而是僭越的相反。分裂的相反是統一。一統、僭越，分裂、統一這幾個概念所指不同。統一和分裂是就政權數目而言，前者指僅有一個政權，後者指有兩個以上的政權。一統和僭越則指一個政權之內政治秩序穩定與否。統一和分裂不涉及政權的秩序或混亂，一統和僭越才涉及政權的秩序或混亂。」見〈公羊傳的居正與行權〉，（《輔仁國文學報》1990 年第 6 期），頁 211。

〔註 133〕馬勇說：「以董仲舒所代表的新儒學，其理論構思並不在於全面繼承傳統儒學的思想成分，而是具有極爲重要的現實意義，是傳統儒學『外王』理想的實際運用。」見《秦漢學術：社會轉型期的思想探索》（出版項同前），頁 44。

〔註 134〕見蘇輿：《春秋繁露義證》（出版項同前），卷第十二，第五十一篇，頁 243。

事無大小，物無難易，反天之道無成者。是以目不能二視，耳不能兩聽，手不能二事。一手畫方，一手畫圓，莫能成。人爲小易之物，而終不能成，反天之不可行如是。是故古之人，物而書文，心止於一中者，謂之忠；持二中者，謂之患。患，人之中不一者也。〔註135〕

事物無分大小、難易，只要違反天道貴一之理就無法成功，這就像眼睛不能同時注視兩個東西，耳朵不能同時傾聽兩種聲音，雙手不能同時做兩件事情一樣，違反了天道後，就連這種小事也做不好。所以古人造字，以心止於一中者稱爲忠，而持二中者稱爲患，以此証明人應該效法天道主一而不二。〔註136〕而董仲舒的用心，就在於要強調政權的一統，其云：

一統乎天子，而加憂於天下之憂也，務除天下之患。（〈符瑞〉）

聖人之道，衆堤防之類也。謂之度製，謂之禮節。故貴賤有等，衣服有製，朝廷有位，鄉黨有序，則民有所讓而不敢爭，所以一之也。

（〈度制〉）〔註137〕

在君王的治理下，政權必須歸於一，以此有禮節、貴賤、衣服等度制。而君王實際上要如何作爲才能使政權歸於一統？董仲舒認爲必須從改制更化與郊祭祀天著手。

1. 改制與更化

所謂改制，指的是更改專制政權使用的曆法、服裝、官名、禮樂等等形式上的制度，這些制度被視爲是代表一個朝代勝衰的標的，如在西漢時五德運序主水德，《史記・曆書》有云：

漢興，高祖曰『北畤待我而起』，亦自以爲獲水德之瑞。雖明習曆及張蒼等，咸以爲然。〔註138〕

但此五行之運序與秦朝相同，故文帝時賈誼首先提出改正朔、易服色之事，《史記・屈原賈生列傳》云：

〔註135〕見同上，卷第十二，第五十一篇，頁243。

〔註136〕董仲舒認爲主一而不二尚有避免禍患的功能，〈天道無二篇〉載：「不一者，故患之所由生也，是故君子賤二而貴一。人孰無善，善不一，故不足以立身。治孰無常？常不一，故不足以致功。詩云：『上帝臨汝，無二爾心。』知天道者之言也。」見同上，卷第十二，第五十一篇，頁245。

〔註137〕見蘇輿：《春秋繁露義證》（出版項同前），卷第六，第十六篇，頁109；卷第八，第二十七篇，頁160。

〔註138〕見【日】瀧川龜太郎：《史記會注考證》（出版項同前），書第三，卷二十六，頁444。

> 賈生以爲漢興至孝文二十餘年，天下和洽，而固當改正朔，易服色，
> 法制度，定官名，興禮樂，乃悉草具其事儀法，色尚黃，數用五，
> 爲官名，悉更秦之法。〔註139〕

然而，文帝以初即位而謙讓未遑。若探究其成因，我們當可發現，當時文帝以藩王身份入承大統，丞相陳平與太尉周勃仍掌有朝政實權，且劉漢屬五德運序之水德，自漢初高祖時張蒼推定以來，早已有權威性的地位，在文帝四年（176B.C.）張蒼遷爲丞相後，水德之說地位更爲穩固。這種情況直到文帝十四年（166B.C.）始發生轉變。《史記·孝文本紀》載其時：

> 魯人公孫臣上書陳終始傳五德事，言方今土德時，土德應黃龍見，
> 當改正朔服色制度。〔註140〕

而張蒼仍予以駁斥，曰：

> 以爲漢乃水德之始，故河決金隄，其符也。年始冬十月，色外黑內
> 赤，與德相應。如公孫臣言，非也。罷之。〔註141〕

但是，到了文帝十五年（165B.C.），「黃龍現成紀」〔註142〕，文帝復召公孫臣爲博士，準備改制度、易服色，定漢爲土德，並下詔郊祀上帝諸神，又「始幸雍，郊見五帝，以孟夏四月答禮焉。」此時趙人新垣平以能望氣見上，亦言改制易服，但其多詭詐變，以渭陽五帝及玉杯事逢迎文帝，事發後，文帝誅新垣平，並夷其三族。「自是之後，文帝怠於改正朔服色神明之事」〔註143〕。除了賈誼在漢文帝時上書改正朔、易服色未被接納外，其後至漢武帝太初改曆之前，多有建言改制者。

　　董仲舒認爲對於君主應該如何強調大一統的宣示，首先就是改制，他說：

> 《春秋》之於世事也，善復古，譏易常，欲其法先王也。然而介以
> 一言曰：「王者必改制」。

> 有非力之所能致而自至者，西狩獲麟，受命之符是也。然後託乎《春
> 秋》正不正之間，而明改制之義。

〔註139〕見同上，列傳第二十四，卷八十四，頁983。

〔註140〕見【日】瀧川龜太郎：《史記會注考證》（出版項同前），本紀第十，卷十，頁187。

〔註141〕見同上，書第六，卷二十八，頁483。

〔註142〕據《史記會注考證》所載，成紀者，今甘肅省秦州秦安縣。「黃龍現於成紀」者，本文認爲眞實性有待考驗，當是其時在文帝力田、除肉刑後，揣摩上意所得之祥瑞。

〔註143〕以上事見《史記·封禪書》，見同註141，書第六，卷二十八，頁483。

> 王者必改正朔，易服色，制禮樂，一統於天下，所以明易姓，非繼
> 人，通以己受之於天也。〔註144〕

董仲舒乃《春秋公羊傳》的大師，他認為改制是《春秋》經在主張「善復古，
譏易常，欲其法先王」的必須作為，此種觀念是以《公羊傳》的解釋來附會
《春秋》經，認為君王要明示天下以一統，必須有改制的政治措施，以上所
引可視為董仲舒對於改制說的基本主張，〈楚莊王篇〉又載：

> 今所謂新王必改製者，非改其道，非變其理，受命於天，易姓更王，
> 非繼前王而王也。若一因前製，修故業，而無有所改，是與繼前王
> 而王者無以別。受命之君，天之所大顯也。事父者承意，事君者儀
> 志。事天亦然。今天大顯已，物襲所代而率與同，則不顯不明，非
> 天志。故必徙居處、更稱號、改正朔、易服色者，無他焉，不敢不
> 順天志而明自顯也。若夫大綱、人倫、道理、政治、教化、習俗、
> 文義盡如故，亦何改哉？故王者有改制之名，無易道之實。孔子曰：
> 「無為而治者，其舜乎！」言其主堯之道而已。此非不易之效與？
> 〔註145〕

新的朝代必須改制，但並非改變治國之道、人倫之義與教化之行等綱領性的
原則，而是針對新京城的位址、國號的名稱、曆法的正朔、服制的顏色等作
一適當的更改，此一改變著重在國家外在象徵名號的替換，是其所謂「王者
有改制之名，無易道之實」。而其改制的最重要原因，就是新的朝代乃新的君
王受天命而王天下，為了與前王有所區隔，乃改制而昭告天下，曰：新王已
承天命而行天子之事。

　　所謂更化，是指漢繼秦之後而立，當改變秦以刑為治的弊病，而漢興七
十年間卻不提及更化，所以治理成效甚微，《漢書‧董仲舒傳》載：

> 今漢繼秦之後，如朽木糞牆矣，雖欲善治之，亡可奈何。法出而姦
> 生，令下而詐起，如以湯止沸，抱薪救火，愈甚亡益也。竊譬之琴
> 瑟不調，甚者必解而更張之，乃可鼓也；為政而不行，甚者必變而
> 更化之，乃可理也。當更張而不更張，雖有良工不能善調也；當更
> 化而不更化，雖有大賢不能善治也。故漢得天下以來，常欲善治而

〔註144〕見蘇輿：《春秋繁露義證》（出版項同前），卷第一，第一篇，頁10：卷第六，
　　　　　第十六篇，頁109；卷第七，第二十三篇，頁139。
〔註145〕見同上，卷第一，第一篇，頁11。

至今不可善治者，失之於當更化而不更化也。古人有言曰：「臨淵羨魚，不如退而結網。」今臨政而願治七十餘歲矣，不如退而更化；更化則可善治，善治則災害日去，福祿日來。〔註146〕

西漢繼秦末大亂之後，當時之社會已是潰敗至極點的狀況，正所謂「腐朽之木不可彫，糞土之牆不可污」，想在一個腐敗至極點的基礎上有所作為，那是難如登天，漢初七十年間的政治，就是在這種狀況下，想要有所善治而不可得。所以，董仲舒提出「更化」的主張，就是要以儒家的仁義禮樂之教化，來替換西漢當時在政治制度上，實際是以秦制為主的體制。〔註147〕

2. 祀天與郊祭

所謂的祀天，是在完成政治上的改制與更化後，君王始達成「大一統」的政治目標，此時必須上告於天，正式宣示一統時代的到來，〈三代改制質文篇〉載：

古之王者受命而王，改制號稱正月，服色定，然後郊告天地及群神，遠追祖禰，然後布天下。諸侯廟受，以告社稷宗廟山川，然後感應一其司。〔註148〕

董仲舒認為，新朝代的君主受天命而王，改變前朝之制，易國號、定服色、正歷法，在完成這些措施之後，必須舉行郊祭與祀天，以昭告天地、山川、神祇、萬民，而君主受命為天子，天子以下之諸侯要在各自的宗廟接受改制，並也祭告天地、山川、神祇，以示將遵守天子的一統。

故對於祭祀，董仲舒認為是敬天、法天之義的延申，〈祭義篇〉說：

孔子受君賜則以祭，況受天賜乎？一年之中，天賜四至，至則上之，此宗廟所以歲四祭也。故君子未嘗不食新，新天賜至，必先薦之，乃敢食之，尊天、敬宗廟之心也。尊天，美義也；敬宗廟，大禮也。

〔註146〕見【漢】班固撰、【唐】顏師古注：《漢書》（出版項同前），卷五十六，傳第二十六，頁2536。

〔註147〕戴君仁說：「更化便是用儒家的教化為主的政治，來替代沿秦的獨任執法之吏的政治。」見《梅園論學集》（出版項見同前），頁341。徐復觀說：「『更化』與『改制』完全不同。改制沒有政治上的實質意義；『更化』則是要把漢所繼承秦代以刑為治的政治方向與內容，完全改變過來，而『脩飾』『仁義禮智信』『五常之道』。亦即是他要把大一統專制政治的方向與內容，加以徹底的轉換。」見《兩漢思想史》（卷二）（出版項同前），頁423。馬勇也說：「董仲舒更化理論的現實意義，主要表現在他對西漢前期政治經濟形勢的分析上。」見《秦漢學術：社會轉型期的思想探索》（出版項同前），頁43。

〔註148〕見蘇輿：《春秋繁露義證》（出版項同前），卷第七，第二十三篇，頁138。

聖人之所謹也。不多而欲潔清，不貪數而欲恭敬。君子之祭也，躬
親之，致其中心之誠，盡敬潔之道，以接至尊，故鬼享之。享之如
此，乃可謂之能祭。〔註149〕

在理論思維皆上承天意的狀況下，董仲舒對於祭祀的意義並未溢出法天爲政所
以敬天的範圍，而其所謂「尊天、敬宗廟之心」，是因爲君權已與上天合一，藉
由尊天祀天的動作，再次強調君主受命於天的政治用意。〈祭義篇〉又說：

祭者，察也，以善逮鬼神之謂也。善乃逮不可聞見者，故謂之察。
吾以名之所享，故祭之不虛，安所可察哉！祭之爲言際也與？祭然
後能見不見。見不見之見者，然後知天命鬼神。知天命鬼神，然後
明祭之意。明祭之意，乃知重祭事。孔子曰：「吾不與祭，如不祭。
祭神如神在。」重祭事，如事生。故聖人於鬼神也，畏之而不敢欺
也，信之而不獨任，事之而不專恃。恃其公，報有德也；幸其不私，
與人福也。〔註150〕

君主之政治權力既然與上天結合，又成爲唯一能解釋天意的聖王，故在董仲
舒的觀念中，對於祭天的儀式，君主不但要親身參與，且要能潔心誠意，期
使與上天溝通，探知天命。進而在各種祭祀之中，董仲舒認爲君主最應重視
的就是「郊祭」，其云：

天者，百神之君也，王者之所最尊也。以最尊天之故，故易始歲
更紀，即以其初郊。郊必以正月上辛者，言以所最尊，首一歲之
事。每更紀者以郊，郊祭首之，先貴之義，尊天之道也。(〈郊義〉)

《春秋》之義，國有大喪者，止宗廟之祭，而不止郊祭，不敢以父
母之喪，廢事天地之禮也。父母之喪，至哀痛悲苦也，尚不敢廢郊
也，孰足以廢郊者？故其在禮，亦曰：「喪者不祭，唯祭天爲越喪而
行事。」夫古之畏敬天而重天郊，如此甚也。(〈郊祭〉)

《春秋》譏喪祭，不譏喪郊，郊不闢喪，喪尚不闢，況他物。(〈郊祀〉)

所聞古者天子之禮，莫重於郊。郊常以正月上辛者，所以先百神而
最居前。禮，三年喪，不祭其先，而不敢廢郊。郊重於宗廟，天尊
於人也。(〈郊祀對〉) 〔註151〕

〔註149〕見蘇輿：《春秋繁露義證》（出版項同前），卷第十六，第七十六篇，頁310。
〔註150〕見同上，頁311。
〔註151〕見蘇輿：《春秋繁露義證》（出版項同前），卷第十五，第六十六篇，頁284；

從天人相應的思想基礎上，天爲百神之君，又是君主的天父，在必於正月舉行的觀點來看，郊祭比其他任何儀式來的重要。又《春秋》之義中，宗廟之祭可因父母之喪而停止，郊祭卻不行，故郊祭更重於宗廟之祭，而人倫之中，對於君王而言，父母之喪有君臣、父子之義，此重要性尚且不及郊祭，何況其他？以上可見董仲舒在政治上一統的措施與相應之思想。

（二）學術之一統

前文提及在董仲舒對武帝劉徹上天人三策後，儒學就衍化成漢代學術與政治上的主流思想。事實上，在其大一統的尊君學說中，學術之一統亦是完成其大一統目標的手段，但若論學術之一統，或是稱爲獨尊儒術的主張，對當時及後世的影響，恐怕是比前述所言董氏之思想有過之而無不及。進而言之，在董仲舒《春秋繁露》中的思想，雖然規模宏大、結構精湛、體系完整，但卻不容易被一般人所接受，反而可能掩蓋他精妙的哲學思想；而在天人三策中，有關天的哲學確被簡潔扼要地闡述，使人更容易去理解與接受。〔註 152〕

在〈天人三策〉（或稱〈賢良對策〉）中的主張，大多可在《春秋繁露》中找到相對應的思想，但漢武帝策問的目的在於找到一個可以傳之無窮且有實效的治國制度，武帝劉徹下詔在天下知識分子間找尋答案，故對策的問題皆是針對政治上種種實際的狀況，《漢書·董仲舒傳》載武帝第一策的問題，其大要曰：

> 凡所爲屑屑，夙興夜寐，務法上古者，又將無補與？三代受命，其符安在？災異之變，何緣而起？〔註 153〕

武帝所問在於先王之法爲何不能保證爲治，與受命之符、災異之變等所指爲何，董仲舒的回答是君主受天命而爲王，當任賢並效法天道以行政，而災異是天所給予君主的警示，君主當應之以仁義教化，且又分析性情、夭壽、仁鄙的關係，必得更化才得治。《漢書·董仲舒傳》又載武帝第二策的問題，其

卷第十五，第六十七篇，頁 286；卷第十五，第六十九篇，頁 288；卷第十五，第七十一篇，頁 292。

〔註 152〕徐復觀也說：「仲舒的〈賢良對策〉，係應策問所提出的，故不能不受策問所提問題的限制。但大體上說，它是《春秋繁露》的拔萃，或者可以說是一種『濃縮』本。」見《兩漢思想史》（卷二）（出版項同前），頁 422。

〔註 153〕見【漢】班固撰、【唐】顏師古注：《漢書》（出版項同前），卷五十六，傳第二十六，頁 2536。

大要曰：

> 夫帝王之道，豈不同條共貫與？何逸勞之殊也？……朕夙寤晨興，
> 惟前帝王之憲，永思所以奉至尊，章洪業，皆在力本任賢…〔註154〕

武帝第二策的問題在於虞、周帝王治道何以不同與自身勤於政事卻未能得
治。而董仲舒回答以三代治術不同，乃因主、客觀不同的環境所導致，武帝
未能善治之因在於未施仁義之教化，故主張要以太學養士與貢舉舉士來改進
此一狀況。《漢書·董仲舒傳》又載武帝第三策的問題，其大要曰：

> 蓋聞「善言天者必有徵於人，善言古者必有驗於今」。故朕垂問乎天
> 人之應，上嘉唐虞，下悼桀紂，寖微、寖滅、寖明、寖昌之道，虛
> 心以改。今子大夫明於陰陽所以造化，習於先聖之道業，然而文采
> 未極，豈惑虖當世之務哉？條貫靡竟，統紀未終，意朕之不明與？
> 聽若眩與？夫三王之教所祖不同，而皆有失，或謂久而不易者道也，
> 意豈異哉？〔註155〕

武帝之問題，董仲舒皆有相對應完善的回答，但很明顯的，漢武帝劉徹並不
滿意董仲舒中規中矩的答案，故在第三策的問題上，除了再次提問天人相應
與大道之極的問題外，語氣也甚爲激烈，所以，董仲舒除了回答天人相應之
說，與人性最貴，可知仁義以積善，還有君主承天、法天以爲教化之政，行
改制之名且無改道之實外，最重要的就是陳述「獨尊儒術」主張，《漢書·董
仲舒傳》又載：

> 《春秋》大一統者，天地之常經，古今之通誼也。今師異道，人異
> 論，百家殊方，指意不同，是以上亡以持一統：法制數變，下不知
> 所守。臣愚以爲諸不在六藝之科、孔子之術者，皆絕其道，勿使並
> 進。邪辟之說滅息，然後統紀可一而法度可明，民知所從矣。〔註156〕

由於武帝在第三策所表達出對董仲舒中規中矩的回應較爲不滿的態度，董仲
舒在回答時，不僅提出政治改制的主張，進一步更提出了思想一統的論點。
當然，其所云「諸不在六藝之科、孔子之術者，皆絕其道，勿使並進」，並非
斷絕其他學派的生機，或者是以儒家一統其他思想，而是將儒家思想，由原
本的一家之言，成爲當代帝國政治與學術上的主要意識形態，而董仲舒在學

〔註154〕見同上，頁2338。
〔註155〕見同上，頁2340。
〔註156〕見【漢】班固撰、【唐】顏師古注：《漢書》（出版項同前），卷五十六，傳第
二十六，頁2543。

術上一統論點的影響，比其在當時政治上的作為，對中國往後的政治、學術、社會甚至是個人，都發揮出董仲舒始料未及的成效。〔註 157〕

〔註 157〕任繼愈說：「董仲舒的生活經歷有點像孔子、孟子，沒有取得政治實權，他是以思想家的身分受到統治者的重視，政治上沒有起到伊、呂的作用，但從思想影響看，他的確是西漢以後封建社會重要的精神代表。」見《中國哲學發展史》（秦漢）（出版項同前），頁 359。

第六章　結　論

　　在論述前文諸多章節對西漢前期儒家尊君學說的內容後，本文對此時期儒家尊君學說的意義已闡述完成既定的理念，對於其學術之價值與當時政治互動之關係，此處再以提要鉤玄的方式作一總結，期使本論文之觀點能成為筆者日後研究的基礎。

一、研究意義

　　君主，是專制政體的核心，而儒家之政治思想，從西漢後成為中國歷代中央政府的主流思維，雄踞前後近兩千年的專制體制之內，本文試圖在西漢前期近七十年的學術思想中，探索並深掘出其內容與價值。〔註1〕而在論述的過程中，對於當時劉氏王朝的建立及其特點，亦需投以相當的篇幅來解析，畢竟學術思維與現實政治之間有著千絲萬縷的關係，尤其是本文所論述的內容，更可說與當時政治實況密不可分。

　　在這樣的目標下，本文先著眼於儒家在先秦的思想本源。從孔子的學術思想中來判斷，本文認為孔子對於春秋時代政治的情形，已認識到當時的政治問題的根源，在於君主無法發揮應有的功效；而君主之失職，導致臣子間亂象分呈。本文認為，孔子所提出的解決方案，就是重「道」之說：君主得重視得之不易的文化成就。此項觀點需要君主有高於標準的道德修養，而不

〔註1〕關於西漢時期學術思想的價值，熊鐵基從「學術載體的大整理」、「影響學術發展的重大舉措」、「學術思想的趨同與整合」三方面來說明漢代學術在整個中國傳統學術發展史上的地位，並作出「漢代學術是中國傳統學術的實際源頭」這樣的結論。見〈漢代學術的歷史地位〉(《先秦、秦漢史》2004 年第 1 期)，頁 31～75。

論此觀點在當時政治環境有何成效，儒家重道修身即可善治天下的思想，於此已成為儒學當中不可移易的特點。

到了孟子所身處的戰國時代，政治與社會環境更為惡劣，孟子承孔子之學而高舉「王道」說為其政治思維，主張以王道將天下「定於一」，孟子反對以兼併與戰爭的手法來達成統一的目的，其政治觀點與其性善說可謂是一體之兩面；而在「王道說」當中最進步的思想，就是特別強調民心的向背將可決定政治權力的歸屬，是故君主若不稱職則親貴之戚可替易，聞誅一獨夫而不聞弒君等主張，君主之權力對臣下而言乃為相對而非絕對，孟子此說將一直是中國思想史中難得之精華。

在荀子的思想中，君主的重要性大為提高，這是在當時政治上即將統一的趨勢與受其他先秦思想影響之結果。孔、孟之儒學皆是以內塑道德心為其思想中最高之價值，並以之貫通天性與人德；荀子之學受道家形上天思維所主導，認為天只是一個自然而然的存在，天道與人事之責任截然兩分、互不相屬，從而提高聖人在其思想中的地位，此聖人擔負起政治與倫理學上的責任與價值，並於現實政治中之君主逐漸結合，從而大幅度提升君主的重要性。是故，荀子之思想雖仍有儒家重視德性與教化功效的思維，以「禮」作為其思想論述的重點，也有水能載舟、覆舟之重民論說，但其「法後王」與「王霸並重」的理論，已對當時儒學的發展指引出不同於孔、孟儒學思想的方向。

而在先秦思想中最重視君權的思想學術，當是法家的諸位學者，其中，商鞅重「法」，申不害重「術」，慎到重「勢」，而韓非集法家學說之大成。

商鞅之學，著重在富國強兵之治術，強調國君當慎執賞罰二柄以執法，貴公正嚴明，社會上下階級皆一體適用，以進化的歷史觀與法後王作為立論的基礎，並以「惡的人性觀」發展成「物化人性」的政治思維，支持專制政體對於國家人民之資源與力量無限制的榨取，以維護國家的富強與君主的地位。

申不害的重「術」說來自對老子無為之說的發揮，所重在藏於君主胸中不可示人之術，此術近於陰謀深沉，君主之權成為申不害學術的核心。且明君想要國治富強，就要深究運用「術」於方寸之間，只有掌握此「術」，才能獨斷於重臣之上，並使臣下各盡其力；君主冷靜低調之無為，來榨取臣下行無所不為之事功，並以循名責實的手段，鞏固至高無上的君權。

慎到的學術傾向介於法家與道家之間，本文亦認為其重勢說與黃老道家

關係密切。慎到認爲，爲政者如何能統領國政以治，主要在於能利用人情爲利的自然之勢去「因勢利導」，如此，君主之政論主張即不流於空虛浮泛、徒具形式，爲保證君主自身之權益，其在政治上實際之作爲即爲以「法」做價值判斷的唯一標準，且因人性自利，故爲私利以違法，而慎到認爲解決之道在於禁制心知之活動，全任法度之作用，以此成爲其學說中之特色與最爲人所批評之處。

韓非集上述思想家之大成，本文歸納其尊君說的要點爲「明定法之權威」、「增益術之手段」、「標舉勢之中行」三項。第一、在韓非等法家看來，人性、道德修養等皆不足信任，捨棄法令而任賢，亦非長治久安之道，惟有建立客觀且上下階級一體適用，無等差、同一施法標準的制度，才是君主當行的政治形態。若進一步地推衍，在《商君書》中可以見到的「以法爲教」之主張，亦成爲韓非高舉的綱目。第二、對韓非而言，君臣之間的關係大部分猶如仇寇，這是因爲韓非之學是建立在人性自利的基礎上，故君主要提防臣下求謀私利，甚至是威脅到君主，在這樣的狀況下，君主能否與臣下同心致力於政事已成疑問。「法」需要明白彰顯於眾，國君憑之讓臣民行動合乎政治之要求，而「術」則是藏於君主心中，借以陰謀群臣來駕馭之，任何親愛之人皆不得予聞，兩者一明一暗，皆是君主治國的利器。第三、法與術之運用，必須與「勢」配合而行，「威勢」將君主的地位置於萬萬人之上，若無，則賢如堯、舜也無法驅使一人，君主不能保有「勢位」成爲治國最大的忌諱。但是，韓非不僅僅只有承認君主「勢位」的重要，他進一步指出，「勢」與「法、術」一樣，皆只是手段，君主持之以治天下而已，君主雖不全爲堯、舜之賢，但如桀、紂般之不肖亦屬稀少，大多可稱爲「中人」，在韓非看來，若「中人之質」的君主能抱法處勢，就能以無堯、舜之賢的才能，治理出與堯、舜相同的治世，此即爲韓非所認爲最佳的政治形態。

若只論本文題目，則上述儒家與法家之說實以涵概整體論文之題目，但在西漢前期儒家思維中，黃老思想實佔有舉足輕重的地位，若不對黃老思想作一探索與研究，則本文將無法全面性的了解西漢前期儒家尊君說的眞實面貌。扼要言之，若沒有黃老思想，對內，儒家學者無法效法並進而吸收各家理論的精華以補不足；對外，則無一彰明的目標使儒家學者群策群力以求取代。故若要深入探討西漢前期的尊君說，籠罩並主導漢初七十年的黃老思想，絕對有其討論之必要。

　　「黃老」思想，其理論之基礎在於研究《黃老帛書》，據本文所考證，其思想形成之時間大柢在戰國早中期以前，發端於楚地，大成於齊國稷下學宮，顯然非一人一地之作。而黃老思想的尊君說之根據，是認爲「道」爲宇宙萬物之源，亦是自然世界與人類社會運作的規則和依據；換言之，人可取法天道以明人事，以之做爲與天道相應的政治、社會制度。然而，老子之「道」，乃追求「玄之又玄」的形上意義，黃老思想則著重於「道」降至宇宙萬物之「規律」，兩者均以「道」爲核心，卻有互不相混的面貌。且政治社會制度乃是循「天道」而立，人事之作爲想要成功，就必須符合「天道」規定的度數，這便是取法自然的「治道」，掌握「道」的聖人、聖王，考察事物的起因，爲其內容訂定合理的名稱，亦爲執政取得合理的依據；此聖人化身成爲君主，以德賞爲主、刑伐爲輔，謹守清靜無爲的虛靜功夫，以此見黃老思想的大要。

　　漢初人口銳減、生產凋弊，此時，以穩定而寬和的政策，來安定破敗的社會民生，就成了漢初統治者迫切且唯一的選擇了，面對社會與經濟盡皆崩潰，與民休息、萬事不更張、不擾民的施政原則，極容易與黃老守柔待拙、清靜無爲的思想接軌，使得漢初統治者在其時空背景之下，選擇了此一治國思想，並確實發揮了統治者期許的效用。而黃老思想在漢初成爲政治主導思想後，其最高學術之成就，即屬淮南王劉安招集賓客所撰寫之《淮南子》，《淮南子》完成所代表的意義是黃老思想即將退出政治的舞臺；然而在學術上，它卻是整合了自《黃老帛書》以來，包含了《呂氏春秋》、《文子》等之黃老思想，實爲漢代黃老思想的最高成就。

　　分析《淮南子》成書之結構，從〈要略〉篇中可知，第一至第二十篇皆各有一主旨，且各篇之內容皆有聯繫，而其著述的動機，從〈要略〉篇可知在於期望能統貫天道、地道、人道與帝王之術。對於流行於當時的諸家學說，有著融合與吸收的動作，呈現了以道家學說爲主，吸納儒、法二家之說爲輔的狀況。

　　在《淮南子》承繼道家學說的內涵中，主要仍是沿續黃老思想的系統，以「道」統攝一切，認爲「天道」與「治道」是一體貫通的。在這個氣化的宇宙中，無論是日月、星辰、風霜，和雨露等自然現象，都是因爲有「氣」而生成；「道」充滿整個宇宙空間，而宇宙生元氣，以此知「氣」即是「道」在宇宙實體空間的落實，而「道」是「氣」形而上的精神根源，其學說的重心，已由對老莊著重於「道」體的闡發，轉而將注意力集中在「氣」論之上。

在對待儒學的態度上,《淮南子》是站在既肯定又批判的立場:肯定儒學經典教化與思想的價值,批判不合道家思想的核心理論,藉以用道家系統來融攝應用其學說。《淮南子》認爲六藝各有優點,如《詩》存溫惠柔良之風,《書》有淳龐敦厚之教,《易》具清明條達之義,《禮》包恭儉尊讓之爲,《樂》形寬裕簡易之化,《春秋》多刺譏辯義之靡,此外,《淮南子》對於孔子的描述,常以多樣的聖人形象出現,並有將其爲儒家的聖人轉爲道家聖人的傾向。但在對於批判儒家價值不如道家上,儒學起於周末王道衰廢之時,其設計博學以妄擬聖人,用華詞來誣騙世人,編撰《詩》、《書》來沽名釣譽,並訂定繁縟的禮樂服制以奢侈浪費,凡此種種皆不能救衰起弊,徒然造成世人機智巧術的產生。其癥結就在於儒學「失其大宗之本」,也就是未能究極事物之根源,故儒家所訂定的制度再多,也不能使人心得到安頓。至於在吸收法家思想的方面,《淮南子》雖也循法家的思想,強調尊君卑臣、君上臣下之論,但對於「法」的觀念,則吸收儒家思想而有所演化。對於尊君卑臣之論,《淮南子》多以人君如根、人臣如枝爲喻,但對「法」產生的看法,已非如前述《黃老帛書》之聖人體天道而制定,而是吸收儒家之說,將人君之行爲也納入「法」的規範。「法」生於眾適,眾適即民心,且「法」可制君,君又以之制臣,臣又以之制民,使得《淮南子》在發揮法家學說時,無嚴刻峭峻之弊,反而呈現溫潤厚澤的光輝。

　　《淮南子》繼承黃老思想,卻在國君威權最根本之處與之歧異,本文認爲,是劉安爲了自身諸侯勢力的延續,故鼓吹此削弱君權的說法,但確也降低了君權的專制性與獨裁性。歸納出《淮南子》「無爲」君道學說的內容,是君主理解「道之要」,乃「順應事物自然而然的特點去行動」,並以「廓然無形,寂然無聲」的「無爲」架馭臣下,依憑「法、術、勢」的功用,重「時機」而求「變化」,如此,則能「無爲」而「無不爲」。

　　在論述完西漢前期儒家尊君說演化的根源與催化的過程後,本文就針對西漢前期儒家代表的學者與其思想進行申論,分別探討陸賈、賈誼及董仲舒的思想與價值。

　　陸賈在漢高祖與漢惠帝時期相當活躍,曾對劉邦陳述「非馬上」治國之道,在當時政治與學術的互動關係上,占有極其重要的地位。漢初政壇儒學衰弱,陸賈《新語》屢稱《詩》《書》,實爲漢初儒之大者,對於秦王朝在短短數年內便土崩瓦解,實深具警惕,故屢次強調以「仁義」爲本,進而以此

制訂一套進退有序的社會制度。陸賈認為,孔子既將先聖先賢要義集編成五經,其用意就是要行禮義、立綱紀,重建祥和仁義的社會。正因為經典「承天統地,窮事察微,原情立本,以緒人倫」(〈道基篇〉),是聖人窮道、化仁,後載諸簡策而為書,由「道(仁義)」——「聖人」——「經典」上下貫通,成為陸賈思想中的核心價值。陸賈以儒學經世致用為目標,其態度是取諸家說法來闡明儒道的,在思想深度上明顯不足,與黃老思想幾無差異,在漢初只有宣傳儒學的功效,並未能在政治與學術上取得絕對的地位,但其維繫儒學於不墜,顯揚仁義於當代,開展儒學之新聲,實為漢初儒者之先驅。

在陸賈之後,漢文帝時嶄露頭角卻又悒鬱早卒的賈誼,在政治與學術上皆有重要的地位,對於漢初政治,賈誼有許多具體地改革思想,其中,最重要的是讓漢朝跟秦朝之施政作一清楚的區隔。賈誼認為漢乃代秦而興,為土德,色尚黃,數用五。但未言以何月為歲首。當時文帝以藩王入繼大統,謙讓未遑採用。而賈誼著名的〈過秦論〉,將秦失天下之因,歸結為「仁義不施,攻守之勢異也。」就是站在道德層面來批判,漢王朝雖和秦王朝的制度雖有千絲萬縷的關係,卻在表面上以仁義禮治對其大聲撻伐;換言之,漢王朝雖然仍以秦法為治國手段,卻不得不在此治國的手段上包裝仁義禮治的外衣,這就成了包括賈誼等漢初儒者治國思想最重要的課題。

賈誼思想中最大的特色,就是「以六為度」(〈六術篇〉)的哲學架構,在西漢初年,受到黃老思想的影響,凡是欲建立自己思想體系的學者,皆必須對宇宙萬物的根源提出解釋。就儒家學者而言,賈誼和陸賈相同,皆建立起「道」至「聖」再至「經」的理論思路。賈誼對「道」的著墨不深,在闡述「道者德之本」後,轉而對「德」的內容作解釋,「道、德、性、神、明、命」為德之六理,「有道,有仁,有義,有忠,有信,有密」為德之六美。陰陽、天、地、人與萬物,皆「六理」所生,且「六理」創生之物,也具有內化的「六理」;而萬物內化的「六理」,萬物可往自身內部尋之以成就自身事業,故成「六法」。「六理」與「六法」皆存於萬物之內,我們可將「六理」理解成事物原有的「性」,而「六法」就是「性」發動時,萬物內在所遵循的「法則」。內在的「六法」向外呈現時,就成為「六術」,也稱為「六行」,這就建構出賈誼從形而上的「道」與「德」,經由「六理」、「六法」,轉而落實到形而下的「六術」與「六行」。而聖人制作的《六藝》中,也分別具有「德」的某種性質,如《書》是「德」之著,《詩》是「德」之志,《易》是「德」之

占，《春秋》是「德」之紀，《禮》是「德」之體，《樂》是「德」之樂。

此外，在賈誼「以六為度」的思想架構下有一核心的概念，那就是「防患於未然」的政治先覺。在《新書》中，賈誼對當時漢朝已發生及未發生的問題，皆提出警告與解決之方案，凡此種種，皆顯示賈誼對當時漢王朝已發生或未發生的禍患知之甚詳，故黃老治術所提倡的「無為」說，就成了賈誼躂伐的對象。在「防患於無形」的要求下，對於漢朝各種形勢，又是如何判別禍患的先機？對此，賈誼提出了「以前事為師」的思考方法，過往的歷史殷鑒昭昭，主政者當從中獲取經驗和教訓，以之配合當代的形勢與變化，推衍出最正確的治國主張與方略。

賈誼從歷史的經驗中反醒，以前代興亡為鑒戒，並配合漢初的情勢，來制定其政治與治國的主張，就是以禮馭法的尊君學說。

在「防患於未然」的政治先覺下，賈誼試圖建構一個階級森嚴的社會制度，以「禮」作為「定經制」的主要內涵，確定上下尊卑的秩序，可使禍亂消弭於無形，並藉由尊崇大臣，以蓄養其節操，用以襯托君主極高無限的威勢，讓各階級的人習以為常、不生僭越之心，故君主要維護自身的威勢，就要不憚於用法來懲罰臣下，即使是與君主有血親關係的諸侯王。賈誼如此看重法律權勢的效用，使得他的思想呈現出儒法結合的傾向，但是，在身為儒者的自覺下，對於儒、法思想孰輕孰重的選擇上，是以「儒」為綱、「法」為用，「禮」為先、「法」為後的先後順序，代表著賈誼「以禮馭法」的核心觀。「禮」能固國家、定社稷者，除了是君臣上下外在的規範外，還包涵了「忠、孝、仁、愛、義、慈、敬」等道德意涵，故「禮」亦可說是賈誼思想中，將形而上、主觀的價值根源，落實到形而下、客觀的實際規範最重要的橋樑。此外，「禮」除了有「預防性」意義之外，尚具有「蓄積性」的意義，除了提醒國君要蓄積物質性的國力外，更重要的是蓄積仁義，國家既然要「定經制」，使制度化的規範長久延續，那麼，對於規範的內容，則必須絕對地重視。因為，若是以刑罰為治，日積月累下則積刑罰、民怨背，故賈誼主張以「禮」為規範制度，就是要積仁義而民和親。

西漢前期儒家學者陸賈和賈誼，乃此時期儒學先行的人物，其本身學術間有濃厚的黃老思想色彩，或是在以儒學統合並引領學術思維的發展上稍嫌不足，董仲舒之儒學乃本文論述之中心，其所代表的是在西漢前期儒家尊君之說集大成的學者，其平生著作頗多，但以《春秋繁露》及《漢書》中的〈天

人三策〉最爲重要。而黃老思想在漢初滿足劉氏王朝施政的優勢，隨著時間的推移不復存在，除了不能解決劉氏同姓諸侯王與漢代政權正當性的問題外，在面對漢朝初年嚴重的外患——匈奴的威脅——上，亦無法提出有效的論點，故在竇太后崩逝後，武帝即下賢良詔書，董仲舒、公孫弘等人進用，儒學從此走上獨尊的局面。〔註2〕

　　董仲舒儒學的核心，在其「天人相應」之說，天是萬物的本源，是包含人類在內一切事物的始祖，不但廣大毫無邊際，且擁有無限的時間，且其能清楚辨明所生化之眾類，讓萬物生生而不息。對於天，董仲舒認爲是至高無上的存在。天的重要性既已確立，那天如何生成萬物，就關係到天與人之間相應的問題，故董仲舒有又說明了天化生萬物的過程，天地能化成萬物者爲氣，氣分陰陽，在時間的推移上有春、夏、秋、冬四時，於行則爲金、木、水、火、土五行，此乃萬事萬物生成之原素，透過四時五行的交感變化來成就。這種陰陽五行的概念，繼在漢初被黃老思想所引用後，儒學在董仲舒的主導下，也進一步地歸納與吸收，且在董氏之學中，有關論述中的數字常被抽取出來，強調它們特殊的意義，如「一」指天，「三」指天、地、人三才，「四」指春、夏、秋、冬四時，「五」指金、木、水、火、土五行，由於天、地、人合爲三才，故「三」這個數字成爲天制，君主在立官爵時必須依照「天制」而立。而數字中另一重要者爲「十」，爲「天、地、陰、陽、火、金、木、水、土、人」，此十端乃爲天之數，對於上述的數字，董仲舒還付予不同數字間互相加乘的意義，以此構成天道化生萬物的論述。

　　天以仁心孕育萬物，人稟天之性而生，自當以仁心爲己心，推良善之性於世，此不但是國家社會等外在的需求，更是天意貫串人心的價值取向，而天人溝通之可能，就在於「氣」。正是因爲天地萬物間皆被認爲是由「氣」所構成，天與人與其它萬物，在陰陽、四時、五行的交感變化下，多方複雜地作用而成現這個世界。在人之作爲影響天的方面，當世運和順，則氣自然平順，那麼天道化育萬物就既美且精；若世亂民乖，則氣邪僻逆行，那麼天道

〔註2〕金春峰也說：「『罷黜百家，獨尊儒術』對發展文化學術的作用是兩重性的。一方面，儒是一種學說，一種思想。從這方面說，尊儒是以儒家的思想作爲社會的統治思想，有箝制學術、思想的作用。另一方面，『儒以六藝教民』，儒又是教師爺，各類學校的主辦者，並保存和代表著封建文化的典籍。因此，尊儒又是提倡文化教育，提高知識份子在社會的地位和作用的表現。這是漢代統治階級政策的一大轉折。」見《漢代思想史》（出版項同前），頁200。

就會降下災禍。災異的產生，是上天對主政者的警示，反之，若是君主施政符合上天仁德之志，則會降下祥瑞，這些災異祥瑞之証據，都在《春秋》經之中，以此亦見董仲舒學術重《春秋》經之因由。

董仲舒思想體系的目標，就是建立一套天人一統的尊君學說，將君主專制的政治體制，發展成為上通天意、下貫人道的治國安民之思想，並以「三本說」作為治國之手段，以「陽德陰刑」、「嚴明階級」與「教化任賢」作為實際執行的方法，並以「大一統」作為其尊君說的最高目標。而若論董仲舒尊君說在中國歷史的價值與批評，當在使儒學成為往後中國政治上的思想主流，〔註3〕而其學最為人所批評的地方，亦在於使儒學從此與政治緊密結合，〔註4〕漸漸失去儒學活潑的生命力，更在利祿的驅使下，造成了西漢中期以後逐漸嚴重的今古文之爭，也扼殺了儒學的生機，〔註5〕然而，這些都是董仲舒儒學的特色，我們在評論其說產生弊病的同時，不妨將其看成是儒家學說生命的轉換與變化，〔註6〕藉由這種高低起伏、由簡到繁，又由繁到簡的過程，不正是思想中不得不然的生命循環？藉由這種循環，董仲舒改造後的儒家學說佔據了政治舞臺；也藉由此循環的演變，儒學被剝去神聖的光環從新開始，

〔註3〕周桂鈿說：「漢朝統治者獨尊儒術，立五經博士，辦太學，培養精通經學的學生，充實各級政府機構。由於利的引誘，全國人民重視教育、重視文化，對於提高全社會的文化素質起了很好的促進作用。明經取士，開創了中國兩千年的文官制度。文官制度對社會文明有極大影響。」見《秦漢思想史》（出版項同前），頁206。馬勇也說：「在當時西漢早期社會文化背景中，一個最突出的事件，就是非儒學派被法律所摒斥，儒家學說由諸子之一上升到官方統治意識形態的地位。這就是董仲舒的歷史性功績，也是其學術思想對中國文化所作貢獻的真正價值。更是董仲舒由此登上西漢政治舞臺、主導西漢社會意識形態變化的轉折點，當然也是中國思想文化歷史的轉折點。」見《曠世大儒——董仲舒》（出版項同前），頁6。

〔註4〕如皮錫瑞說：「以〈禹貢〉治河，以〈洪範〉察變，以〈春秋〉決獄，以三百五篇當諫書。」見《經學歷史》（出版項同前），頁85。

〔註5〕錢穆說：「自漢武置五經博士，說經為利祿之途，於是說經者日眾。說經者日眾，而經說益詳密，而經之異說亦益歧。」見《兩漢經學今古文平議》（臺北：東大圖書公司，1989年11月），頁195。

〔註6〕韋政通也說：「董仲舒的儒學與先秦儒學之所以不同，主要導因於在大一統的專制體制下，儒家面臨了必須解決的新客題：第一是儒家在這個體制下如何生存如何適應的問題；第二是如何在這個體制下仍能延續儒家的理想，並對朝政發揮批判的作用。前者是時代的要求，後者是儒家的要求，這兩個要求基本上是互相衝突的，因此，如何協調這兩個因素，並發展出一套足以滿足這雙重要求的理論，就成為仲舒發展儒學最重要的工作之一。」見《董仲舒》（出版項同前），頁223～224。

並沉潛重新蓄積能量準備再大放異彩，而這，便是思想史中令人流連忘返之
處了。

二、未來展望

　　從學術發展演變的歷史裡，先秦時期理當為儒家思想，甚至為中國學術
的根源，而緊接於其後的漢代，就必然是極為重要的關鍵時期。何以如此？
這是因為儒家思想在漢代第一次成為中國文化的主流意識，並以此為基礎，
開創出後來所謂「漢學」、「宋學」及「清學」的璀璨成就。〔註7〕但從哲學大
家如馮友蘭、牟宗三以至勞思光等人的看法中可看出，漢代的儒學通常並非
他們討論的重心，而各類哲學史或儒學史都將漢代儒學與經學緊緊纏繞。前
者如馮友蘭《新理學》等、牟宗三《中國哲學十九講》等、勞思光《中國哲
學史》等，論述重心皆以「宋明理學」來展開；而趙吉惠等人編著《中國儒
學史》，將兩漢的儒學定名為「儒學的經學化」，更認定了漢代的「儒學」是
「經學」。前者給予漢代哲學過低的評價，而後者則是有將經學與儒學的範圍
混淆之嫌。

　　儒家思想，是中國文化的骨幹，並且伴隨歷史前進的腳步持續地成長變
化。此一思想能成為中國文化的核心，是中國特有文化在時代的演進下凝聚
而成的總體價值。而這並非將中國文化狹隘地等同於儒家思想，只是從孔子
之前開始，這些中國文化獨有的價值觀、人文觀、社會觀等意識，透過「儒
學思想」在歷史中的發展，早與中國文化的命運交纏在一起並且無法分離。
故若要解構中國文化的精神與價值，探索「儒學思想」的義理結構與智慧則
成為必要的課題。筆者希望在論述完西漢前期儒家尊君說學之研究後，能更
進一步針對各時代儒家思想中精微義理作一闡發，並非只是將儒學當作是一
種古董學問來加以了解，而是把儒學當成是中國文化中核心價值的思想，正
是本文研究此時期儒家尊君學說的立意所在。

〔註7〕　「漢學」這一名詞，專指漢代的學術，是在清代「漢學派」復興時，與宋明
　　　　理學的「宋學」對舉所產生。

參考書目

一、古籍

【說明】古籍書目之排列，爲清楚見出學術研究的脈絡發展，先依朝代的先後次序，次依出版年代的先後。出版日期相同時，則再依姓氏筆劃作爲依據。出版年月，統一以西元爲主。

1.《毛詩》，【漢】毛亨撰、鄭玄箋、【唐】孔穎達疏、【清】阮元等校勘：《十三經注疏本》，台北：藝文印書館，1982 年。

2.《尚書》，【漢】孔安國傳、【唐】孔穎達等疏、【清】阮元校勘：《十三經注疏本》，台北：藝文印書館，1982 年。

3.《周禮》，【漢】鄭玄注、【唐】賈公彥疏、【清】阮元校勘：《十三經注疏本》，台北：藝文印書館，1982 年。

4.《左傳》，【晉】杜預注、【唐】孔穎達疏、【清】阮元校勘：《十三經注疏本》，台北：藝文印書館，1982 年。

5.《春秋公羊傳》，：《十三經注疏本》，台北：藝文印書館，1982 年。

6.《禮記》，【漢】鄭玄注、【唐】孔穎達等疏、【清】阮元校勘：《十三經注疏本》，台北：藝文印書館，1982 年。

7.《論語》，【魏】何晏注、【宋】邢昺疏、【清】阮元校勘：《十三經注疏本》，台北：藝文印書館，1982 年。

8.《孟子正義》，【漢】趙岐注、【宋】孫奭疏、【清】阮元校勘：《十三經注疏本》台北：藝文印書館，1982 年。

9.《老子》，【魏】王弼 等注，《四部要籍注疏叢刊》，北京：中華書局，1998 年。

10. 《莊子集釋》，【晉】郭象注、【唐】陸德明釋文、【唐】成玄英疏、【清】郭慶藩輯釋、王孝魚點校，北京：中華書局　2004 年 1 月

11. 《商君書解詁定本》，朱師轍注，臺北：世界書局，1975 年。

12. 《慎子》，【周】慎到撰、【清】錢熙祚輯：《守山閣叢書》，臺北：藝文印書館，1968 年。

13. 《管子校正》，【唐】尹知章注、【清】戴望校正，收錄於《新編諸子集成》第五冊，臺北：世界書局，1983。

14. 《荀子集解》，【清】王先謙集解，臺北：藝文印書館，1977 年。

15. 《韓非子集釋》，【周】韓非撰、【清】王先慎注，臺北：成文書局，1980年。

16. 《呂氏春秋集釋》，許維遹集釋，臺北：世界書局，1966 年。

17. 《新語》，【漢】陸賈，《四部叢刊》初編本，台北：台灣商務印書館，1967年。

18. 《新書》，【漢】賈誼，《叢書集成》初編本，北京：中華書局，1985 年。

19. 《春秋繁露義證》，【漢】董仲舒著、【清】蘇輿義證，臺北：河洛圖書出版社，1974 年 3 月。

20. 《史記》，【漢】司馬遷著，北京：中華書局，2002 年 3 月北京第十七刷。

21. 《史記索隱》，【漢】司馬遷著、【唐】司馬貞索隱，景印文淵閣四庫全書，台北：台灣商務印書館，1986 年。

22. 《漢書》，【漢】班固撰，【唐】顏師古注，北京：中華書局，1994 年。

23. 《漢書補注》，【漢】班固著，【清】王先謙補注，北京：中華書局，1983。

24. 《史記會注考證》，【漢】司馬遷著（日）瀧川龜太郎考證，高雄：麗文文化事業有限公司，2000 年。

25. 《楚漢春秋》，【漢】陸賈，茆泮林輯，臺北：藝文印書館，1965 年。

26. 《戰國策》，【漢】劉向集錄，臺北：九思出版社，1978 年 11 月。

27. 《風俗通義》，【漢】應劭，《四部備要》，臺北：中華書局據漢魏叢書本校刊，1971 年。

28. 《法言義疏》，【漢】揚雄著、汪榮寶義疏，北京：中華書局，1997 年 10 月 1 版 3 刷。

29. 《淮南鴻烈集解》，【漢】劉安著、【漢】高誘注，劉文典集解，臺北：臺灣商務印書館，1969 年。

30. 《論衡》，【漢】王充，四部叢刊本第二十二冊，臺北：商務印書館，1979年。

31. 《老子注》，【魏】王弼注，臺北：藝文印書館，1975 年。

32. 《國語》，【吳】韋昭注，臺北：藝文印書館，1983 年。

33.《晉書》,【唐】房玄齡等撰,四部備要本,臺北:中華書局,1966年。

34.《隋書》,【唐】魏徵,四部備要本,台北:台灣中華書局,1966年。

35.《史通》,【唐】劉知幾,台北:世界書局,1956年。

36.《史通》,【唐】劉知幾,臺北:錦繡出版社,1992年。

37.《韓昌黎文集校注》,【唐】韓愈撰、【清】馬其昶校注,台北:頂淵文化,2005年。

38.《唐律疏義》,【唐】長孫無忌著,臺北:臺灣商務印書館,1965年。

39.《新唐書》,【宋】歐陽脩,四部備要本,台北:台灣中華書局,1966年。

40.《臨川先生文集》,【宋】王安石,臺北:華正書局,1975年。

41.《二程集》,【宋】程顥、程頤撰,台北:里仁書局,1982年3月。

42.《呂晚村先生文集》,【明】呂留良,臺北:臺灣商務印書館,1977年。

43.《四庫全書總目提要》,【清】永瑢等著,臺北:臺灣商務印書館,1983年。

44.《四庫全書總目》,【清】永瑢等著,北京:中華書局,1992年。

45.《荀子評注》,【清】傅山撰、《續修四庫全書》本,上海:上海古籍出版社,1995年。

46.《玉函山房輯佚書》,【清】馬國翰,臺北:文海出版社,1952年。

47.《十七史商榷》,【清】王鳴盛,北京:中華書局,1985年。

48.《校讎通義通解》,【清】章學誠著,王重民通解,上海:古籍出版社,1987年。

49.《全上古三代秦漢三國六朝文》,【清】嚴可均,北京:中華書局,1991年10月。

50.《說文解字注》,【清】段玉裁注,臺北:天工書局,1996年。

51.《全上古三代秦漢三國六朝文》,【清】嚴可均校輯,上海:古籍出版社,2002年。

52.《文史通義》,【清】章學誠,台北:鼎文書局,1977年3月增訂一版。

53.《隋書・經籍志考證》,【清】姚振宗,上海:古籍出版社,2002年。

二、今著

(一)今人注譯本

1.《呂氏春秋集釋》,許維遹集釋,臺北:世界書局,1966年。

2.《韓非子校釋》,陳啟天校釋,臺北:商務印書館,1969年。

3.《荀子柬釋》,梁啟雄注,台北:河洛圖書出版社,1974年12月。

4.《新語校注》,王利器注,北京:中華書局,1986年8月。

5.《商君書今註今譯》,賀凌虛註譯,臺北:臺灣商務印書管,1987年。

6.《管子今註今譯》,李勉註譯,臺北:商務印書館,1988 年。

7.《論語譯注》,楊伯峻編注,台北:華正書局,1988 年 6 月。

8.《春秋左傳注》,楊伯峻編注,高雄:復文圖書出版社,1991 年。

9.《黃帝四經今注今譯》,陳鼓應注譯,臺北:臺灣商務印書館,1995 年。

10.《新書校注》,閻振益、鍾夏校注,北京:中華書局,2000 年 7 月。

11.《新譯淮南子》,熊禮匯注譯,臺北市:三民書局,2001 年。

(二)學術史、思想史、哲學史相關著作

1.《中國近三百年來學術史》,梁啓超,臺北:華正書局,1974 年。

2.《兩漢思想史》(卷二),徐復觀,臺北:台灣學生書局,1976 年 6 月。

3.《中國哲學思想史》,羅光,臺北:台灣學生書局,1981 年 6 月。

4.《中國經學史的基礎》,徐復觀,臺北:台灣學生書局,1982 年 5 月。

5.《先秦名學史》,胡適,上海:學林出版社,1983 年第一版。

6.《中國哲學十九講》,牟宗三,臺北:台灣學生書局,1983 年 10 月。

7.《中國哲學史新編》,馮有蘭,臺北:藍燈文化事業公司,1991 年。

8.《中國哲學發展史》,任繼愈主編,北京:人民出版社,1985 年 2 月。

9.《經學歷史》,皮錫瑞,臺北:學海出版社,1985 年 6 月。

10.《新編中國哲學史》(一、二、三上),勞思光,臺北:三民書局,1986 年 12 月。

11.《先秦政治思想史》,梁啓超,臺北:東大圖書公司,1987 年 4 月。

12.《中國思想通史》,侯外廬等著,北京:人民出版社,1991 年 2 月。

13.《中國儒學史》,趙吉惠、趙馥潔、郭厚安、潘策主編,河南:中州古籍出版社,1991 年 6 月。

14.《漢代思想史》,金春峰,北京:中國社會科學出版社,1997 年 12 月。

15.《中國儒學史》,李景明,廣州:廣東教育出版社,1998 年。

16.《中國哲學史・先秦卷》,歐崇敬,臺北:洪葉文化,2001 年。

(三)諸子學研究相關著作

1.《韓非子思想體系》,張素貞,臺北:黎明文化事業公司,1974 年。

2.《諸子考釋》,梁啓超,臺北:臺灣中華書局,1976 年 9 月。

3.《韓非子評論》,熊十力,臺北:學生書局,1978 年。

4.《韓非思想體系》,王靜芝,臺北:輔仁大學,1979 年 10 月。

5.《先秦諸子考佚》,阮廷焯,臺北:鼎文書局,1980 年。

6.《漢初學術及王充論衡述論稿》,李偉泰,臺北:長安出版社,1985 年 5 月。

7. 《先秦諸子繫年》，錢穆，臺北：東大圖書公司，1986 年。

8. 《商鞅評傳》，陳啓天，臺北：商務印書館，1986 年。

9. 《《呂氏春秋》與《淮南子》思想研究》，牟鍾鑒，濟南：齊魯書社，1987 年 9 月。

10. 《商鞅及其學派》，鄭良樹，臺北：學生書局，1987 年 8 月。

11. 《戰國時期的黃老思想》，陳麗桂，臺北：聯經出版社，1991 年 4 月。

12. 《西漢前期思想與法家的關係》，林聰舜，臺北：大安出版社，1991 年 4 月。

13. 《先秦法家思想史論》，王曉波，臺北：聯經出版社，1991 年。

14. 《董仲舒與新儒學》，黃朴民，台北：文津出版社，1992 年 7 月。

15. 《黃老學說與漢初政治平議》，司修武，臺北：臺灣學生書局，1992 年。

16. 《稷下爭鳴與黃老新學》，胡家聰，北京：中國社會科學出版社，1998 年 1 月。

17. 《稷下學研究》，白奚，北京：三聯書店，1998 年 4 月。

18. 《淮南子的哲學》，陳德和，嘉義：南華管理學院，1999 年 2 月。

（四）史學相關著作

1. 《古史辨》，羅根澤，臺北：明倫出版社，1970 年 3 月。

2. 《秦漢史》，勞榦，臺北：中國文化大學出版部，1980 年 4 月。

3. 《秦漢史論稿》，邢義田，臺北：東大圖書公司，1987 年 6 月。

4. 《漢帝國的建立與劉邦集團：軍功受益階層研究》，李開元，北京：三聯書局，2000 年 3 月。

5. 《漢初軍事史研究》，李德龍，北京：民族出版社，2001 年 4 月。

（五）其他

1. 《梅園論學集》，戴君仁，臺灣：開明書局，1970 年 4 月。

2. 《中國法家概論》，陳啓天，臺北：中華書局，1970 年。

3. 《歷史與思想》，余英時，臺北：聯經出版公司，1976 年 9 月。

4. 《歷史論集》（What is history？），卡爾·愛德華·哈萊特，王任光譯，臺北：幼獅書局，1977 年。

5. 《中國歷代思想家·董仲舒》，林麗雪，臺北：臺灣商務印書館，1979 年 3 月。

6. 《馬王堆漢墓帛書（壹）》（精裝本），北京國家文物局古文獻研究室，北京：文物出版社，1980 年 3 月。

7. 《中國思想史》，蕭公權，臺北：聯經出版社，1982 年。

8. 《中國青銅時代》，張光直，臺北：聯經出版事業公司，1983 年。

9. 《先秦名學史》，胡適，上海：上海學林出版社，1983 年第一版。

10. 《先秦道論發微》，張舜徽，臺北：木鐸出版社，1983 年 9 月。

11. 《秦漢新道家略論稿》，熊鐵基，上海：上海人民出版社，1984 年 3 月。

12. 《孔孟荀哲學》，蔡仁厚，臺灣：臺灣學生書局，1984 年 12 月。

13. 《中國文化與中國哲學》，深圳大學國學所編，廣東：東方出版社，1986 年 6 月。

14. 《中國思想傳統的現代詮釋》，余英時，臺北：聯經出版公司，1987 年 3 月。

15. 《中國哲學的特質》，牟宗三，臺北：學生書局，1987 年。

16. 《西漢政治思想論集》，賀凌虛，臺北：五南圖書出版公司，1988 年 1 月。

17. 《中國中古思想長編》，胡適，臺北：遠流出版公司，1988 年 9 月。

18. 《歷史與思想》，余英時，臺北：聯經文化事業公司，1990 年。

19. 《道家思想史綱》，黃釗，湖南師範大學出版社，1991 年 8 月。

20. 《古代社會與國家》，杜正勝，臺北：允晨文化，1992 年。

21. 《經學通論》，王靜芝，臺北：國立編譯館，1992 年 11 月。

22. 《中國學術思想史論叢》，錢穆，臺北：東大圖書公司，1993 年。

23. 《漢唐史論》，趙克堯，上海：復旦大學出版社，1993 年。

24. 《原始儒家道家哲學》，方東美，臺北：黎明文化，1993 年 6 月。

25. 《續修四庫全書》，顧廷龍主編，上海：古籍出版社，1995 年。

26. 《新理學》，馮友蘭，上海：上海書局，1996 年第一版。

27. 《七世紀前中國的知識、思想與信仰世界》，葛兆光，上海：復旦大學出版社，1998 年。

28. 《天人之際》，任繼愈，上海：上海文藝出版社，1998 年。

29. 《道家文化研究》第 4 輯，陳鼓應主編，上海：古籍出版社，1998 年 4 月。

30. 《秦漢學術：社會轉型期的思想探索》，馬勇，西安：陝西人民教育出版社，1998 年 9 月。

31. 《經典的批判──西漢文學思想研究》，郜積意，北京：東方出版社，2000 年 1 月。

32. 《經學今銓初編》，姜廣輝，瀋陽：遼寧教育出版社，2000 年 6 月。

33. 《學術思想遺稿》，錢穆，臺北：蘭臺出版社，2000 年 12 月。

34. 《漢代政治與《春秋》學》，陳蘇鎮，北京：中國廣播電視出版社，2001 年 3 月。

35.《觀堂集林》，王國維，石家莊：河北教育出版社，2001 年 11 月。

36.《中國早期國家性質》，李玉潔主編，臺北：雲龍出版社，2003 年 2 月。

37.《合內外之道：儒家哲學論》，成中英著，臺北：康德出版社，2005 年 11
月。

38.《中國古代行政制度史》，李孔懷，上海：復旦大學出版社，2006 年 2 月。

39.《道與法：法家思想和黃老哲學解析》，王曉波，臺北：國立臺灣大學出版
中心，2007 年 5 月。

三、學位論文

1.《淮南鴻烈思想研究》，陳麗桂，臺灣師範大學國文所博論，1983 年。

2.《淮南內篇與老莊思想之關係》，鄒麗燕，臺灣大學中文所碩論，1985 年。

3.《黃老評議》，吳俊賢，臺灣師範大學國文所碩論，1988 年。

4.《淮南子無為思想之研究》，劉智妙，高雄師範大學國文所碩論，1989 年。

5.《陸賈思想之研究》，蔡忠道，高雄師範大學國文所博論，1991 年。

6.《商鞅反人文觀研究》，黃紹梅，東吳大學中國文學研究所碩論 1992 年 5
月。

7.《韓非尊君學說與兩漢政經形勢》，黃紹梅，東吳大學中國文學研究所博論，
1998 年。

8.《先秦「氣」思想研究》，易天任，高雄師範大學國文所碩論，2001 年。

9.《黃帝內經養生思想研究》，董家榮，臺灣師範大學國文所碩論，2002 年。

10.《貫誼政治思想及其實踐研究》，蔡莫凡，輔仁大學中文所碩論，2002 年。

11.《兩漢黃老思想研究》，鄭國瑞，政治大學中文所博士論文，2002 年。

12.《董仲舒天人哲學之研究》，林維杰，南華大學哲學研究所碩論，2003 年。

13.《西漢前期政治思想的轉變及其發展——從黃老思想向獨尊儒術的演變》，
李昱東，中興大學歷史所博論，2005 年。

14.《漢代老學之發展與變遷》，張鴻凱，高雄師範大學國文所博論，2008 年。

四、期刊論文

1.〈漢初五德取相剋〉，施之勉，《大陸雜誌》第 10 卷第 12 期，1955 年。

2.〈韓非學術原於老子說〉，羅宗濤，收錄於《國立師範大學國文研究所集刊》
第八號，1963 年 6 月。

3.〈黃帝四經初探〉，唐蘭，《文物》，1973 年第 10 期。

4.〈長沙馬王堆漢墓帛書概述〉，韓中民，《文物》，1974 年第 9 期。

5.〈試論馬王堆漢墓帛書伊尹九主〉，李學勤，《文物》，1974 年第 11 期。

6.〈馬王堆出土老子乙本卷前古佚書的研究——兼論其與漢儒法鬥爭的關

係〉，唐蘭，《考古學報》，1975 年 3 月第 1 期。

7. 〈十大經初論〉，高亨、董治安，《歷史研究》，1975 年第 1 期。

8. 〈馬王堆出土老子乙本卷前古佚書探源〉，龍晦，1975 年第 2 期。

9. 〈《十大經》的思想和時代〉，康立，《歷史研究》，1975 年第 3 期。

10. 〈陸賈及其學術思想之探究〉，王更生，《師大學報》第 22 期，1977 年 10 月。

11. 〈黃老帛書的哲學思想〉，鍾肇鵬，《文物》，1978 年第 2 期。

12. 〈馬王堆帛書與《鶡冠子》〉，李學勤，《文物》，1979 年第 11 期。

13. 〈馬王堆《老子》甲乙本卷前後佚書與「道法家」〉，裘錫圭，《中國哲學》第二輯，1980 年。

14. 〈黃帝四經思想探源〉，魏啓鵬，《中國哲學》四輯，1980 年 10 月。

15. 〈黃老之治與黃老之學——試論黃老始於漢初〉，奕保群，《學習與思考》1981 年 3 月號。

16. 〈老子無爲治術盛行於漢初之原因〉，陳德昭，《銘傳學報》1983 年第 20 期。

17. 〈黃老思想初探——讀長沙馬王堆三號漢墓出土的古佚書《黃帝四經》〉，余明光，《湘潭大學學報》1985 年第 1 期。

18. 〈論《黃老帛書》的主要思想〉，金春峰，《求索》，1986 年第 2 期。

19. 〈試論賈誼的思想體系〉，于傳波，《中國哲學研究》1987 年第 3 期。

20. 〈黃老帛書《經法》的政治哲學〉，胡家聰，《中國哲學研究》1988 年第 4 期。

21. 〈漢初政治與賈誼的禮治思想〉，馬育良，《孔子研究》1993 年第 4 期（總第 32 期）。

22. 〈「封建社會」概念的由來〉，何懷宏，香港：二十一世紀雙月刊，總第 29 期，1995 年 6 月號。

23. 〈從《新書》看賈誼融合儒、道、法的思想要論〉，陳麗桂，《國文學報》第 25 期，1995 年。

24. 〈融合道、法兼採陰陽的漢儒——陸賈〉，陳麗桂，《中國學術年刊》第 17 期，1996 年 5 月。

25. 〈帛書《黃帝四經》中的陰陽刑德思想初探〉，崔永東，《中國哲學史》1998 年第 4 期。

26. 〈試論《黃帝四經》與《老子》之異〉，史婷婷，《管子學刊》2000 年第 2 期。

27. 〈漢代經學的確立與演變〉，嚴正《經學今詮初編》（《中國哲學》第 22 輯），瀋陽：遼寧教育出版社。2000 年 6 月。

28. 〈關於經學思想研究的幾個問題〉，姜廣輝，《清代學術研究通訊》第六期，中山大學清代學術研究中心，2002 年 7 月。

29. 〈《黃老帛書》成書年代的新假說〉，張增田，《管子學刊》，2005 年第 2 期。

30. 〈論先秦黃老學對百家之學的整合〉，白奚，《文史哲》2005 年第 5 期。